GJSJ 国家审计系列丛书

政府审计基本理论

Basic Theory of Government Audit

郑石桥 王会金 陈骏 / 著

中国财经出版传媒集团
中国财政经济出版社

图书在版编目（CIP）数据

政府审计基本理论 / 郑石桥，王会金，陈骏著 .--
北京 ：中国财政经济出版社，2023.9
（国家审计系列丛书）
ISBN 978-7-5223-2479-1

Ⅰ. ①政… Ⅱ. ①郑… ②王… ③陈… Ⅲ. ①政府审计—研究 Ⅳ. ① F239.44

中国国家版本馆 CIP 数据核字（2023）第 163851 号

责任编辑：陆宗祥　　责任印制：张　健
封面设计：卜建辰　　责任校对：张　凡

中国财政经济出版社出版
URL：http：//www.cfeph.cn
E-mail：cfeph @cfemg.cn

社址：北京市海淀区阜成路甲 28 号　邮政编码：100142
营销中心电话：010-88191522
天猫网店：中国财政经济出版社旗舰店
网址：https：//zgczjjcbs.tmall.com
北京财经印刷厂印刷　各地新华书店经销
成品尺寸：185mm × 260mm　16 开　14.5 印张　268 000 字
2023 年 9 月第 1 版　2023 年 9 月北京第 1 次印刷
定价：56.00 元
ISBN 978-7-5223-2479-1
（图书出现印装问题，本社负责调换，电话：010-88190548）
本社质量投诉电话：010-88190744
打击盗版举报热线：010-88191661　QQ：2242791300

前言
PREFACE

审计理论的内容很丰富，可以从基础理论视角、审计主题视角、审计主体视角、审计客体视角等分别进行研究。本书属于审计主体视角的审计理论，聚焦政府审计[①]基本理论。

作为政府审计基本理论，需要将通用的审计基础理论贯通到政府审计领域，还要体现政府审计主体的特殊性。为此，本书聚焦政府审计的下列基础性问题：

第一，为什么需要政府审计？这个问题的阐释就是政府审计需求理论；

第二，什么是政府审计？这个问题的阐释就是政府审计本质理论；

第三，政府审计能干什么？这个问题的阐释就是政府审计功能理论；

第四，期望通过政府审计得到什么？这个问题的阐释就是政府审计目标理论；

第五，政府审计究竟审计谁？这个问题的阐释就是政府审计客体理论；

第六，谁来实施政府审计？这个问题的阐释就是政府审计主体理论；

第七，政府审计究竟审计什么？这个问题的阐释就是政府审计内容理论；

第八，政府审计究竟如何审计？从政府审计基本理论出发，这里只关注政府审计方法论层面的问题，所以，这个问题的阐释就是政府审计方法论理论；

第九，政府审计有些什么产出，如何应用这些产出？这个问题的阐释就是政府审计结果及其应用理论；

第十，政府审计作为一个系统，与系统环境是什么关系？这个问题的阐释就是政府审计环境理论。

在阐释上述十个基础性问题时，本书以公共资源类委托代理关系为基础，将人性特征和审计主题作为贯穿全书的主线。在委托代理关系中，由于自利和有限理性这两个人性特征，引致代理问题和次优问题，它们都体现在信息、行为和制度等维度。审计是对代理问题和次优问题的鉴证机制，主要从信息、行为和制度等维度来展开。不同的审计主题会有不同的审计命题，会有不同的审计目标，也更需要不同的审计取证模式，还会面临不同的审计环境。

---

① 从说文解字的角度来说，“政府审计”与“国家审计”有差异，但在国际审计界并不严格区分二者，并且，广义“政府”也就是国家，因此，“政府审计”与“国家审计”具有实质上的一致性。本书在同等意义上使用二者。

按上述思路，本书共分为十章，各章的主要内容如下：

第一章，政府审计需求，讨论为什么需要政府审计。先对政府审计需求的主要观点做一简要介绍，在此基础上，再深入阐明公共资源经管责任观。具体来说，本章包括以下内容：政府审计需求的主要观点；公共资源经管责任、人性特征和政府审计。

第二章，政府审计本质，讨论什么是政府审计。首先，对政府审计本质的主要观点做一简要介绍；其次，基于辩证唯物主义认识论，提出一个政府审计本质体系；最后，深入阐明政府审计是党和国家监督体系的重要组成部分。具体来说，本章包括以下内容：政府审计本质的主要观点；政府审计本质体系；政府审计是党和国家监督体系的重要组成部分。

第三章，政府审计功能，讨论政府审计能干什么。首先，简要介绍政府审计功能的主要观点；其次，分析政府审计的鉴证、评价和问责功能，以及政府审计免疫功能。具体来说，本章包括以下内容：政府审计功能的主要观点；政府审计的鉴证、评价和问责功能；政府审计免疫系统和经济体检的理论逻辑。

第四章，政府审计目标，讨论期望政府审计得到什么。首先，简要介绍政府审计目标的主要观点；其次，阐明政府审计目标体系；最后，分析“四个促进，一个推进”的审计目标定位。具体来说，本章包括以下内容：政府审计目标的主要观点；政府审计直接目标和终极目标；“四个促进，一个推进”是新时代的审计目标。

第五章，政府审计客体，讨论政府审计究竟审计谁。首先，介绍政府审计客体的主要观点；其次，阐明政府审计客体是公共资源经管责任承担者；最后，分析若干权威文献对政府审计客体的规定。具体来说，本章包括以下内容：政府审计客体的主要观点；政府审计客体是公共资源经管责任承担者；领导干部个人作为审计客体；审计全覆盖的要求及其理论逻辑。

第六章，政府审计主体，讨论谁来做政府审计。在介绍政府审计主体现有主要观点的基础上，首先分析审计主体构造的理论逻辑，然后分析政府审计体制多样化、中国共产党领导审计工作和政府审计业务外包的理论逻辑。具体来说，本章包括以下内容：政府审计主体的主要观点；审计主体构造的理论逻辑；政府审计体制多样化的理论逻辑；中国共产党领导审计工作的理论逻辑；政府审计业务外包的理论逻辑。

第七章，政府审计内容，讨论政府审计究竟审计什么。先简要介绍现有的主要观点，在此基础上再阐明政府审计内容体系，并分析政府审计内容差异化的理论逻辑及审计项目统筹的理论逻辑。具体来说，本章包括以下内容：政府审计内容的主要观点；政府审计内容体系；政府审计内容差异化的理论逻辑；审计项目统筹的理论逻辑。

第八章，政府审计方法，从方法论角度讨论政府审计究竟怎么审计。主要阐释电子数据环境下的政府审计方法论。具体来说，本章包括以下内容：政府审计方法的主要观点；审计的技术逻辑；电子数据审计的两种定位；电子数据审计分析内容的逻辑框架；审计组织方式统筹的理论逻辑。

第九章，政府审计结果应用，讨论政府审计结果及其应用。首先，简要介绍政府审计结果应用的研究状况；其次，阐释政府审计结果应用的基本框架，在此基础上，分析政府审计结果应用的几个机制。具体来说，本章包括以下内容：政府审计结果应用的主要观点；政府审计结果应用的基本框架；政府审计结果公开机制；政府审计决定实施机制；政府审计建议实施机制。

第十章，政府审计环境，讨论政府审计与其审计环境间的关系。首先，简要介绍政府审计环境的主要观点；其次，分析审计环境对政府审计的影响以及政府审计对审计环境的影响。具体来说，本章包括以下内容：政府审计环境的主要观点；审计环境影响政府审计的理论逻辑；政府审计影响审计环境的理论逻辑。

本书的研究具有较大的探索性，也是我们探索政府审计基本理论的阶段性成果。书中不当之处，敬请读者指正。

作者

于南京老山之麓

2020年5月20日

目录
CONTENTS

1 Chapter 第一章 政府审计需求

为什么需要政府审计？对这个问题的解答就是政府审计需求理论。根据这个主题，本章先对政府审计需求的主要观点做一简要介绍，在此基础上，再深入阐明公共资源经管责任观。具体来说，本章包括以下内容：政府审计需求的主要观点；公共资源经管责任、人性特征和政府审计。

第一节 政府审计需求的主要观点

本节首先简要介绍审计需求的主要理论，在此基础上，再介绍政府审计需求的主要观点。

一、审计需求的主要理论

关于审计需求的理论解释主要有代理理论、信息理论、保险理论和行为理论。

审计需求的代理理论认为，在委托代理关系中，审计主要是委托人抑制代理人履行其经管责任中代理问题和次优问题的需求，其目的是降低委托代理关系中的代理成本和次优成本（Watta、Zimmerman，1983；杨时展，1986；郑石桥，2016）。

审计需求的信息理论有两个分支：一是信号传递理论；二是信息含量理论。信号传递理论认为，审计就是一个信号，通过审计对一些相关事项的选择向市场传递信号。信息含量理论认为，审计的本质功效在于增进财务信息的可信性及决策有用性（Timan，Truman，1986）。

审计需求的保险理论认为，审计兼具信息价值和保险价值。财务信息使用者除了寄希望于审计师通过鉴证机制在实质上降低财务信息风险之外，还可以通过风险转移机制将其所面临的财务信息风险全部或者部分地转移给审计师

（Menon、Williams，1994）。

审计需求的行为理论认为，人的行为都是有动机的。由于不同的人的价值观不同、目标不同，每个人的动机和表现出来的行为方式也不一样。为了确保社会或组织的有序性并达到某种既定的目标，对于人的行为需要加以控制和引导，审计是控制和引导的方式之一（谢荣，2011）。

以上几种理论是关于审计一般的需求理论，很显然，信息理论、保险理论对政府审计需求的解释力不够。行为理论对政府审计需求具有一定的解释力，但缺乏针对性。就影响力来说，审计需求的代理理论最为广泛。

二、政府审计需求的主要观点

关于政府审计需求的主要分歧在于政府审计与资源类委托代理关系是否相关。基于此分歧，政府审计需求的主要观点可以分为两种类型：一是公共资源经管责任观；二是国家治理内在需求观。

公共资源经管责任观认为，所有的审计，都源于委托代理关系，政府审计也不例外（杨时展，1986）；现代国家审计是基于公共受托责任而形成的（杨肃昌，2012）；受托责任关系是审计产生的客观基础和根本动因，而审计则是受托责任关系能够顺利实现的必要手段和保证机制（钟超诚，2012）；公共资源委托代理关系是政府审计需求的必要条件（郑石桥，2015a）。

国家治理内在需求观认为，"现代国家审计是基于公共受托责任而形成的"这一观点值得商榷，我国现行国家审计制度是适应国家管理（也可称之为"国家治理"）的内在需要而产生的一种制度安排（王羚，2012）；在现实政治社会中，国家职能尤其是社会公共事务管理职能往往因部分统治阶级追求自身利益而被异化，要防止国家权力被滥用或被异化为少数人谋利的工具，必须通过有效的国家治理，使国家权力配置和运行处于一种相互制衡状态，在权力配置过程中，国家作为人民意志的代表，用法律形式把公共资源、公共财政、公有资产等的配置、管理、使用的权力和责任，授权给某些公共权力机构及其权力人，又通过法律授权另外一些独立机关对公共权力的运行予以监督，其中的一个重要方面就是国家审计（刘家义，2008、2012）。

以上介绍了政府审计需求的公共资源经管责任观和国家治理内在需求观。我们认为，这两种观点并没有本质上的差别。国家治理是履行公共责任的制度安排，源于国家治理的需求，也就是源于履行公共责任的需求。如果进一步分析国家治理内在需求观，则需要回答"公共权力为什么需要制约和监督"，而要回答这个问题，必须深入公共受托责任，这就是公共资源经管责任观了。

第二节 公共资源经管责任、人性特征和政府审计

关于政府审计需求理论是要从理论上说清楚，为什么需要政府审计。本节详细阐明公共资源经管责任观，按公共资源经管责任、人性特征及其后果、治理构造到政府审计这个逻辑路径来分析政府审计需求。基本的思路是：在公共资源经管责任履行中，由于人性特征，引致代理问题和次优问题，因此，治理构造中会有一些应对代理问题和次优问题的制度设计，政府审计是其中之一。

一、公共资源经管责任

公共资源经管责任就是一定的主体使用国有资金、国有资产、公共资源（狭义）来完成公共事务，也就是使用国有资金、国有资产、公共资源（狭义）来提供一定的产品或服务。这里的公共资源（狭义）是国有资金、国有资产之外的公共资源，包括自然资源、人文资源、公共权力等；这里的产品或服务主要是公共产品或服务，特殊情形下，也包括竞争性商品或服务。公共资源经管责任源于公共资源委托代理关系，如果没有公共资源委托代理关系，就没有公共资源经管责任。这里的关键是，公共资源经管责任与公共资源委托代理关系究竟是什么关系？有的文献承认政府审计与公共资源经管责任有关联，但否认政府审计与委托代理有关联。这种观点，事实上是否认公共责任与公共资源委托代理关系有关联。我们认为，公共资源经管责任源于公共资源委托代理关系，公共资源委托代理关系中的代理人也就是公共资源经管责任的承担者，委托人也就是国有资金、国有资产、公共资源（狭义）的所有者，同时，还是产品或服务的消费者。首先，从起源上来说，公共资源经管责任事实上源于公众与代议机构之间的委托代理关系，公众将国有资金、国有资产、公共资源（狭义）委托给代议机构，代议机构根据公众的托付再托付政府来完成公共事务，提供、配置公共产品。政府作为代理人，要完成其承担的公共资源经管责任，必须建立政府机构，将国有资金、国有资产、公共资源（狭义）分配给各政府机构，同时将公共事务在各政府机构之间进行划分。这样一来，就形成了委托代理关系链，代议机构和政府既是上一层级委托代理关系的代理人，又是下一层级委托代理关系的委托人。其次，对于委托代理关系有不同的认识。比如，美国自由主义经济学家弗里德曼曾极为精彩地归纳出如表1-1所示的四种花钱方式（米尔顿·弗里德曼，2013），“花他人的钱，为他人办事”属于委托代理关系，这应该能够得到公认。而各级政府及其机构，其基本职责就是用纳

税人的钱为纳税人提供公共产品，属于典型的“花他人的钱，为他人办事”。所以，政府属于公共资源委托代理关系，政府履行的责任属于公共资源经管责任。

表 1-1 花钱的四种情形

类型	是否讲求节约	是否讲求效果
花自己的钱，为自己办事	是	是
花自己的钱，为他人办事	是	否
花他人的钱，为自己办事	否	是
花他人的钱，为他人办事	否	否

二、人性特征及其后果

公共资源经管责任最本质的内容是公共资源经管责任承担者最大善意地使用国有资金、国有资产、公共资源（狭义）来提供要求的产品或服务，并且真实、完整、及时地报告相关信息。然而，公共资源委托代理关系能否按委托人希望的状况来运行呢？表1-1的信息告诉我们，公共资源经管责任作为“花他人的钱，为他人办事”的典型情形，很有可能出现“不讲节约，不讲效果”的低效率状况。也就是说，公共资源委托代理关系的运行很有可能偏离委托人的期望，公共资源经管责任很有可能得不到很好的履行。其原因是什么呢？主要是源于人性特征。正常人表现出来的人性特征主要包括两个方面：一是自利；二是有限理性（Williamson，1981）。所谓“自利”，是指人会计算、有创造性、能寻求自身利益最大化，表现为经济人。有限理性（bounded rationality）认为，人的行为是有意识的理性选择，但这种理性又是有限的。也就是说，人并不能在任何情形下都能做出最优选择。由于自利，公共资源经管责任承担者可能产生代理问题；由于有限理性，公共资源经管责任承担者可能出现次优问题。下面，我们具体分析代理问题和次优问题。

（一）人的自利及其后果：代理问题

代理问题也称为“机会主义行为”，就是在委托代理关系中，代理人偏离委托人的期望（Williamson，1981）。公共资源经管责任承担者在运用国有资金、国有资产、公共资源（狭义）的过程中可能偏离委托人的期望，从而出现代理问题（徐曙娜，2008；曾军平，2009）。为什么公共资源经管责任承担者会出现代理问题？或者说，为什么公共资源经管责任承担者的机会主义行为能得以实施？信息经济学告诉我们，委托代理关系中由于委托人和代理人之间存在激励不相容、信息不对称，再加上环境不确定性，代理人可能出现机会主义（刘燕，2006）。

1.激励不相容与代理问题。激励相容是指每个理性人在正常情形下都会有自利的一面，其个人决策和行为会按自利原则来进行，如果能有一种制度安排，使代理人追求个人自利的决策和行为，正好与委托人的期望相吻合，这一制度安排就是激励相容。激励不相容是激励相容的对立面，它是指制度安排没有达到激励相容的效果，也就是说，代理人追求个人自利的决策和行为，与委托人的期望出现了差距。在公共部门，从公共选择理论看来，国家“有它自己的利益和野心”（曼瑟尔·奥尔森，1971），作为国家、政府的“代表”的国家人、政府人也还是个人，作为个人在非市场内行事时，似乎没有理由假定个人的动机发生了变化（詹姆斯·布坎南，1992）。因此，公共选择学派认为，国家人、政府人作为个人也是经济人。既然如此，国家人、政府人也会有“自利”的需求，而这种需求与公共事务的委托人之期望可能不一致，从而出现代理问题。

2.信息不对称与代理问题。信息不对称是指代理人拥有委托人无法拥有的信息或拥有的信息数量或质量高于委托人。在委托代理关系中，信息不对称的存在是必然的，也就是说，代理人一定存在信息优势。如果代理人不存在信息优势，即委托人知道代理人所知道的全部信息，那么委托人将一些事宜托付给代理人就失去了意义。如果委托人对所有的事宜都投入了几乎与代理人一样的精力，为什么还需要代理人呢？从公共权力来说，由于委托人众多，不可能没有代理人。所以，信息不对称是一个客观存在。正是由于信息不对称，代理人可以利用其信息优势来谋取自己的利益。在多数情形下，委托人还不能觉察出代理人已经利用信息优势谋取了自己的利益。

3.环境不确定性与代理问题。在信息不对称的情形下，委托人完全可以“以成败论英雄”，根据代理人的产出来评价代理人的努力程度。如果产出在某种水平之上，则认为代理人付出了应有的努力。如果产出在某种水平之下，则认为代理人没有付出应有的努力。然而，这只是理想的状态，其前提是，产出必须是代理人努力的结果，如果产出还受到其他很多重要因素的影响，则委托人无法从产出来判断代理人是否付出了应有的努力。在环境具有不确定性的条件下，产出的增加也许是代理人努力之外的因素导致，而产出的减少也可能并不是代理人不努力。正是不确定因素与代理人的努力共同决定了产出水平，而委托人又无法区分代理人努力程度在其中的份额，在这种情形下，代理人就可能将自己不努力归结为环境不利，从而掩盖其代理问题。

上述激励不相容、信息不对称和环境不确定性，这三个因素要联系起来考虑，失去其中之一，代理人的代理问题可能难以发生。激励不相容是代理人代理问题的动机，即使信息不对称和环境不确定性存在，如果没有激励不相容，则代理人就没有动机来实施代理问题。信息不对称和环境不确定性，是代理人代理问题的条件，即使激励不相容存在，如果不存在信息不对称，则代理人的代理问题就会被委托人发现，在这种情形下，代理人也就难以实行机会主义行为了；即使激励不相容和信息不对称存在，如果委托人能从产出中分离出代理人的努力程度，则代理人的代理问题就会被委托人发现，代理人也就难以实行机会主义行为了。所以，总体来说，需要激励不相容、信息不对称和环境不确定性同时存在。而通常情形下，对于公共部门来说，上述三个因素恰恰同时存在，所以，代理问题就发生了。

（二）人的有限理性及其后果：次优问题

传统的经济学理论一直以经济人假设为前提，并且，认为经济人是完全理性，能够通过成本/收益或趋利避害原则来对其所面临的一切机会和目标及实现目标的手段进行最优选择。事实上，现实生活中的人并不完全理性，并不能做出最优选择。西蒙认为，现实生活中的人是介于完全理性与完全非理性之间的有限理性的人。决策者无法寻找到全部备选方案，决策者也无法完全预测全部备选方案的后果，决策者还不具有一套明确的、完全一致的偏好体系，以使它能在多种多样的决策环境中选择最优的决策方案：有限理性人只寻找满意决策。那么，什么是满意决策呢？西蒙认为，所谓“满意”，就是满意的资源、通过满意的组合和利用、获得满意的效果，而这才是合理的，也是能实现的（Simon，1955；西蒙，2002）。

然而，即使是“满意”，本身也有程度的区分，如“满意”“很满意”“较满意”“满意”等。西蒙及其他学者没有直接论及满意决策的满意程度之区分。何大安（2004）将有限理性分为潜在有限理性、即时有限理性和实际有限理性三个层级。潜在有限理性是有限理性的最大值，即时有限理性是有限理性的最小值，实际有限理性的取值处于最大值和最小值之间。在现实中，行为人理性抉择所能达到的实际程度值，通常是介于最小值和最大值之间的。

“次优选择”或“满意决策”在经济学对应于“最优选择”，但是，绝不是对最优的任何偏离都可以称为次优或满意，所以，“次优选择”或“满意决策”并不是可以随意达到的，其本质是现实条件下的最优，任何对现实条件没有充分利用的选择或决策都不是西蒙意义上的“次优选择”或“满意决策”，我们称为之为“次优问题”。次优问题不同于“次优选择”，并不是说所做的选择或决策没有达到西蒙意义上的最优，而是说，在当前的环境下，没有要做出最适宜的选择。简单地说，次优问题是指没有做出当前环境下最适宜的选择，从而还存在改进的潜力；“次优问题”也就是没有达到何大安（2004）所指出的实际有限理性的最大值，而是处于最小值和最大值之间的。

三、治理构造

为了履行公共资源经管责任，委托人和公共资源经管责任承担者都希望建立一整套治理体系来运行公共资源委托代理关系，我们称之为“治理构造”。这个治理构造的目的有两个方面：一是为公共资源经管责任承担者高效率地履行其职责奠定基础；二是为防范公共资源经管责任承担者偏离其职责目标，我们称为之为“风险”，前面提到的由于人性特征而产生的代理问题和次优问题，都可能导致公共资源经管责任承担者偏离其职责目标，都是风险。所以，总体来说，治理构造一方面是为了提高效率，另一方面是为了抑制风险。当然，这里的效率和风险是对立的：有风险了，就表明效率没有达到其应有的水准；风险抑制了，就表明效率就达到了其应有的水准。所以，提高效率和防范风险，事实上是异曲同工的。

由于具有提高效率和防范风险的双重目的，治理构造的结构就较为复杂。从风险应对视角出发，具体的治理机制包括制衡机制、激励机制、监督机制、公开透明机制和道德机制（郑石桥，2015b）。

制衡机制是将权力划分成不同的权能分别交给不同的主体去行使，使这些主体之间形成一种相互牵制的链条和平衡的机制，以防止集权所带来的专制或滥用，是权力系统内部各种力量之间的相互牵制、制动和约束，制衡机制属于日常工作中因分工而产生相互约束，属于日常工作，不做就是失职，而且做的时候是分工去做，彼此构成约束，因此，力量来源于业务流程内部，并且具有经常性。

激励机制是激励主体通过一套制度设计来调动激励客体积极性的方式。激励机制依靠的力量主要是诱导因素的选择，内含于激励制度之中。同时，激励制度执行之后，这种制度的力量是持续存在的，不会时断时续，只要属于激励范围的事项，都能发挥作用，所以，具有经常性。

监督机制是将掌管某一类型或具体事项的权力交给某个特定主体独立去行使，再设定一个专门机关或者建立一些必要的机制来观察其是否按照授权的既定目的和具体规定来合法、合规、合理地履行其职责。监督就是对权力运作状态进行监视和督查，发现其中的偏差情况，采取相应的制约措施的过程。监督不是一项日常工作，而是在流程之外，且具有可选择性的工作，因此，力量源自流程之外，并且不具有经常性。

公开透明是指将权力运行的依据、过程和结果及权力运行者的相关事宜向利益相关者公开，使利益相关者知悉。公开透明机制是在权力运行机制之外，因为公开透明的内容、时间及方式等都具有可选择性，所以，公开透明机制对权力的控制也具有可选择性，难以做到对权力运行的经常性控制。

以道德制约权力就是把外在的价值准则内化为权力主体自身的价值需求和道德自律，通过强化权力主体的道德认识、道德修养和道德意志，培养起权力主体自我监督和自我约束的能力，使其自觉规避滥用权力的行为，以防止权力的异化。道德机制是在权力掌握者通过道德来自我约束时才发挥作用，所以，具有经常性。

以上分析了各种具体治理机制，根据依靠力量和是否具有经常性，将分析结果归纳如表1-2所示。

表 1-2 治理机制特征

具体机制	依靠力量来自流程内部还是外部	是否具有经常性
制衡机制	流程内部	具有经常性
激励机制	流程内部	具有经常性
道德机制	流程内部	具有经常性
监督机制	流程外部	不具有经常性
公开透明机制	流程外部	不具有经常性

一般来说，在应对风险的过程中，首先是内部——经常性机制发挥作用（称为“第一道防线”），将风险抑制在萌芽之中。通过内部——经常性机制发挥作用之后，可能还存在一些风险，称为“剩余风险”，对于这类风险，再通过监督机制、公开透明机制来发挥作用（称为“第二道防线”），通过这些机制对风险的再次抑制，使风险降低到可容忍的程度。上述作用过程如图1-1所示。

从构造结构上来看，治理机制构造有两种类型，一种类型是以第一道防线为主，另一种类型是以第二道防线为主。如果是以第一道防线为主，则内部——经常性机制是主要的工具性机制，它们是抑制风险的主力军。如果是以第二道防线为主，则外部——非经常性机制是主要的工具性机制，它们是抑制风险的主力军。为了叙述的方便，我们将第一种情形称为“内部——经常性治理模式”，第二种情形称为“外部——非经常性治理模式”。

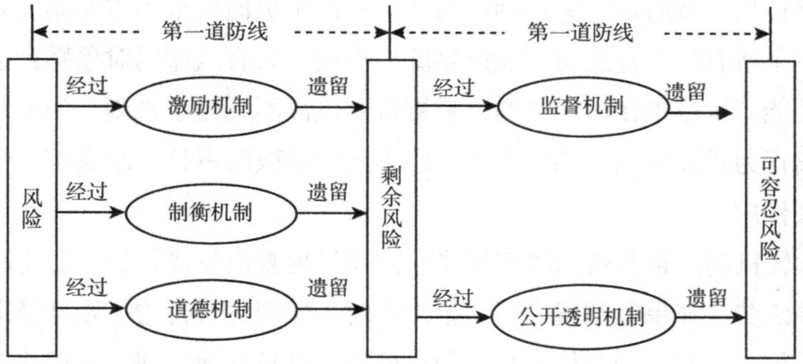

图1-1　公共资源经管责任中的风险应对过程

四、政府审计

在图1-1所示的公共资源经管责任风险应对体系中，政府审计属于监督机制，是风险应对的第二道防线。为什么还需要政府审计呢？原因是，政府审计在公共资源经管责任风险应对体系中能发挥两方面的作用：一是直接抑制剩余风险；二是评估治理构造，确保其持续有效。

（一）政府审计直接抑制剩余风险

政府审计通过揭示机制、威慑机制、预警机制和抵御机制，抑制代理问题和次优问题，从而保障制度的良好及制度的良好执行（郑石桥、安杰、高文强，2013）。各种保障机制具体分析如下：

1.揭示机制。政府审计对公共资源经管责任承担者是否执行了既定的治理制度进行审计，发现偏离既定治理制度的各种问题，纠正已经发生的偏离行为，从而保障既定的治理制度得到良好执行。揭示机制源于审计的技术属性，在这里，既定的治理制度就是既定的标准，政府审计就是要搞清楚公共资源经管责任履行的真实情况，并在此基础上，判断公共资源经管责任履行是否符合既定的标准。对于偏离行为，一方面要纠正，另一方面，还要直接或推动对相关责任者进行处理处罚。只有这样，才能真正发挥抑制偏离行为的目的。如果没有处理处罚，甚至没有纠正，则行为人以后可能还会继续发生类似行为，抑制偏离行为的目标难以达成。

2.威慑机制。威慑机制是指公共资源经管责任承担者由于敬畏政府审计，而主动放弃其偏离行为。威慑机制的实现要求公共资源经管责任承担者对政府审计具有足够的敬畏。如果他们对政府审计没有足够的敬畏，对于政府审计做出的决定或建议可以置之不理，则威慑机制无法发挥作用。一般来说，要使公共资源经管责任承担者对政府审计有足够的敬畏，就要让有偏离行为者产生严重的负面后果，政府审计惩罚制度的建立是产生负面后果的主要制度安排。当然，并不是所有的审计惩罚都能产生威慑作用，只有当惩罚对象感到了严重的后果时才能产生威慑作用。当然，威慑机制也离不开揭示机制，如果政府审计对于偏离行为难以发现，则行为人自然不会敬畏政府审计，政府审计也就无从发挥威慑作用。

3.预警机制。预警机制的实现要求能及早地查出偏离行为，防止星星之火成为燎原之势。如果等到偏离行为很严重时才发现这种行为，则已经造成了较严重的后果，此时，抑制偏离行为的目标就没有较好地实现。如何才能及早地查出偏离行为呢？一般来说，能较好实现预警作用的审计方式有两种：一是跟踪审计；二是持续审计。跟踪审计强调过程性、时效性和预防性。强调过程性是指注重对审计事项的业务过程进行审计；强调时效性是指在发现和纠正问题时注重及时性，使问题能够及时得到有效解决；强调预防性是指将审计事项分成多个阶段，对各个阶段进行事中或事后监督，从而发挥预防作用。由于跟踪审计具有上述特征，这种审计方式切实提高了审计效率和效果（时现，朱尧平，薛蓓儿，2006；郑石桥，2012）。持续审计是一种基于审计人员预定的标准，持续的监控和测试交易并确定需要执行进一步测试的异常例外情况的系统化方法，具有审计过程的连续性、审计信息的及时性和审计程序的自动化这些特征。正是由于持续审计具有上述特征，可以对偏离行为进行及时跟踪，从而为预警机制的实现奠定基础（张文秀、刘雷，2012）。

4.抵御机制。抵御机制的实现要求能改进相关的治理制度。一方面，政府审计对于发现的偏离行为要追踪其原因，从而找到治理制度的缺陷，提出建议并推动这些缺陷得到整改，避免同类偏离行为再度发生，实现治理制度的优化。另一方面，可以直接以治理制度为对象，进行制度审计，评价治理制度是否存在缺陷；如果存在缺陷，则提出建议并推动这些缺陷得到整改，从而达到治理制度的优化。刘家义（2008）将抵御机制形象地比喻为“强身壮体”，增加其抵御“病毒”的能力。审计建议及其实施是抵御机制最核心的内容，体现这些核心内容的制度安排包括三个部分：一是审计建议，也就是如何提出高质量的审计建议；二是审计建议实施机制，也就是相关各方如何协同来采纳和实施审计建议；三是后续审计制度，也就是在审计建议提出之后，审计方自己要单独做的事宜是如何实施的。

（二）评估治理构造的有效性

以提高效率和抑制风险为目的，建立治理构造，而这个治理构造持续、有效地运行的前提是持续改进，为此，必须对治理构造进行定期或不定期的评估，及时发现治理构造的缺陷，并推进整改。公共资源经管责任承担者由于是治理构造的建立者和执行者，当然可以对治理构造进行评价以实施改进，但是，一般来说，难以做到客观、公正地评估治理构造，而政府审计恰恰具有独立性，能够对公共资源经管责任承担者所建立的治理构造是否存在缺陷、其建立的治理构造是否得到有效执行，进行客观的评估，从而为治理构造的持续改进奠定了基础。所以，总体来说，政府审计需求源于两个方面：一是独立鉴证公共资源经管责任承担者是否存在代理问题和次优问题；二是独立鉴证治理构造是否存在缺陷。

当然，以上是基于公共资源经管责任承担者的人性特征对政府审计需求的分析。还有一些权变因素也会影响政府审计需求。第一，如果委托人不关心公共资源经管责任承担者是否存在代理问题和次优问题，政府审计就没有需求。第二，如果委托人构建的治理构造第一道防线效果很好，能够有效地抑制风险，剩余风险水平较低，或者是审计之外的其他监督机制有效地发挥了作用，则通过政府审计来抑制的剩余风险就较少，此时，政府审计需求就不强烈。第三，如果委托人对治理构造很有信心或不关注治理构造是否存在缺陷，则通过政府审计来评估治理构造是否存在缺陷的需求也就不强烈。

综上所述，关于政府审计需求，就有如下结论：在公共资源经管责任履行过程中，由于人性自利和有限理性，在信息不对称、激励不相容和环境不确定性的前提下，公共资源经管责任承担者可能偏离委托人的期望，从而出现代理问题和次优问题，为此，委托人会推动建立治理构造来应对这些问题，政府审计是这个治理构造的组成部分，一方面，通过揭示机制、威慑机制、预警机制和抵御机制，直接抑制代理问题和次优问题；另一方面，通过评估治理构造的有效性，为治理构造的持续可靠奠定基础。由于委托人的需求不同、治理构造不同，政府审计需求可能出现差异化。

参考文献

[1] Watta, R L., Zimmerman, J L., Agency problems, auditing, and the theory of the firm: some evidence [J]. Journal of Law and Economics, 1983 (October), pp.613-633.

[2] 杨时展. 审计的产生和发展 [J]. 财会通讯，1986 (4)：4-8.

[3] 郑石桥. 审计理论：基础理论视角 [M]. 中国人民大学出版社，2016.

[4] Timan S., Truman, B., Information quality and the valuation of new issues [J]. Journal of accounting and economics, 1986 (vol.8), pp.159-172.

［5］Menon，K.，Williams，D.，the insurance hypothesis and market price［J］. the Accounting Review，1994（69），pp.327-342.

［6］谢荣. 高级审计理论与实务［M］. 经济科学出版社，2011.

［7］杨肃昌. 十辩国家审计［N］. 南方周末，2012-02-23.

［8］钟超诚. 再辩国家审计［J］. 广西财经学院学报，2012（12）：121-124.

［9］郑石桥. 国有资源经管责任、人性特征和政府审计［J］. 会计之友，2015a，（11）：129-136.

［10］王羚. 也辩国家审计——与杨肃昌教授商榷［J］. 审计研究，2012（4）：43-47.

［11］刘家义. 树立科学审计理念　发挥审计监督“免疫系统”功能［J］. 审计研究，2008（5）：3-9.

［12］刘家义. 论国家治理与国家审计［J］. 中国社会科学，2012（6）：60-72+206.

［13］Williamson，O.E. The modern corporation：origins，evolution，attributes［J］. Journal of Economics Literate，Vol. 19，No. 4（Dec.，1981），1537-1568.

［14］徐曙娜. 财政支出中机会主义的控制研究［J］. 生产力研究，2008（5）：30-32.

［15］曾军平. 人大预算决策、机会主义行为与宪法性约束［J］. 上海财经大学学报，2009（2）：48-55.

［16］刘燕. “机会主义行为”内容与表现形式的理论解析［J］. 经济问题探索，2006（5）：122-125.

［17］［美］曼瑟尔·奥尔森. 国家“有它自己的利益和野心”（1971）. 中译本. 陈郁等译［M］. 上海三联书店、上海人民出版社，2003.

［18］［美］詹姆斯·布坎南. 宪法经济学［J］. 经济学动态，1992（4）：68-69.

［19］Simon.H.A.，A Behavioral Model of Rational Choice［J］. The Quarterly Journal of Economics，1955，69，（1）.

［20］［美］西蒙. 理性选择行为模型［M］. 西蒙选集. 首都经贸大学出版社，2002年.

［21］何大安. 行为经济人有限理性的实现程度［J］. 中国社会科学，2004（4）：91-102.

［22］郑石桥. 国家审计促进国家治理现代化［J］. 中国审计评论，2015b（1）：25-37.

［23］郑石桥，安杰，高文强. 建设性审计论纲——兼论中国特色社会主义政府审计［J］. 审计与经济研究，2013（4）：13-22.

[24] 时现，朱尧平，薛蓓儿. 建设项目跟踪审计路径选择 [J]. 审计与经济研究，2006 (5)：8-11.

[25] 郑石桥. 机会主义、问责需求和跟踪审计 [J]. 中国内部审计，2012 (3)：36-40.

[26] 张文秀，刘雷. 持续审计. 东北财经大学出版社 [M]. 2012.

2 Chapter 第二章 政府审计本质

什么是政府审计？对这个问题的解答就是政府审计本质理论。本章首先对政府审计本质的主要观点做一简要介绍；其次，基于辩证唯物主义认识论，提出一个政府审计本质体系；最后，深入阐明政府审计是党和国家监督体系的重要组成部分。具体来说，本章包括以下内容：政府审计本质的主要观点；政府审计本质体系；政府审计是党和国家监督体系的重要组成部分。

第一节　政府审计本质的主要观点

本节首先介绍审计本质的主要观点。

一、审计本质的主要观点

目前，关于审计本质的主要观点有查账论、系统过程论、控制论。查账论认为，审计是对会计资料及财务报表的检查，审计就是查账（Mautz & Sharaf，1961；番场嘉一郎，1981；郭振乾，1995）。系统过程论认为，审计是一个系统过程，首先，客观收集和评价与经济活动及事项有关的认定的证据；其次，确定其认定与既定标准的相符程度；最后，将结果传递给利益关系人的系统过程（AAA，1972）。控制论源于英国审计学家戴维·弗林特，他认为，审计是为确保受托责任而履行的一种社会控制机制，我国学者也有类似观点（蔡春，2001）。

二、政府审计本质的主要观点

一些文献专门研究政府审计本质，主要观点有经济监督论和国家治理免疫系统论。

经济监督论认为，政府审计是由专职机构和人员，依法对被审单位的财政、财务收支及其有关经济活动的真实性、合法性和效益性的独立监督（杨纪琬，1983；阎金锷，1989）。

国家治理免疫系统论由刘家义（2008、2009、2010、2012、2014）提出。他认为，国家审计是国家治理的基石和重要保障，通过预防功能、揭露功能和抵御功能来保障经济社会健康运行。预防功能是指国家审计及时发现苗头性、倾向性问题，起到预警作用；揭露功能是指国家审计查处违法违规、经济犯罪、损失浪费、奢侈铺张、损坏资源等各种行为，并依法对这些行为进行惩戒；同时，揭示体制障碍、制度缺陷、机制扭曲和管理漏洞；抵御功能是指国家审计对产生这些问题进行深层次的原因分析，并提出相关建议。

上述这些关于审计本质特别是其中的国家审计本质的学术观点，对于认识政府审计本质具有较大的启发性。从辩证唯物主义认识论来看，这些学术观点都具有真理成分。然而，国家审计本质应该具有共性和个性两个维度，而这些观点都没有区分共性和个性。此外，关于审计本质的主要观点，离国家审计本质有些距离，用这些观点来理解国家审计，有“隔靴搔痒”之感；关于国家审计本质的观点，还需要具有更加广泛的时空适应性。因此，本节区分政府审计共性本质和个性本质，提出一个政府审计本质体系的框架。

第二节　政府审计本质体系

本节以辩证唯物主义认识论为基础，分析政府审计本质体系：首先阐明辩证唯物主义认识论对认识政府审计本质的启示，然后分析政府审计个性本质和共性本质，最后分析国家治理免疫系统论的共性与个性。

一、辩证唯物主义认识论对认识政府审计本质的启示

从哲学观点来看，方法论决定认识结论，在不同的方法论指导下，得出的认识结论可能会有重大差异。目前，对于政府审计本质有多种不同的观点，观点分歧的一个很重要的原因是方法论。辩证唯物主义认识论是科学的方法论，以此为方法论，能获得对政府审计本质的正确认识。

（一）现象和本质的对立统一原理

根据这个原理，认识政府审计本质离不开政府审计现象，存在许多的政府审计现象是认识政府审计本质的前提，没有政府审计现象就没有政府审计本质。政府审计现象是政府审计的外在方面，是表面的、多变的、丰富多彩的；政府审计本质是政府审计的内在方面，是深藏的、相对稳定的、比较深刻和单

纯的。政府审计现象是可以直接认知的，政府审计本质则只能间接地被认识。政府审计现象是政府审计本质的现象，政府审计本质是政府审计现象的本质。政府审计本质只能通过政府审计现象表现出来，政府审计现象只能是政府审计本质的显现，他们之间是表现和被表现的关系。

（二）感性认识与理性认识的辩证关系原理

根据这个原理，对政府审计本质的认识经过感性认识和理性认识两个辩证发展过程。感性认识反映的是政府审计的现象，对政府审计的表面有了初步认识，是认识政府审计的初级阶段，形成了对政府审计的感觉、知觉和表象。理性认识是以政府审计的本质规律为认识对象，是对政府审计的内在联系的认识，是认识政府审计的高级阶段，形成政府审计的概念、判断、推理。

（三）绝对真理和相对真理的对立统一原理

根据这个原理，第一，政府审计绝对真理和政府审计相对真理是对立的。一方面，任何政府审计真理都是对政府审计及其规律的正确认识，都是无条件的、绝对的。从这个意义上说，承认了政府审计客观真理，也就等于承认了绝对政府审计真理。另一方面，政府审计相对真理是指人们在一定条件下对政府审计及其规律的正确认识是有限的，无论是认识的广度和认识深度都是如此。第二，政府审计绝对真理和政府审计相对真理又是统一的。一方面，相对之中有绝对，任何政府审计相对真理都包含着政府审计绝对真理的成分，政府审计绝对真理寓于政府审计相对真理之中；另一方面，绝对之中有相对，政府审计绝对真理要通过政府审计相对真理表现出来，众多的政府审计相对真理之总和，构成了政府审计绝对真理。

综合辩证唯物主义认识论的上述三个原理，对于认识政府审计本质有如下启示：

第一，对于政府审计本质的认识可能出现错误，主要表现为将政府审计现象作为政府审计本质。一方面，由于人们观察到的政府审计现象不同，对政府审计本质的理解可能出现差异，甚至将政府审计现象作为政府审计本质。另一方面，由于认识是一个辩证发展过程，在这个过程中，感性认识和理性认识之间并无明显的分界点，所以，很有可能将感性认识的结论当成理性认识的结论，从而出现将政府审计现象作为政府审计本质的问题。

第二，政府审计本质可能表现为多个维度，不同的政府审计现象可能显现不同的本质维度。基于观察到的政府审计现象不同，所认识到的政府审计本质维度也不同，但是，就其所认识到的政府审计的某个维度来说，这种认识也是具有相对真理性的。总体来说，政府审计本质应该有个性和共性两个维度。

二、政府审计个性本质的观察角度

政府审计本质源于对政府审计现象的观察，由于观察到的政府审计现象不同，或者是对于同样的政府审计现象，但是有不同的观察视角，则对政府审计本质的认识也会出现差异。从某种意义上来说，观察不同视角、不同现象得出的本质认识，都具有真理成分，都是对政府审计本质的正确认识。然而，这种正确性只是政府审计本质的某些方面的属性，不能扩展到这种观察未能涉及的方面。同时，对政府审计，政府还需要有一个较为全面的观察视角，从而得到适合于各种政府审计现象的共性本质。总体来说，政府审计本质体系如表2-1所示。

表2-1 政府审计本质体系

观察角度	本质维度	
	某个性维度	共性维度
不同国家	√	×
同一国家的不同时期	√	×
不同审计客体	√	×
不同审计业务	√	×
审计功能的不同选择	√	×
审计组织成熟度不同	√	×
各种角度	×	√

"√"表示有该种情形，"×"表示无该种情形

下面，我们从观察角度来分析政府审计本质体系。

（一）不同国家与政府审计本质

不同国家的政府审计现象可能存在较大的差异，因而从不同国家的政府审计现象得出的政府审计本质可能存在较大的差异。例如，美国政府审计现象和中国政府审计现象存在较大的差异，根据这两个国家的政府审计现象，对政府审计本质的认识就可能存在较多的差异。所以，我国政府审计更强调其监督属性，而美国政府审计更强调其鉴证属性、评价属性。

（二）同一国家的不同时期与政府审计本质

同一国家在不同时期的政府审计现象可能不同，从而，根据不同的审计现象所观察到的政府审计本质也可能存在差异。例如，我国在新中国成立之前就已经有了政府审计，中国共产党领导的红色政权也有审计，新中国的审计事

业于1983年开始恢复，这些时期的审计现象有很大的差别，根据不同时期的政府审计现象，对于政府审计本质当然会有不同的认识。

（三）不同审计客体与政府审计本质

根据审计客体不同，政府审计主要包括财政审计、金融审计、国有企业审计、工程审计、资源环境审计、公共政策审计、领导干部经济责任审计等，针对不同审计客体的审计现象会存在较大的差异，所以，基于不同主要审计客体的观察，对于政府审计本质的认识可能存在差异。

（四）不同审计业务与政府审计本质

一般来说，政府审计业务主要有财务审计、合规审计、绩效审计和制度审计四类，不同国家的政府审计，上述四类业务的重要性不同，一些国家主要以绩效审计为主，一些国家则主要以合规审计为主，一些国家以财务审计为主，一些国家重视制度审计，还有些国家则是多种审计业务并重。不同审计业务所体现的审计本质属性不同，所以，基于不同主要审计业务的观察，对于政府审计本质的认识可能存在差异。

（五）审计功能的不同选择与政府审计本质

一般来说，政府审计功能包括鉴证、评价和监督（《审计研究》编辑部，1988）。但是，不同的政府审计机关对于上述审计功能的强调可能不同，有的强调鉴证功能，有的强调评价功能，有的强调监督功能，还有的强调多种功能。由于强调的审计功能不同，政府审计的体制、审计权力配置、审计业务等可能不同，从而出现不同的政府审计现象，观察这些不同的审计现象所得出的政府审计本质认识可能存在差异。

（六）审计组织成熟度不同于政府审计本质

美国联邦审计署（GAO）认为，审计基本手段包括监督（Oversight）、洞察（Insight）和预见（Foresight）。监督是指发现舞弊、浪费、滥用和管理不善；洞察是指使得政府更有效率和效果；预见是识别萌芽中的问题。上述三种手段的地位不同，审计组织成熟度模型（Accountability Organization Maturity Model）描述了不同手段的地位（图2–1），监督处于基础地位，包括Combating Corruption，Promoting Transparency，Assuring Accountability；洞察处于中间地位，包括两方面的内容，一是Enhancing Economy Efficiency，Ethics，Equity，and Effectiveness；二是Increasing Insight；预见处于最高地位，主要是Facilitating Foresight（GAO，2008；张军，秦江萍，郭贞，2012）。

图2-1 审计组织成熟度模型

上述审计组织成熟度模型表明，对于不同的审计机关来说，监督业务、洞察业务和预见业务的重要性可能不同，所以，不同国家的政府审计现象可能不同。由此，对于政府审计本质的认识可能产生差异，当审计业务处于以监督业务为主时，可能强调审计本质中的监督属性；当审计业务已经发展到洞察业务甚至预见业务时，则可能强调审计本质中的洞察属性和预见属性（郑石桥，2014；尹平，2015）。

（七）各种角度与政府审计本质

上述分析表明，从不同角度观察政府审计，对于政府审计本质可能得出不同的认识。虽然这些认识都具有真理成分，但是，这些认识都只是对政府审计本质某些方面的正确认识，具有片面性。为了得到政府审计本质的较全面认识，必须将不同视角观察得出的政府审计本质综合起来，形成对于政府审计本质的共性认识。这种共性的政府审计本质适用于各种情形，然而，相对于具体的各种情形来说，共性的政府审计本质具有抽象性，并不能充分地体现各种具体的政府审计现象。

三、政府审计共性本质

根据辩证唯物主义认识论，对于政府审计本质的认识大致有两类：一是对于政府审计本质某个或某些属性的认识，这种认识是审计政府本质的个性认识；二是对政府审计本质的共性属性的认识，这种认识是审计政府本质的共性认识。本节前面已经阐述了政府审计个性本质，现在，我们来阐述政府审计共性本质。

政府审计共性本质有两个前提：一是不能离开审计一般本质；二是要有广泛的时间、空间适用性。关于审计一般的本质，有不同的观点，我们认为，审计是以系统方法从行为、信息和制度三个维度独立鉴证经管责任情况并将结果传达给利益相关者的制度安排（郑石桥，安杰，高文强，2013；郑石桥，2014）。政府审计本质不能离开审计一般的上述本质。关于广泛的时间、空间适用性，INTOSAI（The International Organization of Supreme Audit Institutions）对于政府审计的认识是基于不同国家的政府审计共性，所以，应该具有广泛的时间、空间适用性。基于此，对政府审计共性本质的认识，应该与INTOSAI对政府审计的认识不具有显著差异。

根据上述前提，我们提出政府审计共性本质如下：政府审计是以系统方法从行为、信息和制度三个维度独立鉴证公共资源经管责任情况并将结果传达给利益相关者的制度安排。

比较政府审计本质和审计一般的本质，只是将审计一般的经管责任改为公共资源经管责任，其他都没有变化。我们认为，就审计共性来说，政府审计的特殊之处就在于其审计范围特殊，是公共资源的经管责任，而不是一般的经管责任。这里的公共资源是广义的，包括国有资金、国有资产和狭义的公共资源，政府审计服务的是公共资源委托代理关系，鉴证的是公共资源经管责任，审计客体是公共资源经管责任承担者，审计委托人是公共资源委托代理关系中的委托人及利益相关者，审计终极目标是抑制公共资源经管责任中的代理问题和次优问题，审计直接目标是鉴证公共资源经管责任承担者在履行公共资源经管责任时是否存在代理问题和次优问题。

那么，对于政府审计共性本质的上述认识，与INTOSAI的认识是否一致呢？INTOSAI于1977年10月在利马举行的第九次大会通过的《利马宣言》指出："公共资金的管理意味着一种委托关系，因此，有公共财政管理就一定要有审计。审计本身不是目的，而是控制体系不可缺少的组成部分。这种控制系统的目的是要及早地揭露背离公认标准、违反原则和法令制度及违背资源管理的效率、效果和经济原则的现象，以便在各种情况下尽可能及早采取改正措施，使当事人承担责任、赔偿经济损失或采取措施防止重犯，至少也要使今后更难发生。"

INTOSAI对政府审计本质的认识，与本节提出的政府审计共性本质是异曲同工的。具体分析如下：

第一，"公共资金的管理意味着一种委托关系，因此，有公共财政管理就一定要有审计"，这是强调政府审计范围是公共资金，服务于公共资源委托代理关系。

第二，"使当事人承担责任、赔偿经济损失或采取措施防止重犯"，这表明政府审计客体是公共资源经管责任的承担者。

第三，"审计本身不是目的，而是控制体系不可缺少的组成部分。这种控制系统的目的是要及早地揭露背离公认标准、违反原则和法令制度及违背资源管理的效率、效果和经济原则的现象，以便在各种情况下尽可能及早采取改正措施，使当事人承担责任、赔偿经济损失或采取措施防止重犯，至少也要使今后更难发生”，这表明，审计直接目标是揭示履行公共资源经管责任承担者在履行经管责任时是否存在“背离公认标准、违反原则和法令制度及违背资源管理的效率、效果和经济原则的现象”，也就是代理问题和次优问题；审计的终极目标是“以便在各种情况下尽可能及早采取改正措施，使当事人承担责任、赔偿经济损失或采取措施防止重犯，至少也要使今后更难发生”，也就是抑制公共资源经管责任中的代理问题和次优问题。

所以，总体来说，本节界定的政府审计共性本质与INTOSAI对政府审计本质的认识具有异曲同工之妙。

四、国家治理免疫系统论的共性与个性

我国关于政府审计本质有多种观点，其中，最具有代表性的观点是国家治理免疫系统论。我们来分析这个观点的共性与个性。

（一）国家治理免疫系统论的共性

国家治理免疫系统论具有政府审计共性本质的主要内容。第一，国家治理免疫系统论认为，国家审计服务于国家治理，但是，国家治理者不可能是为自己来治理国家，而是在一定的委托代理关系中治理国家，国家审计离不开公共资源经管责任，审计客体是公共资源经管责任的承担者。第二，国家审计查处违法违规、经济犯罪、损失浪费、奢侈铺张、损坏资源等各种行为，这些问题恰恰就是国家治理中的代理问题和次优问题，这体现了国家的直接目标；国家审计保障经济社会健康运行，这体现了国家审计的终极目标。

（二）国家治理免疫系统论的个性

然而，国家治理免疫系统论是以中国当代国家审计现象为基础的，是基于中国当代国家审计实践所得出的国家审计本质，必然具有当代中国特色。

第一，在审计主题上，强调行为审计和制度审计。“国家审计查处违法违规、经济犯罪、损失浪费、奢侈铺张、损坏资源等各种行为”，关注的是行为；“揭示体制障碍、制度缺陷、机制扭曲和管理漏洞”，“对产生这些问题进行深层次的原因分析，并提出相关建议”，关注的是制度。为什么强调行为主题和制度主题？主要原因是我国国家治理尚未完全现代化，各种体制、机制和制度方面的问题还较多，违规行为、瑕疵行为较容易发生，所以，需要以行为及相

关制度作为主要的审计主题。

第二，在审计功能上，强调监督。“查处违法违规、经济犯罪、损失浪费、奢侈铺张、损坏资源等各种行为，并依法对这些行为进行惩戒”，不仅要查明是否存在违规行为，还要给违规责任者以惩戒。这是由我国的行为审计主题所决定的。一般来说，要使行为审计真正发挥作用，必须对有违规行为的责任者进行惩戒，否则，不能抑制类似违规行为再度发生。

总体来说，国家治理免疫系统论既涵盖了政府审计共性本质，又具有中国当代的个性本质特征。

第三节　政府审计是党和国家监督体系的重要组成部分

从辩证唯物主义认识论来看，政府审计本质应该具有共性和个性两个维度，以上分析了政府审计个性本质的观察角度，也分析了政府审计共性本质。中国政府审计本质当然应该是在共性基础性上呈现显著的个性特征，本节从政府审计定位这个角度来阐释中国政府审计的本质。

一、中国共产党的权威文献对政府审计的定位

中国共产党党内的权威文献对政府审计的定位如表2-2所示。

表 2-2　中国共产党党内权威文献（部分）对政府审计的定位

★中国共产党的十六大报告 《全面建设小康社会，开创中国特色社会主义事业新局面》 （八）加强对权力的制约和监督。……发挥司法机关和行政监察、审计等职能部门的作用。
★中国共产党的十七大报告 《高举中国特色社会主义伟大旗帜，为夺取全面建设小康社会新胜利而奋斗》 （六）完善制约和监督机制，保证人民赋予的权力始终用来为人民谋利益。……重点加强对领导干部特别是主要领导干部、人财物管理使用关键岗位的监督，健全质询、问责、经济责任审计、引咎辞职、罢免等制度。
★中国共产党的十八大报告 《坚定不移沿着中国特色社会主义道路前进 为全面建成小康社会而奋斗》 （六）健全权力运行制约和监督体系。……健全质询、问责、经济责任审计、引咎辞职、罢免等制度，加强党内监督、民主监督、法律监督、舆论监督，让人民监督权力，让权力在阳光下运行。
★中国共产党的十九大报告 《决胜全面建成小康社会 夺取新时代中国特色社会主义伟大胜利》 （七）健全党和国家监督体系。……改革审计管理体系，完善统计体制。构建党统一指挥、全面覆盖、权威高效的监督体系，把党内监督同国家机关监督、民主监督、司法监督、群众监督、舆论监督贯通起来，增强监督合力。

从上述文献来看，中国共产党的权威文献对政府审计的定位有两种：一是作为权力制约和监督体系的组成部分；二是作为党和国家监督体系的组成部分。这两种定位具有实质上的一致性。因为党和国家监督体系的监督对象就是权力，所以，党和国家监督体系就是权力制约和监督体系。

二、中国国家审计特质及其在党和国家监督体系中的定位

国家审计在党和国家监督体系中有效发挥作用的前提是正确的定位。如果不能正确定位，则可能与党和国家监督体系中的其他监督重复，难以形成监督合力。那么，如何定位才是正确的呢？我们认为，最重要的定位原则是以国家审计特质满足党和国家的监督需求，任何偏差这个原则的定位，都会影响国家审计在党和国家监督体系中有效地发挥作用。从根本上来说，国家审计的正确定位是国家审计以其特质作为一种监督供给与党和国家的监督需求相吻合，任何偏差这个吻合区域的国家审计定位，都会影响国家审计在党和国家监督体系中有效地发挥作用。下面，我们按上述逻辑来具体分析以下两个问题：国家审计的特质是什么？以上述特质为基础，国家审计在党和国家监督体系中的定位又是什么？

（一）中国国家审计特质

国家审计特质（specific character）是国家审计特有且稳定的品质，正是这些特质，使得国家审计区别于党和国家监督体系中的其他监督，也正是这些特质，使得国家审计在党和国家监督体系中具有其自己的独特地位。如果国家审计没有自己的特质，国家审计在党和国家监督体系中可能就无关紧要，甚至是可有可无的。

那么，国家审计特质是什么呢？关于国家审计本质的主流观点有经济监督论和国家治理免疫系统论，这两种观点能否显现国家审计特质呢？

经济监督论认为，国家审计是对财政、财务收支及其有关经济活动的真实性、合法性和效益性的独立监督（杨纪琬，1983；阎金锷，1989；郭振乾，1995）。很显然，这种观点将审计范围界定在财政、财务收支及其有关经济活动，并且，从真实性、合法性和效益性三个维度界定了审计目标，还要求具有独立性，这些内涵都从一定的维度显现了国家审计的特质。但是，经济监督论这种观点存在的最大问题是，无法将国家审计这种经济监督与专门经济监督相区别。例如，财政监督、税收监督、金融监督、物价监督、国有资产监督等专门经济监督，都是经济监督，都可以关注真实性、合法性和效益性，都要求独立于被监督客体，所以，根据经济监督论，国家审计作为一种经济监督与这些

专门经济监督相比较所具有的特质难以显现出来。也正是因为这个，有人提出，国家审计是综合性、高层次的经济监督（郭振乾，1994），希望通过“综合性、高层次”来显现国家审计与专门经济监督的区别。我们认为，综合性只是显现了国家审计监督的范围更加广泛，而高层次只是显现了国家审计可以对专门经济监督本身也进行监督，并未从实质意义上显现国家审计的特质。

国家治理免疫系统论认为，国家审计是国家治理免疫系统，具有预防功能、揭示功能和抵御功能（刘家义，2008、2010、2014）。这种观点以人体免疫系统的作用来类比国家审计在国家治理中的作用，一定程度上显现了国家审计在国家治理中的特质。但是，在国家治理体系中，类似人体免疫系统且具有预防功能、揭示功能和抵御功能的，并不只是国家审计，党和国家监督体系中的其他各类监督系统，都具有上述特征，可以认为，所有这些监督系统都是国家治理体系中的免疫系统。所以，国家治理免疫系统论是对国家治理体系中监督系统的整体特质的表述，在显现国家审计与国家治理中其他监督系统相比所具有的特质方面，还需要进一步深化。

那么，国家审计特质究竟怎样才能显现呢？我们认为，需要将国家审计的本质、需求、功能、目标、客体、内容及方法联系起来，才能显现国家审计特质，为此，我们提出关于国家审计的如下表述：国家审计是以系统方法独立鉴证、界定和评价公共资源经管责任履行情况，以发现公共资源经管责任履行中的代理问题和次优问题，并将审计结果传达给利益相关者或直接应用审计结果，以促进公共资源经管责任履行的制度安排（郑石桥，2015a、2019）。

这一表述包括了国家审计的本质、需求、功能、目标、客体、内容及方法。

从本质来说，国家审计是对公共资源经管责任履行情况的鉴证、界定和评价，这是审计一般本质在公共资源经管领域的体现。

从需求来说，国家审计源于公共资源经管责任，这里的公共资源包括国有资金、国有资产和狭义的公共资源，而公共资源经管责任则是公共资源委托代理关系中，代理人作为责任承担者应该承担的受托责任，正是因为公共资源经管责任承担者可能不会良好地履行其经管责任，才需要国家审计。

从功能来说，国家审计具有鉴证、界定和评价三大基础性功能，还有审计结果应用功能，包括直接应用审计结果和将审计结果传达给利益相关者。

从目标来说，国家审计的直接目标是发现公共资源经管责任履行中的代理问题和次优问题，这里的代理问题是责任承担者由于自利而有意而为的对公共资源经管责任履行有负面影响的行为，而次优问题是责任承担者由于其有限理性而无意而为的对公共资源经管责任履行有负面影响的行为；而国家审计的终极目标则是促进公共资源经管责任履行，发现公共资源经管责任履行中的代理问题和次优问题，是为了抑制这些问题，进而促进公共资源经管责任履行。

从客体来说，国家审计所审计的是公共资源委托代理关系中的代理人，也就是公共资源经管责任承担者。这里的审计客体，既可以是作为责任承担者的自然人，也可以是作为责任承担者的组织单元。

从内容来说，国家审计关注的是公共资源经管责任履行情况，并不是没有边界。一般来说，可以分为两个方面，一是公共资源使用情况，二是承担的责任目标完成情况，并且，二者是密切相关的，使用公共资源是为了完成责任目标，而完成责任目标则必须使用公共资源。

从方法来说，国家审计强调两个方面：一是系统方法；二是独立性。系统方法保障了审计结果的科学性，而独立性则保障了审计结果的客观、公正性。

基于国家审计表述的上述理解，我们认为，相对于党和国家监督体系中的其他监督，国家审计有如下特质：

1.就监督客体来说，国家审计是监督公共资源经管责任履行中的责任承担者，承担公共资源经管责任的组织单元可以是审计客体，而这些组织单元的主要领导也可以作为审计客体。凡是不承担公共资源经管责任的，都不是国家审计的监督客体。

2.就监督内容来说，无论是组织单元还是主要领导，国家审计的监督内容都是公共资源经管责任履行情况，国家审计关注的是公共资源经管责任履行情况，主要包括两方面的内容：一是公共资源使用情况；二是目标责任完成情况。不属于上述两方面的内容，一般不属于国家审计的监督内容。有一种观点认为，国家审计是公权力监督（程乃胜，2017），这个观点本身并无错误，但是，需要限定国家审计所能监督的公权力的范围。国家审计所监督的公权力只能是使用公共资源以履行其经管责任的权力，本质上也就是履行公共资源经管责任，是对责任的另一个角度的表述。

3.就监督目标来说，国家审计关注公共资源经管责任履行情况，终极目标是促进公共资源经管责任承担者履行公共资源经管责任。为了实现这个终极目标，国家审计的直接目标是寻找公共资源经管责任承担者在履行公共资源经管责任中存在的问题（包括代理问题和次优问题），从这个意义上来说，国家审计是问题导向，通过寻找问题，并处理处罚责任者，以抑制这些问题的发生。

4.从监督方法来说，国家审计是采用系统方法对公共资源经管责任履行情况独立地鉴证、界定和评价，鉴证就是搞清楚公共资源经管责任履行的真实情况，界定就是确定公共资源经管责任承担者对公共资源经管业绩及问题应该承担的责任程度，而评价就是对公共资源经管责任履行的水平进行判断。鉴证、界定和评价具有逻辑顺序，同时，鉴证、界定和评价本身还有各自的系统方法。

5.从监督结果应用来说，国家审计对于审计结果有两种应用：一是直接应用审计结果，通常表现为审计结果公开和审计处理处罚；二是将审计结果传达给利益相关者，通常表现为报告审计结果、提出审计建议和移交相关部门三种方式。通过审计结果的应用，国家审计能发挥四种作用：信息真实性保障作用、行为合规性保障作用、制度健全性保障作用、绩效水平促进作用。

以上分析了国家审计所具有的五个特质，更为重要的是，理解国家审计特质，需要将上述各方面的特质联系起来，不能割裂开来认知国家审计特质。只有把上述这些特质组合起来，才能使国家审计在党和国家监督体系中有自己的独特定位。

（二）国家审计在党和国家监督体系中的定位

尽管国家审计具有自己的特质，那么，党和国家监督体系中是否存在对具有这种特质的监督系统之需求呢？或者说，国家审计在党和国家监督体系能否找到自己的独特定位？

党和国家监督体系也就是公共权力监督体系，它是指由相对独立又共处一体的各权力监督主体，对权力运行进行分工协作监督（李晓广，2005）。建构公共权力监督体系应遵循法治原则、权能原则和合理原则。法治原则是指要按照法定的程序和权限对权力进行监督；权能通是指要充分考虑各种监督所固有的权能；合理原则也就是整合互补原则，即相互补充以形成一个整体（金波，2008）。中国共产党的十九大提出，要建立“党统一指挥、全面覆盖、权威高效的监督体系”，并将党和国家监督体系划分为“党内监督、国家机关监督、民主监督、司法监督、群众监督、舆论监督”六大监督。

从监督内容来说，这些监督都是监督公共权力的运行。公共权力与公共责任是相对应的，公共权力是用来履行公共责任的，享有公共权力的同时，必须承担公共责任，而要承担公共责任，必须拥有相应的公共权力，公共权力还包括控制和使用公共资源，公共责任的履行也必须使用公共资源。所以，公共权力的运行过程，也就是公共资源的使用过程和公共责任的履行过程。公共权力监督、公共资源使用监督和公共责任履行监督是三位一体的。

公共责任有多种，公共资源经管责任是其中最重要的责任之一，它是一定的主体使用公共资源（包括国有资金、国有资产和狭义的公共资源）来完成一定的目标责任，其内容可以分为两部分，一是使用公共资源，二是完成目标责任，前者可以简称为“财务责任”，后者可以简称为“业务责任”。一般来说，由于财务责任主要涉及资源的使用，所以，基本类似于财政财务收支，而业务责任则涉及资源使用所从事的活动，基本类似于相关经济活动，所以，公共资源经管责任主要属于经济责任，而履行公共资源经管责任的活动，则主要属于经济活动，对公共资源经管责任履行情况的监督，可以定性为经济监督。同时，公共资源经管责任履行过程中，还必须具有一些决策权，这些决策权主要属于经济权力，所以，公共资源经管责任履行过程，也就是这些经济权力的运用过程。综上，公共资源经管责任之履行过程，事实上是公共资源使用、公共资源经济权力行使和公共资源经管责任履行三位一体的过程。

那么，公共资源经管责任承担者是否会按公共资源委托人的期望来履行上述责任呢？或者说，公共资源经管责任承担者是否会按公共资源委托人的期望来使用公共资源？或者说，公共资源经管责任承担者是否会按公共资源委托人的期望来行使公共资源经济权力？上述三个问题是三位一体的，答案相同，都是“不一定”！其原因是，在公共资源委托代理关系中，作为代理人的公共资源经管责任承担者，可能偏差公共资源委托人的期望，从而不能很好地履行公共资源经管责任，其前提是激励不相容，其条件是信息不对称和环境不确定性。就激励不相容来说，公共资源经管责任承担者具有自利倾向，其追求的利益可能与公共资源委托人存在差异，对公共资源委托人有利的事，并不一定能带来公共资源经管责任承担者的利益最大化，所以，公共资源经管责任承担者可能具有这种动机——为了自己的利益而偏离公共资源委托人的利益。信息不对称是指公共资源经管责任承担者就公共资源经管情况掌握的信息优于公共资源委托人，正是这种信息优势，为其谋取自己的利益提供了条件。如果没有信息优势，公共资源经管责任承担者想要谋取自己的利益，也会被公共资源委托人发现，从而其行为不能得逞。环境不确定性是指公共资源经管责任履行的最终结果是由多方面因素造成的，既有公共资源经管责任承担者努力的因素，也有环境因素的作用，公共资源经管责任履行的好业绩可能是环境的作用而不是公共资源经管责任承担者努力的结果，而公共资源经管责任履行的不好业绩也可能是环境的影响而并不是公共资源经管责任承担者不努力的结果。当然，如果能将公共资源经管责任履行业绩区分为环境的影响和公共资源经管责任承担者努力的影响这两部分，则公共资源委托人可以从公共资源经管责任履行业绩来判断公共资源经管责任者的努力程度，从而，公共资源经管责任者的偏差行为就容易发现。但是，由于环境因素的不确定性，其对公共资源经管责任履行业绩的影响也不能确定，这就为公共资源经管责任者的自利行为提供了掩护。现实生活的公共资源委托代理关系，恰恰是激励不相容、信息不对称和环境不确定性同时存在，所以，公共资源经管责任承担者完全有可能偏离公共资源委托人的利益来谋取自己的利益，或者说，完全有可能不会良好地履行其公共资源经管责任（郑石桥、杨婧，2013），正是因为如此，才产生了对公共资源经管责任履行情况进行监督的需求，也可以说是对公共资源使用情况进行监督的需求，还可以说是对公共资源经济权力使用情况进行监督的需求，三者是三位一体的。

问题的关键是，主要由何种监督主体来履行这种监督职责呢？根据中国共产党的十九大报告，党和国家监督体系划分为党内监督、国家机关监督、民主监督、司法监督、群众监督、舆论监督，那么，何种监督主体适宜作为公共资源经管责任履行情况的监督主体呢？

党内监督是指作为执政党的中国共产党为保证权力的正确运行，依据党章相关规定，对党的各级组织和全体党员的活动进行的监督（谢志高，2004）。很显然，党内监督与公共资源经管责任履行情况并无必然联系。尽管党内监督也可能涉及公共资源经管责任的履行，但是，不宜将党内监督作为公共资源经管责任履行情况监督的主要监督主体。

民主监督主要是人民政协通过提出建议和批评，协助党和国家机关改进工作，提高工作效率，克服官僚主义（郑宪，2004）。由于民主监督主要通过建议和批评的方式来进行，不具有法律的约束力和纪律的强制性，所以，民主监督也可能涉及公共资源经管责任的履行，但是，不宜将民主监督作为公共资源经管责任履行情况监督的主要监督主体。

司法监督是指国家司法机关依据宪法和有关法律对相关主体是否遵守法律法规所实施的监督（梁平、李庆保，2014）。从监督客体来说，司法监督客体远远超出公共资源经管责任承担者；从监督内容来说，司法监督内容也远远超出公共资源经管责任；但是，从监督维度来说，公共资源经管责任履行情况的监督则超出了单一的合规性。所以，司法监督也可能涉及公共资源经管责任的履行，但是，不宜将司法监督作为公共资源经管责任履行情况监督的主要监督主体。世界上有些国家实行司法型审计体制，以合规合法性为目标的审计业务发展较好，而以真实性和效益性为目标的审计业务的发展则受到抑制（董大胜，2001）。

群众监督是人民群众对国家行政机关及其工作人员的工作所进行的监督（张华、胡松，2003），舆论监督是社会各界通过广播、影视、报纸、杂志等大众传播媒介，发表自己的意见和看法，形成舆论，从而对一切有悖于法律和道德的行为实行制约（南振中，2005）。很显然，群众监督和舆论监督也可能涉及公共资源经管责任的履行，但是，不宜将它们作为公共资源经管责任履行情况监督的主要监督主体。

没有权威文献界定国家机关监督，但是，对照党的十八届四中全会提出的八大监督，党的十九大报告确定的国家机关监督主要包括人大监督、国家监察和国家审计。

人大监督是指各级人民代表大会及其常务委员会，依照法定形式和程序，对由它产生的国家机关的宪法、法律的实施情况所进行的检查、调查、督促、纠正、处理的行为（程湘清，2002）。根据《中华人民共和国各级人民代表大会常务委员会监督法》，其监督内容和方式主要有七个方面："听取和审议由它产生的国家机关的专项工作报告；听取和审议国民经济和社会发展计划、预算的执行情况报告，审查和批准决算，听取和审议审计工作报告；法律法规实施情况的检查；规范性文件的备案审查；询问和质询；特定问题调查；撤职案的审议和决定。"上述七个方面的监督内容，都可能涉及公共资源经管责任的履行，但是，又远远超出公共资源经管责任的履行，所以，人大监督可以作为公共资源经管责任履行情况监督的主要监督主体，但是，由于人大监督的监督内容极其广泛，需要在人大监督内部设立专门的机构来负责公共资源经管责任履行情况的监督——这就是立法型审计体制的产生原因。

国家监察是指国家监察机关依法对国家机关及其公务员行使权力的行为进行的监督、调查和处置（姜明安，2017）。《中华人民共和国监察法》规定，国家监察的内容主要包括三个方面："（1）对公职人员开展廉政教育，对其依法履职、秉公用权、廉洁从政从业以及道德操守情况进行监督检查；（2）对涉嫌贪污贿赂、滥用职权、玩忽职守、权力寻租、利益输送、徇私舞弊以及浪费国家资财等职务违法和职务犯罪进行调查；（3）对违法的公职人员依法作出政务处分决定；对履行职责不力、失职失责的领导人员进行问责；对涉嫌职务犯罪的，将调查结果移送人民检察院依法审查、提起公诉；向监察对象所在单位提出监察建议。"很显然，国家监察也可以涉及公共资源经管责任的履行，但是，其监督的客体更为广泛，监督的目标主要是行为的合规合法性，所以，不宜将国家监察作为公共资源经管责任履行情况监督的主要监督主体。世界上也有个别国家实行监审合一的审计体制，但是，在这些国家的监审机构中，监察和审计还是有各自相对独立的机构（田雅琴，2005；方宝璋、朱灵通，2010），监察并未取代审计。

以上分析表明，党和国家监督体系中的党内监督、国家监察、民主监督、司法监督、群众监督、舆论监督都不适宜作为公共资源经管责任履行情况的主要监督主体，人大监督如果要作为公共资源经管责任履行情况的主要监督主体，则必须设立专门的机关——这就是国家审计机关。当然，还存在另外一种可能性，就是在国家机关监督中，建立专门的国家审计，由这个机关作为公共资源经管责任履行情况的主要监督主体（秦荣生，2004）。问题的关键是，国家审计为什么适宜作为公共资源经管责任履行情况的主要监督主体？其原因在于国家审计的特质。

我们前面的内容中已经从监督客体、监督内容、监督目标、监督方法和监督结果应用五个方面分析了国家审计特质，从监督客体来说，国家审计是监督公共资源经管责任履行中的责任承担者；从就监督内容来说，国家审计的监督内容是公共资源经管责任履行情况；从监督目标来说，国家审计监督的终极目标是促进公共资源经管责任承担者履行公共资源经管责任，直接目标是寻找公共资源经管责任承担者在履行公共资源经管责任中存在的问题；从监督方法来说，国家审计采用系统方法对公共资源经管责任履行情况独立地鉴证、界定和评价；从监督结果应用来说，国家审计一方面直接应用审计结果，另一方面将审计结果传达给利益相关者。正是国家审计的这些特质，吻合了党和国家监督体系中对公共资源经管责任履行情况进行监督的需求。可以说，国家审计正是公共资源经管责任履行情况监督之需求所催生出的一种监督系统。没有国家审计，公共资源经管责任履行情况监督就会呈现碎片化、局部化，有了国家审计，公共资源经管责任履行情况监督就有可能做到系统化、整体化，从而为公共资源经管责任履行的良好履行奠定了制度基础。

综合上述分析，可以得出如下结论：在党和国家监督体系中，国家审计主要负责公共资源经管责任履行情况的监督。

参考文献

[1] Mautz., R.K., Sharaf., H.A., The Philosophy of Auditing [M]. American Accounting Association, 1961, P15.

[2] [日] 番场嘉一郎主编. 会计学大词典 [M]. 司徒淳译. 湖北省会计学会, 1981.

[3] 郭振乾. 关于研究审计定义的一封信 [J]. 审计研究, 1995 (1): 24.

[4] AAA (American Accounting Association), A Statement of Basic Auditing Concepts, 1972.

[5] 蔡春. 审计理论结构研究 [M]. 东北财经大学出版社, 2001.

[6] 杨纪琬. 关于审计理论的若干问题 [J]. 审计通讯, 1983 (12): 17-23.

[7] 阎金锷. 审计定义探讨——兼论审计的性质、职能、对象、任务和作用 [J]. 审计研究, 1989 (2): 7-14.

[8] 刘家义. 以科学发展观为指导推动审计工作全面发展 [J]. 审计研究，2008（3）：3-9.

[9] 刘家义. 树立科学审计理念，发挥审计监督免疫系统职能 [J]. 求是杂志 2009（10）：28-30.

[10] 刘家义. 积极探索创新，努力健全完善中国特色社会主义审计理论体系 [J]. 审计研究，2010（1）：3-8.

[11] 刘家义. 论国家治理与国家审计 [J]. 中国社会科学，2012（6）：60-72.

[12] 刘家义. "国家审计与国家治理" 关系提出新观点. 审计与经济研究，2014（4）：3.

[13]《审计研究》编辑部. 审计定义的探讨——审计理论问题研讨侧记 [J]. 审计研究，1988（6）：16-20.

[14] GAO. The Role of the U.S. Government Accountability Office，July 31，2008.

[15] 张军，秦江萍，郭贞. 美国审计署的审计机关成熟度模型及其借鉴意义 [J]. 审计研究，2012（3）：65-68.

[16] 郑石桥. 基于审计组织成熟度模型的审计本质思考 [J]. 中国内部审计，2014（2）：18-23.

[17] 郑石桥，安杰，高文强. 建设性审计论纲——兼论中国特色社会主义政府审计. 审计与经济研究，2013（4）：13-22.

[18] 尹平. 大国治理与大国审计论纲 [J]. 中国审计评论，2015（1）：1-10.

[19] 郑石桥. 政府审计本质：理论框架和例证分析 [J]. 会计之友，2015a，（12）：129-133.

[20] 郑石桥. 党和国家监督体系中的国家审计：特质、定位及制度要求 [J]. 中国审计评论，2019（1）：1-12.

[21] 程乃胜. 监审合一抑或监审分立——监察体制改革试点背景下的我国国家审计制度完善 [J]. 中国法律评论，2017（4）：193-198.

[22] 李晓广. 论当代中国权力监督体系 [J]. 中国特色社会主义研究，2005（1）：39-42.

[23] 金波. 法律监督在我国监督体系中的地位与作用 [J]. 河北法学，2008（10）：182-187.

[24] 郑石桥，杨婧. 公共责任、机会主义和公共责任审计 [J]. 中国行政管理，2013（3）：106-111.

[25] 郑宪. 再谈民主监督 [J]. 中央社会主义学院学报，2004（2）：62-66.

[26] 梁平，李庆保. 论我国司法监督资源的优化整合 [J]. 法学杂志，2014（11）：98-107.

[27] 董大胜.对司法型审计体制的新认识 [J]. 中国审计，2001 (12)：14-15.

[28] 张华，胡松.群众监督与社会主义民主 [J]. 江西社会科学，2003 (9)：149-151.

[29] 南振中.舆论监督是维护人民群众根本利益的重要途径 [J]. 求是，2005 (12)：26-29.

[30] 程湘清.论人大监督 [J]. 求是，2002 (2)：38-41.

[31] 姜明安.国家监察法立法的若干问题探讨 [J]. 法学杂志，2017 (3)：1-10.

[32] 田雅琴.韩国：监审合一的行政监查 [J]. 中国纪检监察，2005 (6)：59-60.

[33] 方宝璋，朱灵通.民国时期的政府审计立法思想 [J]. 江西社会科学，2010 (2)：129-134.

[34] 秦荣生.公共受托经济责任理论与我国政府审计改革 [J]. 审计研究，2004 (6)：16-20.

3 Chapter 第三章 政府审计功能

政府审计究竟能干什么，对这个问题的解答就是政府审计功能理论。根据这个主题，本章首先简要介绍政府审计功能的主要观点，然后分析政府审计的鉴证、评价和问责功能，以及政府审计免疫功能。具体来说，本章包括以下内容：政府审计功能的主要观点；政府审计的鉴证、评价和问责功能；政府审计免疫系统和经济体检的理论逻辑。

第一节　政府审计功能的主要观点

本节首先介绍关于审计功能的主要观点，然后介绍关于政府审计功能的主要观点。

一、审计功能的主要观点

关于审计功能有三种观点：第一类观点认为，审计具有单一功能；第二类观点认为，审计具有多种功能；第三类观点认为，不同的审计主体具有不同的审计功能。

第一类观点虽然都认为审计具有单一功能，但是，有的主张单一功能是监督，有的主张单一功能是鉴证，有的主张单一功能是评价（韩养杰，1986；孙绍良，1987；张英明，1987；张白玲，1989；邵伯岐，1990；袁晓勇，1997；蔡春，陈孝，2006）。

第二类观点虽然都认为审计具有多种功能，但是，具体的功能种类，又有多种观点。例如，基本功能，本质功能；保护性功能，建设性功能；本质功能，辅助功能；历史功能，实现功能；预防功能，揭示功能，抵御功能；经济监督，预防控制，评价考核，行政执法，社会公证，顾问指导；评价考核，经济监督，经济司法，管理控制，社会公证；监督，评价，鉴定，证明，建议，检验，公证，咨询等（张以宽，1983；张齐新，1986；程安林，1995；阎新华，1997；李孝林等，2009；李海莲，2010）。

第三类观点认为不同的审计主体具有不同的审计功能。多数文献认为，国家审计功能是监督，内部审计功能是评价，民间审计功能是公证（阎金锷，1986；阎金锷，1989；墨海儒，1994；李若山，1995；张翥、张世辰，1998；陈志强，2000）。

虽然有多种观点，但是，认为审计具有监督、评价和鉴证三种功能，已经成为主流观点，这种主流观点又分为“分属论”和“主从论”。“分属论”认为，审计具有监督、评价和鉴证三种功能，国家审计功能是监督，内部审计功能是评价，而民间审计功能则是鉴证；“主从论”认为，无论是国家审计、内部审计和民间审计，都同样具有监督、评价和鉴证功能，只是各有侧重而已（《审计研究》编辑部，1988）。

二、政府审计功能的主要观点

一些文献专门研究政府审计功能，并且形成了单一功能论和多功能论（刘实，2003；桂建平，2004；孙永尧，2006；陈太辉，2008；聂新军，2008；廖义刚，2008；张立民、赵彩霞，2009；祝遵宏，2011；马东山、叶子荣，2012；邢晟，2012）。

单一功能论和多功能论各自形成了主流观点。单一功能论的主流观点认为，国家审计功能是经济监督（阎金锷，1986；韩养杰，1986；孙绍良，1987；阎金锷，1989；邵伯岐，1990）；多功能论的主流观点认为，国家审计的功能是免疫系统，包括预防功能、揭示功能和抵御功能（刘家义，2008；刘家义，2009；刘家义，2010；刘家义，2011；刘家义，2012；2014；马东山、叶子荣，2012；中国特色社会主义审计理论研究课题组，2013；郑石桥，2015；汪璐等，2015）。

第二节　政府审计的鉴证、评价和问责功能

本节深入分析政府审计的鉴证、评价和问责功能，首先从政府审计固有功能和现实功能两个维度来考虑政府审计的上述功能，然后再分析中国政府审计功能定位。

一、政府审计固有功能和现实功能

政府审计功能可以从两个维度来考察：一是政府审计能干什么，一般称为“政府审计固有功能”；二是政府审计干了什么，也就是在一定的时空条件

下，政府审计固有功能的发挥情况，一般称为“政府审计现实功能”。一般来说，政府审计固有功能是政府审计本质决定的，而审计政府现实功能当然是基于其固有功能，但是，政府审计功能之需求和供给会共同决定最终得以实现的政府审计功能，也就是现实功能。它们之间的关系大致如图3-1所示。下面，我们来详细阐述这两种功能。

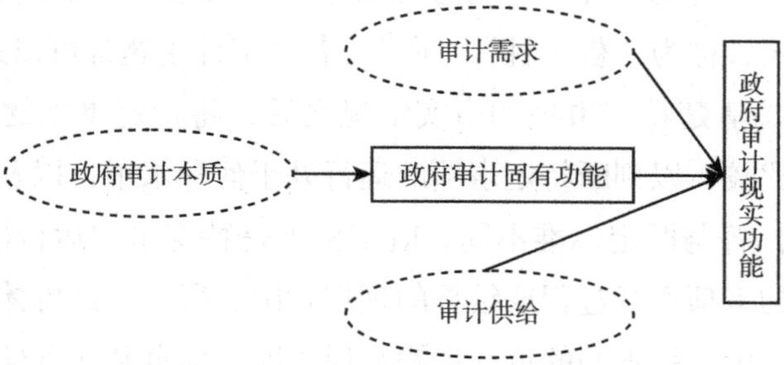

图3-1 政府审计功能框架

（一）政府审计固有功能

政府审计本质是对政府审计是什么的认识。一般来说，政府审计本质是政府审计现象的体现，由于观察到的政府审计现象不同，对于政府审计本质的认识可能也存在差异。但是，从技术逻辑来说，站在共性的角度，政府审计就是以公共资源经管责任中的特定事项为对象，用系统方法收集证据，对特定事项与既定标准之间的相符程度发表意见。政府审计的这个本质，也可以称为“技术本质”或“技术属性”。这里的特定事项也就是审计人员要发表意见的主题，一般称为“审计主题”，包括财务信息、业务信息、经济制度和经济行为这四类。从技术上来说，审计就是围绕上述四类主题，收集证据，在此基础上，就上述四类主题与既定标准之间的一致性发表意见。

根据政府审计的这个技术属性，一般来说，政府审计应该具有鉴证、评价和问责的功能。这也是目前关于审计职能的主流观点（《审计研究》编辑部，1988）。然而，为什么会具有这种三种功能呢？下面，我们从政府审计的技术本质来解释。

从技术上来说，鉴证是指就特定事项与既定标准之间的一致程度发表意见。而政府审计的技术本质恰好就体现了这方面的功能，所以，鉴证完全源于政府审计的技术本质，是政府审计的固有功能。鉴证虽然是发表意见，但是，这里有两个前提条件：第一，必须存在一个既定标准，这个既定标准是审计客体在运行特定事项时必须遵守的规范或规则。没有既定标准，审计客体也就无所谓要遵守既定的规范或规则，当然也就无法衡量特定事项与既定标准之间的相符程度。第二，必须围绕特定事项收集证据。搞清楚特定事项的事实情况，是将特定事项的真实情况与既定标准进行衡量，而不是将特定事项的虚假情况与既定标准之间进行衡量。所以，鉴证体现的是真实性、合规性审计目标。就不同的审计主题来说，财务信息鉴证和业务信息鉴证主要涉及这些信息是否按既定规则生产，称为“真实性”；经济行为鉴证主要涉及这些经济行为是否符合既定的法律法规，称为“合规性”；经济制度鉴证主要涉及这些经济制度的设计及其执行是否存在缺陷，称为“健全性”。所以，各种审计主题都可以进行鉴证。

评价是在搞清楚特定事项的事实情况之后，将特定事项的实际状况与一定的标杆进行比较，以判断特定事项的运行处于何种水平，以及是否存在改进机会。这里的标杆与既定标准不同，既定标准是特定事项运行的规范或规则，而标准是特定的事项运行过程或结果的理想状况。所以，评价体现的是效益性和健全性审计目标。就不同的审计主题来说，财务信息和业务信息在许多情形下，反映的是特定事项的运行结果，这种运行结果也就是审计客体的绩效，这种绩效处于何种水平呢？可以与适宜的标杆进行对比，在此基础上来评价绩效。例如，经济责任审计的责任评价，就是这种评价职能的典型；对于经济行为，如果有适宜的标杆，也可以评价其合理性；对于经济制度的评价，是将经济制度的现状与适宜的标杆进行比较，以判断制度是否存在缺陷、制度是否能改进等。所以，各种审计主题都可以进行评价。

问责[①]是在搞清楚特定事项的事实情况之后，如果发现有违背既定标准的特定事项，一方面要对违背事项进行纠正；另一方面，对相关责任者进行处理处罚。上述两方面的含义结合起来，含有惩戒的意思。就不同的审计主题来说，无论何种审计主题与既定标准相违背，都可以进行纠正和处理处罚。对于虚假财务信息、虚假业务信息、违规行为、缺陷行为、违规制度、缺陷制度，首先是纠正，其次是对责任者进行处理处罚。所以，各种审计主题都可以进行问责。

以上所述各种审计主题的鉴证、评价和问责，归纳起来如表3-1所示。

表3-1 政府审计固有功能（基于审计主题）

项目		审计主题			
		财务信息	业务信息	经济制度	经济行为
审计功能	鉴证	★	★	★	★
	评价	★	★	★	★
	问责	★	★	★	★

★表示有这种组合

① 这里的“问责”是狭义理解，指有问题追究责任，主要是惩戒，而不是一般意义上的Accountability。

需要说明的是，一些文献认为，政府审计具有鉴证、评价和监督的功能，在这种观点下，鉴证、评价功能与我们前面的解释并无差别，对于监督的解释也类似于我们前面对问责的解释。我们认为，将监督解释为“在搞清楚特定事项的事实情况之后，如果发现有违背既定标准的特定事项，一方面要对违背事项进行纠正；另一方面，对相关责任者进行处理处罚”可能不完全符合监督的本意，而问责则更加符合上述解释。事实上，鉴证、评价和问责作为一个整体，可以理解为监督。基于上述考虑，我们认为，政府审计具有鉴证、评价和问责的功能，而不是具有鉴证、评价和监督的功能。

（二）政府审计现实功能

政府审计固有功能涉及的是政府审计可能的功能，只有这种可能性要变成现实之后，政府审计的固有功能才变为现实功能。所谓“政府审计现实功能”，是指在一定的时空条件下，得到实现的固有功能。

一般来说，政府审计现实功能受到三方面因素的制约（见图3-1），首先是政府审计固有功能，现实功能是固有功能的实现，固有功能中没有的功能，现实功能中也不会出现。现实生活中，政府审计机关可能做了一些固有功能中没有的工作，这是审计机关做了审计之外的工作，不宜理解为政府审计功能的扩展。

在固有功能的基础上，现实功能主要受到两方面因素的制约：一是审计需求；二是审计供给。

从审计需求来说，政府审计的鉴证、评价和问责功能类似于一个可供选择的“菜谱”，委托人可以从这个“菜谱”中“点菜”，即委托人可以从中选择。委托人选择何种组合，该组合的审计功能就成为有效需求。不同的委托人有不同的需求，同一委托人在不同时期可能有不同的需求，从而出现委托人对政府审计功能需求出现差异化。问题的关键是，为什么委托人的审计功能需求会不同？这是个大话题，限于本节的主题，我们这里只做一简要分析。总体来说，委托人对审计功能需求不同的主要原因是国家治理构造不同，由于这种不同，从两方面影响委托人的审计需求。第一，影响委托人审计主题需求。审计主题包括财务信息、业务信息、经济行为和经济制度这四类，在不同的国家治理构造中，委托人对上述四类主题的需求程度不同。当国家治理构造较为粗糙时，行为不合规、行为不合理、制度有缺陷就较为容易发生，此时，对行为审计、制度审计的需求就较为强烈；当国家治理较为健全时，行为不合规难以发生，行为不合理、制度有缺陷也相对较少，在这种情形下，财务信息审计、业务信息审计的需求就成为主要的审计需求。所以，国家治理构造的健全程度会影响委托人的审计主题需求，进而影响审计功能需求。第二，国家治理构造还会影响审计权力配置，进而影响委托人对审计机关的鉴证、评价和问责的需求。一般来说，鉴证是评价和问责的基础，所以，鉴证功能是政府审计机关的基本功能，与这种功能相对应的审计调查权都会配置给审计机关，所以，鉴证功能都会成为现实功能。然而，委托人是否需要审计机关在鉴证的基础上进行评价，或者更进一步，在鉴证的基础上进行纠正并对责任者进行处理处罚，不同国家或者同一国家在不同时期可能出现差异，这种差异的主要原因是国家治理构造不同，在一些情形下，可能将评价、纠正、处理处罚的权力配置给审计机关；在另外一些情形下，可能没有这种配置。这就形成了不同类型的审计权力配置，进而形成不同的审计功能需求。当然，国家治理构造为什么不同？政府审计权配置为什么不同？这些都是很有意义的大话题，限于本节的主题，这里不展开讨论。

政府审计委托人的需求是制约政府审计固有功能成为现实功能的一类因素，另一类因素是审计机关的供给能力。前已述及，政府审计固有包括鉴证、评价和问责，然而，要实现这些功能，审计机关必须具备一定的审计能力，如果没有相应的审计能力，则固有功能只是可能的功能，不会成为现实的功能。前已述及，审计主题包括财务信息、业务信息、经济行为和经济制度这四类，不同类型的主题，要求的审计能力有较大的差距。一般来说，传统意义上的审计能力，主要是财务信息审计能力，而其他三类审计主题的审计功能相对还没有成熟的模式。如果委托人对审计主题的需求与审计机关所具备的审计能力不一致，则委托人的需求难以成为现实。表3-2从逻辑上列出了委托人需求和审计机关供给能力之间的配置情况。从表3-2来看，审计供给与审计需求不匹配是很容易发生的。当然，从长期来说，审计机关应该按委托人的需求来建立其核心审计能力。同时，还可能考虑审计业务外包来弥补其审计供给能力。

表3-2 审计需求与审计供给的匹配

项目		审计机关具有供给能力的审计主题			
		财务信息	业务信息	经济行为	经济制度
委托人需要的主题	财务信息	√	×	×	×
	业务信息	×	√	×	×
	经济制度	×	×	√	×
	经济行为	×	×	×	√

“√”表示正确的匹配，“×”表示错误的匹配

二、中国政府审计功能定位分析

前文建立了一个政府审计功能的理论框架，下面，我们用这个框架来解释我国政府功能定位。中国政府审计功能定位就是中国政府审计得以实现的审计功能，也就是中国政府审计现实功能，它具有以下特点：一是强调行为是否合规、合理；二是强调问责。政府审计职能的两种主流观点（经济监督论和国家治理免疫论）都具有上述特点。其原因是什么呢？

第一，在财务信息、业务信息、经济行为和经济制度这四类审计主题中，强调经济行为主题，同时，也重视以缺陷行为为起点，深入分析缺陷行为产生的制度缺陷，并推进整改。为什么中国政府审计会强调经济行为主题呢？最根本的原因是我们的社会经济生活中，各种违规及不合理经济行为还较多，在这种背景下，针对这些违规行为和不合理行为的审计自然成为主要的审计主题。为什么违规和不合理行为会较多呢？主要的原因是我国的国家治理还未完全实现现代化，“牛栏关猫，进出自由”的现象还屡见不鲜。在这种背景下，选择经济行为作为主要的审计主题当然是有其必然性和合理性的。

第二，在鉴证、评价和问责三种功能中，特别强调问责功能。为什么会强调问责功能呢？无论何类主题，都可以同时承载鉴证、评价和问责三种功能，但是，不同的审计主题，对于不同功能的需求程度有差异。一般来说，对于财务信息、业务信息这两类主题，基本需求是鉴证，也就是搞清楚这些信息是否真实；对于制度主题来说，基本需求也是鉴证，也就是搞清楚制度是否存在缺陷；而对于经济行为主题来说，除了搞清楚经济行为是否违规、是否合理之外，还有两个基本需求：一是需要对违规行为进行纠正，二是需要对违规责任者进行处理处罚，合并起来，经济行为主题的基本需求是问责。前已述及，中国政府审计强调经济行为主题审计，也就是强调问责功能。

第三节 政府审计免疫功能和经济体检的理论逻辑

本节从理论逻辑上分析两种观点：一是国家治理免疫系统论；二是经济体检论。

一、政府审计免疫系统的理论逻辑

首先介绍国家治理免疫系统论确定的国家审计功能，然后分析这些审计功能与鉴证、评价和问责功能之间的关系。

（一）国家治理免疫系统论确定的国家审计功能

国家治理免疫系统论是由刘家义（2008、2009、2010、2012、2014）提出的。他认为，国家审计问责是一种专职和专业行为，是独立的、由专门机构和专职人员依法进行的问责，是国家治理这个大系统中内生的具有预防、揭示和抵御功能的“免疫系统”，对维护、改善和促进国家治理有重要意义。

1.预防功能。预防功能就是指国家审计凭借其威慑作用及独立、客观、公正、超脱、涉及经济社会各方面的优势，能够起到预防和预警经济社会健康运行中的风险隐患的功能，促进增强治理系统的“免疫力”。威慑作用源于以宪法和法律为依据的国家审计作为一种经常性问责制度，审计机关和审计对象对审计活动可能的后果都是认知的，即审计活动成为审计机关和被审计对象的“共同知识”（common knowledge）。审计对象知道审计机关会对自己的经济活动进行审计，审计机关也知道审计对象在经济活动中可能存在问题和对问题进行掩饰。博弈论指出，在“共同知识”的基础上，为最大化自己的利益，每一个局中人应采取的策略必定是对其他局中人策略的预测的最佳反应，没有一方有兴趣去故意违背这一博弈均衡（也称为Nash均衡）。由此，审计问责对审计对象来说就是一种威慑，对违规行为能够起到一定的预防和预警作用。同时，国家审计通过及时跟进、密切关注整个经济社会运行安全，能够及时发现苗头性、倾向性问题，及早感知风险，通过提前发出警报，在防止苗头性问题转化为趋势性问题、防止违法违规意念转化为违法违规行为、防止局部性问题演变为全局性问题等方面发挥积极作用。

2.揭示功能。预防功能就是指国家审计通过问责检查各项治理政策措施的贯彻执行情况，能够起到反映真实情况和揭示存在问题的功能，促进治理措施落实到位。“审计是一种客观地收集、评价有关经济活动和事项的认定（Assertions）证据，以确定其认定与既定标准之相符程度并将其结果传递给利害关系人的系统过程。”根据法律规定，审计的首要职责是问责，问责就必须查错纠弊，纠正对规则、秩序和决策的背离和偏差。所以，审计必须揭露和查处违法违规、经济犯罪、损失浪费、奢侈铺张、不合理利用资源、污染环境、损害人民群众利益、危害国家安全、破坏民主法治等行为，并依法对这些行为进行惩戒；必须揭示体制障碍、制度缺陷、机制扭曲和管理漏洞，排除经济社会运行中的各种利益干扰，促进政策措施得到贯彻落实。

3.抵御功能。预防功能就是指国家审计通过促进健全制度、完善体制、规范机制，能够起到抑制和抵御经济社会运行中的各种“病害”的功能，促进提高国家治理绩效。经济社会运行的相关信息是制定宏观政策和评判宏观政策效果的依据。国家审计以其独立的地位，有条件全面、完整地采集和提供相关信息，既包括微观经济单位，也包括行业领域的相关信息，为相应的决策和管理部门提供翔实、客观、全面、可靠的经济社会运行数据信息。在获取信息过程中，不仅是查明情况、揭示问题，还针对产生这些问题的原因从微观到宏观、从个别到一般、从局部到全局、从苗头到趋势、从表象到实质，进行深层次分析、揭示和反映，调动积极因素，防止消极因素入侵整个经济社会系统，促进改革体制、健全法治、完善制度、规范机制、强化管理、防范风险，提高经济社会运行的质量和绩效。

预防、揭示和抵御是国家审计发挥“免疫系统”功能的三种表现方式，统一于审计工作的实践之中，共同保障国家经济社会的健康运行。其中，揭示是基础，没有揭示，就不能进行抵御和预防；抵御是重点，没有抵御就不会形成威慑，就不会使揭示的问题得以纠正、发现的漏洞得以修补，预防也便无从谈起；预防是目的，保障经济社会的健康运行就是使经济社会少出问题，这需要事前的预防，预防的深度和广度在一定程度上体现着审计作用是否得以充分发挥。

在审计实践中，发挥预防功能要求突出前置性，既体现在审计的组织实施中，也体现在审计作用的发挥上，要求将审计关口前移，对重大项目或政策实施跟踪审计，适时提出对策建议，避免时过境迁、于事无补；发挥揭示功能要求突出准确性，审计时不仅要有敏感性，更要有判断力，能够在纷繁复杂的情况下，区分轻重缓急，准确找到对全局、对未来有根本性影响、有重大危害的问题；发挥抵御功能要求突出建设性，不仅促进查出问题的整改，还要深入分析原因、提出标本兼治的审计建议，从而使审计成果转化为依法治理的推动力。

（二）鉴证、评价和问责三大功能与预防、揭示和抵御三大功能之间的关系

本文分析了政府审计的鉴证、评价、问责功能，国家治理免疫系统论又提出国家审计功能是预防功能、揭示功能、抵御功能，那么，鉴证、评价、问责功能与预防、揭示和抵御功能之间是什么关系呢?

预防功能通过威慑功能和预警功能两个路径来实现，威慑功能是由于政府审计能发现问题，并且还会给有问题的审计客体进行处理处罚。慑于被发现及处理处罚，审计客体会主动放弃违纪违规策划，从本质上来说，还是信赖于政府审计的鉴证、评价和问责职能的发挥；如果政府审计不能鉴证、评价和问责，也就无威慑功能可言。

预警功能是及早发现苗头性、倾向性的问题，以免这类问题成为普遍性的大问题。但是，无论如何，要发现苗头性、倾向性的问题，还得信赖政府审

计的鉴证、评价职能。

揭示功能是找出问题并对责任人进行惩戒，找出问题要依赖于政府审计的鉴证、评价职能，而惩戒要依赖于政府审计的问责职能。

抵御功能有两个过程：一是提出健全制度、完善体制、规范机制的审计建议；二是推动这些审计建议得以采纳并在其中发挥顾问作用，前者可以称为“建议职能”，后者可以称为“顾问职能”。完成抵御功能的建议职能和顾问职能是鉴证、评价和问责的后续职能，具有独立的内容，不能包含于前三项职能。

综合上述分析，预防功能、揭示功能、抵御功能三大功能，与鉴证、评价和问责三大功能，有两方面的关系：第一，具有相同之处。预防功能、揭示功能完全依赖于鉴证、评价和问责，两种功能只是角度不同，预防功能、揭示功能是从政府审计功能的结果这个角度来分析政府审计功能，而鉴证、评价和问责是从政府审计功能的过程这个角度来分析政府审计功能，二者异曲同工。第二，具有差别之处。完成抵御功能的建议职能和顾问职能，具有独立的内容，鉴证、评价和问责并未包含。

归纳上述分析，政府审计功能的两种理论，其关系如表3-3所示。总体来说，政府审计具有鉴证、评价、问责、建议、顾问五种功能，前三者主要体现批判性功能，后二者主要体现建设性功能（郑石桥、安杰、高文强，2013），通过这些功能，政府审计能发挥预防、揭示、抵御三类功能。

表 3-3 不同视角的政府审计功能

项目	功能产生的结果		功能作用的过程
功能	预防功能	威慑功能	鉴证、评价、问责
		预警功能	鉴证、评价
	揭示功能		鉴证、评价、问责
	抵御功能		建议、顾问

上述五种功能中，鉴证功能是基础，没有鉴证，也就是没有搞清楚特定事项的真实情况，当然也就无法将该特定事项与一定的标杆进行比较，评价功能无法实施；同样，没有搞清楚特定事项的真实情况，也就无法作出体现问责职能的处理处罚；没有鉴证，对于体制、机制、制度存在的缺陷也就没有搞清楚，提出的审计建议很有可能是无的放矢，甚至可能提出错误的审计建议，当然更加无从谈顾问功能。所以，尽管政府审计功能有多种，但是，鉴证功能是基础，其他功能都是鉴证功能的后续功能。同时，可以认为，国家治理免疫系统论和建设性审计扩展了政府审计功能，在固有的鉴证、评价和问责的基础

上，增加了建议功能和顾问功能。

二、经济体检论的理论逻辑

新中国的审计事业恢复以来，党和国家领导人高度重视审计工作。新时代的领导人习近平总书记对审计工作作出许多指示，其中之一是，“审计就像经济体检，不仅是为了查病，更是为了治已病、防未病”，大家将这个观点称为“经济体检论”。

经济体检论认为，审计应对的是经济领域的“病”。这里的“病”，也就是公共资源责任承担者在履行其公共资源经管责任中存在的各种代理问题和次优问题。表现为多种形态，如经济信息虚假、经济行为违规、经济制度残缺、经济绩效低下等，都属于“病”，审计就是应对这些“病”的治理机制。

经济体检论要求审计具有“查病”功能，也就是要找出已经存在的“病”，这类似于审计的鉴证功能和评价功能。一方面，审计通常会找出很多“病”，但这些是不是最关键的“病”、是不是会将被审计单位和领域置之于“死地”的“病”，需要综合分析，最终要找出最关键的“病”；另一方面，如何在“盖棺定论”前指出严重的“病”并达成共识。在审计实践中，审计人员和审计客体对同一个问题往往会有非常大的认知差异。如果问题还没有“盖棺定论”，那么审计客体不容易接受“病”的评价和后续的建议。盖棺定论“死”是容易的，但确诊“病”却不容易。所以，审计机关和审计人员需要有很强的专业水准来确诊其“已病”，并且要说服被审计单位承认“已病”和接受改进意见。还有，如何以信息技术为基础，统筹协调来“查病”也是提升审计效率和效果的关键因素。

经济体检论要求审计具有“治已病”功能，也就是要求审计在整改已经发现的问题中发挥作用，这类似于审计的问责、建议、顾问功能。“治已病”要求对有关责任人和责任单位进行责任追究，做到严肃问责。“治已病”还要求审计发挥建议、顾问功能，找准“病因”，对症下药，核心是针对“病因”提出完善政策、推动改革、促进发展、加强监管等审计意见和建议。

经济体检论要求审计具有“防未病”功能，也就是要求审计发挥防患于未然的作用，类似于预防功能和抵御功能。“防未病”的目的是要发挥审计的建设性和预防性作用。实际工作中，应区分宏观层面和微观层面，通过不同的路径和采取不同的措施来实现“防未病”的目标。微观层面，是对具体的被审计单位探索发挥“防未病”作用，主要途径是通过揭示其管理控制和相关业务活动中的风险，提出改进的审计建议，促进被审计单位提高管理水平，防止发生问题。宏观层面，是从促进国家治理体系和治理能力现代化的要求出发，通过揭示普遍性、倾向性问题，进行宏观风险预警，从国家制度建设层面提出建议，促进完善制度，发挥“防未病”作用。目前关于“防未病”的理论研究还有很大空间，面临很多现实问题，由于审计机关现行的业务运行方式还存在不能完全适应需要的方面，“防未病”作用发挥的途径还不够通畅，在思想解放、制度建设等方面还大有可为。

经济体检论要求“审计就像经济体检，不仅是为了查病，更是为了治已病、防未病”，这说明“查病”“治已病”和“防未病”的地位是不同的，“查病”是“治已病”“防未病”的前提和基础，“治已病”“防未病”是对已经查出问题的直接解决方案和长远解决方案。

参考文献

[1] 韩养杰. 再监督是社会主义审计的基本职能 [J]. 陕西财经学院学报，1986 (4)：67-71.

[2] 孙绍良. 略论审计的性质、职能和作用 [J]. 税务与经济，1987 (6)：55-59.

[3] 张英明. 审计职能之我见 [J]. 山西财经大学学报，1987 (6)：51-53.

[4] 张白玲. 试论审计的公证职能 [J]. 当代财经，1989 (1)：42-44.

[5] 邵伯岐. 改革三阶段与审计的职能 [J]. 审计研究，1990 (4)：32-33.

[6] 袁晓勇. 对审计基本职能的再认识 [J]. 财会通讯，1997 (10)：16-17.

[7] 蔡春，陈孝. 现代审计功能拓展研究的概念框架 [J]. 审计研究，2006 (4)：34-39.

[8] 张以宽. 试论审计的职能 [J]. 北京工商大学学报，1983 (2)：52-56.

[9] 张齐新. 试论审计的基本职能 [J]. 审计研究，1986 (1)：10-15.

[10] 程安林. 论审计职能的科学属性——兼论职能演变对审计学科的影响 [J]. 当代经济科学，1995 (1)：88-91.

[11] 阎新华. 审计职能新论：审计职能体系研究 [J]. 当代经济科学，1997 (4)：62-65.

[12] 李孝林，王锐，蔡妮. 审计职能、本质、目标系统论 [J]. 财会月刊，2009 (3)：34-35.

[13] 李海莲. 论审计的基本职能 [J]. 财会通讯，2010 (7)：107-109.

[14] 张齐新. 试论审计的基本职能 [J]. 审计研究，1986 (1)：10-15.

[15] 程安林. 论审计职能的科学属性——兼论职能演变对审计学科的影响 [J]. 当代经济科学，1995 (1)：88-91.

[16] 阎新华. 审计职能新论：审计职能体系研究 [J]. 当代经济科学，1997 (4)：

62-65.

[17] 阎金锷. 试论审计的性质和职能 [J]. 审计研究，1986（2）：10-13.

[18] 阎金锷. 审计定义探讨——论审计的性质、职能、对象、任务和作用 [J]. 审计研究，1989（2）：7-14.

[19] 墨海儒. 审计职能的主体差异及其深刻意义 [J]. 审计理论与实践，1994（5）：3-4.

[20] 李若山主编. 审计学（厦门大学会计系列教材）[M]. 辽宁人民出版社，1995.

[21] 张翥，张世辰. 审计职能的再探讨 [J]. 审计理论与实践，1998（3）：18-20.

[22] 陈志强. 审计职能的分层论——兼评审计职能主流说 [J]. 审计与经济研究，2000（8）：10-12.

[23] 审计研究编辑部. 审计定义的探讨——审计理论问题研讨侧记 [J]. 审计研究，1988（6）：16-20.

[24] 刘实. 国家审计职能之管见 [J]. 中国审计，2003（Z1）：136.

[25] 桂建平. 对权力的监督和制约与国家审计职能定位研究 [J]. 审计研究，2004（4）：8-11.

[26] 孙永尧. 论国家审计职能和作用 [J]. 会计之友，2006（11）：8-9.

[27] 陈太辉. 我国国家审计职能的演化规律研究 [J]. 审计研究，2008（5）：13-17.

[28] 聂新军. 现代政府审计职能及其履行 [J]. 企业经济，2008（6）：167-169.

[29] 廖义刚，韩洪灵，陈汉文. 政府审计之职能与特征：国家理论视角的解说 [J]. 会计研究，2008（2）：86-91.

[30] 张立民，赵彩霞. 论善治政府治理理念下政府审计职能的变革——基于政府绩效评价视角的分析 [J]. 中山大学学报（社会科学版），2009（2）：177-183.

[31] 祝遵宏. 市场经济条件下的政府审计职能新探——基于审计免疫系统的视角 [J]. 经济体制改革，2011（6）：28-32.

[32] 马东山，叶子荣. 公共受托责任视角下国家审计职能演化研究——兼论国家审计"免疫系统"功能的形成 [J]. 财会月刊，2012（12）：10-12.

[33] 邢晟. 国家治理视角下的国家审计功能定位及实现路径 [J]. 学术论坛，2012（9）：113-117.

[34] 刘家义. 以科学发展观为指导推动审计工作全面发展 [J]. 审计研究，2008（3）：3-9.

[35] 刘家义. 树立科学审计理念，发挥审计问责免疫系统职能 [J]. 求是杂志，2009（10）：28-30.

[36] 刘家义. 积极探索创新，努力健全完善中国特色社会主义审计理论体系 [J].

审计研究，2010（1）：3–8.

[37] 刘家义. 论国家治理与国家审计 [J]. 中国社会科学，2012（6）：60–72.

[38] 刘家义. “国家审计与国家治理” 关系提出新观点 [J]. 审计与经济研究，2014（4）：3.

[39] 中国特色社会主义审计理论研究课题组. 国家审计功能研究 [J]. 审计研究，2013（5）：3–9.

[40] 郑石桥. 国家审计促进国家治理现代化 [J]. 中国审计评论，2015（1）：25–37.

[41] 汪璐，张俊，尚璐. 国家审计推动完善国家治理的路径分析 [J]. 中国审计评论，2015（1）：74–80.

[42] 郑石桥，安杰，高文强. 建设性审计论纲——兼论中国特色社会主义政府审计 [J]. 审计与经济研究，2013（4）：13–22.

4 Chapter 第四章 政府审计目标

人们期望通过政府审计活动得到什么结果或达到什么境况，对这个问题的解答就是政府审计目标理论。根据这个主题，本章首先简要介绍政府审计目标的主要观点，然后阐明政府审计目标体系，最后分析“四个促进，一个推进”的审计目标定位。具体来说，本章包括以下内容：政府审计目标的主要观点；政府审计直接目标和终极目标；“四个促进，一个推进”是新时代的审计目标。

第一节　政府审计目标的主要观点

关于政府审计目标有不少研究文献，学术观点可以从两个维度进行分类，一是从目标内容，二是从目标层级。下面，从上述两个维度对现有研究做一简要综述。

一、基于审计目标内容的主要观点

从目标内容来看，政府审计目标的主要观点包括公共受托责任论、权力制约与监督论、公共资金管理与控制论、审计信息论。公共受托责任论认为，政府审计目标是检查、评价公共受托责任的履行情况；权力制约与监督论认为，政府审计目标是制约与监督公共权力；公共资金管理与控制论认为，政府审计目标是管理与控制好公共资金；审计信息论认为，政府审计目标是提供相关、可靠的审计信息（谢盛纹，2012）。

二、基于审计目标层级的主要观点

从目标层级来看，主要观点包括一层级论、二层级论、三层级论。

一层级论认为，政府审计目标只有一个层级，但是，对于这个目标，有不同的观点。秦荣生（1994）认为，国家审计总目标在于评价公共受托经济责任；刘建军（2000）认为，国家审计的本质目标在于监督保证国家资源使用、管理和报告公共责任的实现情况；蔡春（2001）认为，审计的本质目标是确保受托经济责任全面有效的履行；沈国平（2003）认为，政府审计目标是检查公共责任；周亚东、刘平（2009）认为，政府审计目标是独立地提供公共受托责任履行情况的鉴证信息；尹平（2011）、陈文春（2014）认为，政府审计目标维护国家经济安全；谢盛纹（2012）认为，政府审计目标是维护国家或人民群众的根本利益。

二层级论认为，政府审计目标分为两个层级，对于这两个层级的目标，有不同的观点。罗文斌（2002）认为，国家审计目标分为两大类，针对审计管理工作的目标称为“审计工作目标”，针对审计业务工作的目标称为“项目审计目标”；宋夏云（2007）认为，国家审计总目标在于独立地提供公共责任履行情况的鉴证信息，国家审计具体目标包括合法性、真实性、经济性、效率性、效果性、公平性和环保性的鉴证；王会金、王素梅（2010）认为，政府审计主要目标是维护国家安全和促进经济协调及可持续发展，而根本目标是推进民主法治、维护人民群众利益。还有一种观点将政府审计目标区分为批判性审计目标和建设性审计目标（陈尘肇，2008；刘英来，2008）。

三层级论认为，政府审计目标包括三个层级，对于这三个层级的目标，有不同的观点。李金华（2003）认为，国家审计战略目标在于加强对权力的制约与监督，实现国家审计对象由“民”到“官”的转变，促进民主与法制建设，维护国家经济安全[①]；冯均科（2008）从国家审计问责制度目标的角度探讨国家审计目标，认为，中性目标是评价被审计单位的受托责任履行情况，消极性目标是遏制被审计单位的失职行为，积极性目标是促进被审计单位更好地履行受托责任；中国特色社会主义审计理论研究课题组（2013）认为，国家审计目标包括根本目标、现实目标和直接目标三个层次，根本目标是国家审计活动的最高层次的目标，体现了国家审计所期望达到的理想境地和最终结果，中国国家审计的根本目标是维护人民群众的根本利益，现实目标是根本目标在一定发展阶段的分解和具体化，当前，国家审计的现实目标是推进法治、维护民生、推动改革、促进发展，直接目标是实施审计活动最直接的目的，中国国家审计的直接目标应当是监督和评价被审计单位财政收支、财务收支的真实、合法和效益。

---

① http://www.chinanews.com/n/2003-08-22/26/338140.html。

第二节　政府审计直接目标和终极目标

本节阐明政府审计目标体系，首先提出一个政府审计目标的总体框架，然后分析政府审计终极目标和直接目标，最后分析最高审计机关及中国政府审计机关确定的审计目标。

一、政府审计目标体系的总体框架

既然审计目标就是人们期望通过审计活动得到的结果，那么，这里的"人们"是指谁呢？显然，这里的"人们"离不开审计关系人。而审计关系由三个方面组成：委托人及利益相关者、代理人、审计人，这三方面的审计关系人都期望通过审计活动得到一定的结果，从而都有审计目标。政府审计源于公共资源经管责任，其审计关系包括三个方面：广义政府代表机构①，也就是公共资源的委托人和政府审计授权人；代理人，也就是公共资源委托代理关系中的代理人，这些代理人是公共资源经管责任承担者；审计机关，也就是由广义政府代表机构授权对公共资源经管责任承担者进行审计的组织机构。这三方面的审计关系人对期望通过政府审计活动得到的结果会有差异，政府审计目标应该是由这三方面审计关系人的审计目标组成的体系（图4-1）。同时，各审计关系人一定时期对政府审计的期望会受到一些权变因素的影响，从而使政府审计目标呈现动态性和差异性。

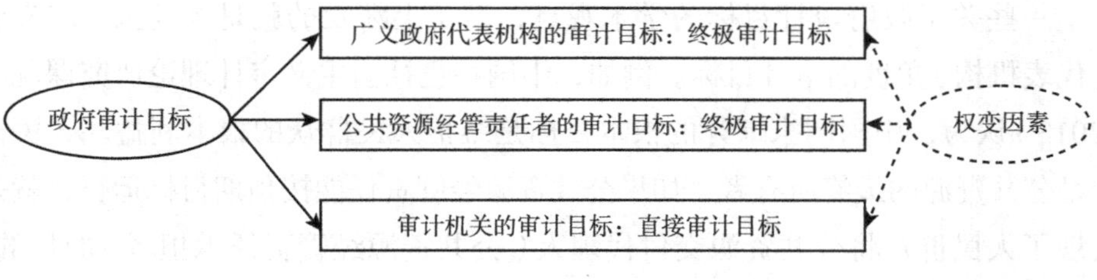

图4-1　政府审计目标体系

在上述三类审计关系人的目标中，委托人（广义政府代表机构）的审计目标、代理人（公共资源经管责任者）的审计目标是审计机关审计目标的基础，没有委托人和代理人的审计目标，也就没有审计机关的审计目标。审计机关不是为审计而审计，而是为他人提供审计服务才实施审计，所以，委托人及利益相关者、代理人都是审计服务的消费者，这些消费者在消费审计服务之后的结

---

① 这里的广义政府包括立法机构、行政机构、司法机构、监督机构和执政党的机构；狭义政府仅指行政机构。

果才是审计的终极社会价值，称为“终极审计目标”。而审计机关要按消费者的需求或偏好来生产审计服务，这个审计服务生产过程的目标称为“直接目标”。下面，我们分别分析不同审计关系人的审计目标。

二、政府审计终极目标

政府审计终极目标是指政府审计服务消费者希望通过消费政府审计服务所得到的结果。从政府审计关系来看，这里的消费者包括委托人（广义政府代表机构）和代理人（公共资源经管责任承担者），他们消费审计服务所希望的结果不同。

（一）委托人（广义政府代表机构）的审计目标

从委托人（广义政府代表机构）角度来看，在公共资源经管责任履行中，由于人性自利和有限理性，在信息不对称、激励不相容、环境不确定的情形下，代理人（公共资源经管责任承担者）可能出现代理问题或次优问题，从而会使得公共资源经管责任偏离委托人的期望，为此，委托人（广义政府代表机构）会推动建立一个治理构造来应对代理人（公共资源经管责任承担者）的代理问题或次优问题，政府审计是这个治理机制的组成内容之一。所以，从终极目标来说，委托人（广义政府代表机构）是希望政府审计能抑制公共资源经管责任履行中的代理问题或次优问题，如果这个目标能达成，则公共资源经管责任就能按预期目标运行。

一些关于政府审计目标的学术观点，事实上涉及的就是委托人（广义政府代表机构）角度的审计目标。例如，中国特色社会主义审计理论研究课题组（2013）认为，中国国家审计的根本目标是维护人民群众的根本利益。人民群众是公共资源的最终所有者，如果公共资源经管责任能按预期目标运行，就是实现了人民群众将公共资源交付代理人（公共资源经管责任承担者）的目的，根本利益也就得到了保证。所以，为了维护人民群众的根本利益，就必须抑制公共资源经管责任履行中的代理问题、次优问题，而代理问题、次优问题如果得到有效抑制，则人民群众的根本利益也就得到了维护。

当然，一些权变因素会影响委托人（广义政府代表机构）的审计目标。例如，代理人（公共资源经管责任承担者）的代理问题、次优问题可能有多种类型，并且，委托人（广义政府代表机构）本身对代理人偏离目标运行的容忍程度不同（其中一个重要的原因可能是目标达成程度与委托人利益的关联度不同），从而，委托人（广义政府代表机构）所关注的代理问题、次优问题也不同，从而出现审计终极目标差异化。

（二）代理人（公共资源经管责任承担者）的审计目标

既然审计目标就是人们期望通过审计活动得到的结果，代理人（公共资源经管责任承担者）希望通过政府审计得到什么呢？

1.通过政府审计来证明自己没有代理问题。从委托人（广义政府代表机构）角度出发，在公共资源委托代理关系中，代理人（公共资源经管责任承担者）可能有自利倾向，从而出现代理问题。然而，是否存在代理问题，代理人（公共资源经管责任承担者）本身最清楚。如果代理人（公共资源经管责任承担者）有代理问题，当然不希望审计。但是，如果代理人（公共资源经管责任承担者）没有代理问题，而委托人（广义政府代表机构）又没有安排审计，在这种情形下，代理人（公共资源经管责任承担者）为了证明自己的清白，完全有可能要求审计，通过审计来为自己提供清白的证明。

2.通过政府审计发现次优问题，有利于更好地履行公共资源经管责任。在公共资源委托代理关系中，影响公共资源经管责任履行的不只是自利，还有人的有限理性。由于代理人（公共资源经管责任承担者）的有限理性，在履行公共资源经管责任时可能无意识地发生一些不利于公共资源经管责任履行的事项，这些事项通常是次优问题。为更好地履行公共资源经管职责，代理人（公共资源经管责任承担者）有可能希望通过审计的方式来发现次优问题，找到缺陷，从而使得公共资源经管责任更好地被履行。从另外一个角度来看，即使代理人（公共资源经管责任承担者）不是为更好地履行经管责任，而仅仅为了证明自己的优秀，也可能需要审计来证明自己管理的单位没有次优问题。

一些学术观点认为，审计目标是解除受托经济责任（秦荣生，1995）。事实上，这里的审计目标涉及的就是代理人（公共资源经管责任承担者）角度的审计目标。

所以，总体来说，从代理人（公共资源经管责任承担者）角度来看，政府审计目标是更好地履行公共资源经管责任或证明自己在履行公共资源经管责任中不存在代理问题或次优问题。当然，代理人（公共资源经管责任承担者）的上述审计目标也受到一些权变因素的影响。例如，代理人（公共资源经管责任承担者）继续维持现有公共资源经管委托代理关系的意愿强度、与委托人（广义政府代表机构）之间的激励不相容程度、本身是否真的存在代理问题、对自身的自信程度、审计机关能提供的审计服务情况等，都会影响代理人（公共资源经管责任承担者）的审计目标。

三、政府审计直接目标

政府审计直接目标是政府审计机关的目标，一般分为政府审计总目标、项目目标和具体目标。下面，我们分别来讨论。

（一）政府审计总目标

政府审计总目标是生产让委托人及利益相关者满意的政府审计服务。一般来说，政府审计机关能生产的政府审计服务是一个系列，从政府审计服务的内容来说，有合法性服务、效益性服务、真实性服务和健全性服务；从政府审计服务定位来说，有批判性服务和建设性服务；从政府审计服务种类来说，有审计报告、审计决定、审计建议、审计整改报告，这些政府审计服务的组合及它们之间的关系如表4-1所示。

表 4-1 政府审计服务

<table>
<tr><th colspan="2" rowspan="2">服务定位</th><th rowspan="2">服务种类</th><th colspan="4">服务内容</th></tr>
<tr><th>真实性</th><th>合法性</th><th>效益性</th><th>健全性</th></tr>
<tr><td rowspan="4">建设性审计</td><td rowspan="2">批判性审计</td><td>审计报告</td><td>★</td><td>★</td><td>★</td><td>★</td></tr>
<tr><td>审计决定</td><td>★</td><td>★</td><td>★</td><td>★</td></tr>
<tr><td colspan="2">审计建议</td><td>★</td><td>★</td><td>★</td><td>★</td></tr>
<tr><td colspan="2">审计整改报告</td><td>★</td><td>★</td><td>★</td><td>★</td></tr>
<tr><td colspan="7">★表示可以有这种情形</td></tr>
</table>

下面，我们对表4-1列示的政府审计服务系列做进一步的阐述。

1.政府审计服务定位。政府审计服务定位有两种选择：一是批判性审计；二是建设性审计。在批判性审计定位下，审计主要关注三个问题：一是揭示代理问题或次优问题，也就是通过系统的方法，对审计客体是否存在代理问题或次优问题做出鉴证；二是在此基础上，对代理问题或次优问题进行纠正；三是根据代理问题或次优问题的责任程度，对一些责任人进行处理处罚。如果上述三个问题得到解决，那么代理问题或次优问题就得到了纠正，相关责任人也得到处理处罚，这对于抑制审计客体的代理问题或次优问题当然能产生一定的作用。但是，代理问题或次优问题产生的原因可能没有消除，因此，类似的代理问题或次优问题今后还可能继续发生。为此，建设性审计就产生了。建设性审计就是在批判性审计的基础上，再做进一步的工作：第一，找出代理问题或次优问题产生的原因，并在此为基础，提出审计建议；第二，推动对代理问题或次优问题产生的原因进行整改，采纳审计建议是其主要内容；第三，跟踪整改结果，了解整改情况，确保代理问题或次优问题产生的原因得到整改，并在此基础上提出整改报告。从理论上来说，政府审计服务定位可以选择批判性定位或建设性定位，但是，一般来说，为了实现政府审计的终极价值，需要政府审计机关选择建设性定位。当然，在一些特殊的情形下，委托人及利益相关者可能选择自己来完成代理问题或次优问题原因分析及其整改，此时，政府审计机关要做的工作就是批判性定位了。

2.政府审计服务种类。从种类上来说，政府审计服务包括审计报告、审计决定、审计建议和审计整改报告。审计报告的主要信息包括代理人（公共资源经管责任承担者）是否存在代理问题或次优问题、存在何种代理问题或次优问题、代理问题或次优问题产生的原因、代理问题或次优问题的责任人；审计决定主要是对代理问题或次优问题责任单位和责任人的处理处罚决定；审计建议是对代理问题或次优问题赖以产生的制度进行优化的建议；审计整改报告是对代理问题或次优问题原因整改情况的报告。另外，有些审计机关在项目审计过程中对于重要的审计发现会及时地提出专项报告，这种报告也属于审计报告，是审计报告的一种特殊情形。上述不同的政府审计服务具有不同的功能，能满足委托人及利益相关者的不同需求。政府审计服务种类与政府审计服务定位有密切的关系，如果服务定位是批判性审计，则政府审计服务种类就只有审计报告和审计决定；只有选择建设性审计定位，才会增加审计建议和审计整改报告这两种政府审计服务。同时，政府审计服务种类与政府审计服务内容无特定关联，审计报告、审计决定、审计建议和审计整改报告，既可以选择只有真实性审计、合法性审计、效益性审计、健全性审计的某一种，也可以同时选择多种。

3.政府审计服务内容。政府审计对于公共资源经管责任可以从四个角度进行审计：一是真实性；二是合法性；三是效益性；四是健全性。

真实性，关注公共资源经管责任履行相关信息是否存在虚假或重大遗漏，这里的信息既有货币计量的财务信息，也有非货币计量的业务信息。一般来说，判断信息是否虚假是基于一定的信息生产规则。如果按既定的信息生产规则生产信息，则认定该信息为真实。这里的“真实”是指与既定的信息生产规则相一致，与客观事物的本来面目可能还存在一定的差距，但是，这种差距是可容忍的，所以，真实性也称为“公允性”。

合法性，关注公共资源经管责任履行行为是否符合相关法律法规的要求。违反相关法律法规的行为就是违规行为。当然，一般来说，由于现实生活的复杂性，对于违规行为会有一定的容忍度，只有超过容忍度的才会被确定为违规。

效益性，关注公共资源经管责任履行的绩效水平，也就是说公共资源经管责任者是否充分利用了现有条件。如果在现有条件下，公共资源经管责任履行还可以做得更好，则该公共资源经管责任履行就存在绩效低下。当然，在许多情形下，绩效水平的判定标准具有一定的主观性，并且，不同的人可能认识不同，从而使效益性的判定具有一定的模糊性。

健全性，关注履行公共资源经管责任的相关制度是否健全，包括制度设计是否存在缺陷、制度执行是否有效。

从理论上来说，每个政府审计项目，既可以选择真实性、合法性、效益性、健全性的某一方面，也可以选择多个方面。无论做出何种选择，所选择的政府审计服务内容均可以体现在审计报告、审计决定、审计建议和审计整改报告中。

（二）项目审计目标

项目审计目标是政府审计机关希望通过特定的项目审计所得到的结果，它是政府总目标在特定审计项目下的体现，从审计服务内容来说，是真实性审计、合法性审计、效益性审计、健全性审计的组合；从服务定位来说，需要从批判性审计和建设性审计中做出选择；从服务种类来说，需要从审计报告、审计决定、审计建议、审计整改中做出选择。如果将政府审计总目标比作“菜谱”，则项目审计目标是特定“客人”从这个“菜谱”中点出的“菜品”。

下面，我们就项目审计目标中的审计服务内容做些深入分析。真实性审计、合法性审计、效益性审计、健全性审计与审计主题相关，对于特定的审计项目来说，审计主题不同，则审计服务内容也不同。鸟羽至英（1995）将审计主题区分为信息审计和行为审计。事实上，信息和行为都是在一定的制度约束下运行的，并且，信息可以区分为财务信息和业务信息，所以，共有四种审计主题：财务信息、业务信息、经济行为、经济制度。不同的审计主题，承载的审计目标不同。对于财务信息、业务信息这两个主题，一方面，可以鉴证这些信息的真实性；另一方面，还可以评价这些信息所反映的绩效处于何种水准，也就是将真实的绩效数据与一定的标杆进行比较，以确定绩效的优劣，一般称此为“效益性”。对于经济行为，主要是鉴证经济行为是否符合相关的法律法规，通常称为“合法性”。对于经济制度这种主题，可以鉴证制度设计是否存在缺陷，还可以鉴证设计的制度是否得到有效执行，上述两方面的内容，通常称为“制度健全性”，简称“健全性”。

事实上，不同的审计业务类型所涵盖的审计主题不同。财务审计关注财务信息是否真实，涉及财务信息主题；合规审计主要关注经济行为是否合法、合规，涉及经济行为主题；绩效审计涉及绩效信息（以业务信息为主，也可能有一些财务信息），其审计目标有多种定位，最基础的定位是关于绩效信息是否真实，在此基础上，还可以评价绩效水平的高低，并分析绩效差异的原因；制度审计主要关注制度是否存在缺陷，也就是制度设计是否合理、制度执行是否有效。以上所述不同审计业务所体现的审计主题及相应的审计目标，归纳起来如表4–2所示。

表4–2　　审计业务类型、审计主题和审计目标

审计业务类型	审计主题	审计目标			
		真实性	合法性	效益性	健全性
财务审计	财务信息	√	×	×	×
合规审计	经济行为	×	√	×	×
绩效审计	绩效信息	×	×	√	
制度审计	经济制度	×	×	×	√

"√"表示有这种审计目标，"×"表示没有这种审计目标

表4–2显示，项目审计目标确定的逻辑顺序是，首先要确定特定项目审计所关注的审计主题，在此基础上，再根据选定的审计主题，确定项目审计目标。

（三）具体审计目标

具体审计目标是审计实施中的细节目标，是针对特定审计事项的目标，而特定审计事项则是审计主题的分解。所以，具体审计目标就是特定审计主题所承担的审计目标在特定审计事项上的分解。我们以财务信息主题为例来说明具体审计目标与项目审计目标间的关系。就财务信息主题来说，其承担的审计目标是真实性。具体审计目标确定如下：

首先，将财务信息审计主题分解为具体的审计事项（也称为"审计标的"），一般分为三类：各类交易和事项，期末账户余额，列报。

其次，围绕财务信息真实性目标，确定上述审计事项的具体审计目标。一般来说，各类具体审计事项的具体审计目标如下：（1）与各类交易和事项相关的审计目标，即发生、完整性、准确性、截止、分类；（2）与期末账户余额相关的审计目标，即存在、权利和义务、完整性、计价和分摊；（3）与列报相关的审计目标，即发生及权利和义务、完整性、分类和可理解性、准确性和计价（中国注册会计师协会，2011）。

当然，政府审计总目标、项目审计目标及具体审计目标的选择会受到一些权变因素的影响，这里不作深入分析。

四、终极审计目标与直接审计目标间的关系

在政府审计关系中，委托人和代理人视角的审计目标是终极审计目标，审计机关视角的审计目标是直接审计目标。终极审计目标是直接审计目标的基础，没有终极审计目标，就没有直接审计目标，毕竟审计机关不能为审计而审计。终极审计目标是政府审计价值的最终体现，如果不能达成终极审计目标，审计机关的审计就是“自娱自乐”，甚至可以说是浪费社会资源。然而，终极审计目标有赖于直接审计目标来实现，只有政府审计服务内容、定位和种类符合委托人和代理人的要求，终极审计目标才能达成。也就是说，消费者满意的前提是服务品种、质量及数量能满足消费的要求。

五、最高审计机关国际组织确定的政府审计目标分析

1977年，最高审计机关国际组织在秘鲁利马召开的第九届大会通过的《利马宣言》指出：“审计本身不是目的，而是控制体系不可缺少的组成部分。这种控制系统的目的是要及早地揭露背离公认标准、违反原则和法令制度及违背资源管理的效率、效果和经济原则的现象，以便在各种情况下尽可能及早采取改正措施，使当事人承担责任、赔偿经济损失或采取措施防止重犯，至少也要使今后更难发生。”

这里的“及早地揭露背离公认标准、违反原则和法令制度及违背资源管理的效率、效果和经济原则的现象”，是政府审计机关的目标，是直接审计目标；这里的“以便在各种情况下尽可能及早采取改正措施，使当事人承担责任、赔偿经济损失或采取措施防止重犯，至少也要使今后更难发生”，是使用政府审计直接成果后的结果，这是委托人视角的审计目标。

2013年，最高审计机关国际组织在北京召开的第二十一届大会通过《北京宣言——最高审计机关促进良治》指出，“国家审计依法履行其职责，客观、公正地进行监督、鉴证、评价和建议”，“最高审计机关可以通过增强透明度、落实问责制、提高绩效、打击腐败，进而实现国家良治，促进公平”。

这里的“国家审计依法履行其职责，客观、公正地进行监督、鉴证、评价和建议”是政府审计机关的目标，是直接目标；这里的“进而实现国家良治，促进公平”是通过“增强透明度、落实问责制、提高绩效、打击腐败”实现的，是委托人视角的目标，也是终极目标。

六、中国政府审计目标分析

《中华人民共和国审计法》及其实施条例规定，政府审计机关对相关单位

的财政收支或者财务收支的真实、合法和效益依法进行审计监督。根据这个规定，通常认为中国政府审计目标是“三性”：真实性、合法性和效益性。《中华人民共和国国家审计准则》对“三性”进行了解释，第六条规定：“审计机关的主要工作目标是通过监督被审计单位财政收支、财务收支以及有关经济活动的真实性、合法性、效益性，维护国家经济安全，推进民主法治，促进廉政建设，保障国家经济和社会健康发展。”

这里的“监督被审计单位财政收支、财务收支以及有关经济活动的真实性、合法性、效益性”是政府审计机关的目标，属直接目标；这里的“维护国家经济安全，推进民主法治，促进廉政建设，保障国家经济和社会健康发展”是委托人视角的目标，属终极目标。

在审计实务中，中国政府审计一直强调“两手抓”，一手抓重大违法违纪问题，促进依法行政和科学发展；一手抓重大体制障碍、制度性缺陷，促进深化改革。“两手抓”的原因有两个：第一，中国的国家治理还没有完全现代化，正是因此如此，各种违法违纪问题较容易发生，甚至还屡查屡犯，有的违法违纪问题还较严重。第二，中国当前处于三期叠加时期。一是增长速度换挡期，这是由经济发展的客观规律所决定的；二是结构调整阵痛期，这是加快经济发展方式转变的主动选择；三是前期刺激政策消化期，这是化解多年来积累的深层次矛盾的必经阶段。由于三期叠加，存在大量体制、机制和制度问题，不少的法律法规也需要完善，这些问题的解决是全面深化改革的重要内涵。所以，中国的国家治理对国家审计存在上述两方面的需求，国家审计定位于“两手抓”，恰恰就是满足国家治理的重大需求，做到了精准地服务国家治理。上述“两手抓”中的“体制障碍、制度性缺陷”属于制度缺陷，所以，中国政府审计目标中还包括制度健全性。

总体来说，审计实践中，中国政府审计目标包括真实性、合法性、效益性和健全性，当前特别注重合法性和健全性。

第三节 “四个促进，一个推进”是新时代的审计目标

本节首先介绍“四个促进，一个推进”的审计目标定位，然后对这种目标定位进行理论分析。

一、“四个促进，一个推进”审计目标的提出

中国共产党历来重视审计工作，进入新时代以来，审计工作得到空前重

视，成为党和国家监督体系的重要组成部分。对于审计工作目标也有明确的要求，2018年5月，习近平总书记在中国共产党中央审计委员会第一次会议上的讲话中要求审计机关“促进经济高质量发展，促进全面深化改革，促进权力规范运行，促进反腐倡廉”；2020年1月，习近平总书记对审计工作作出重要指示，要求审计机关“为推进国家治理体系和治理能力现代化作出更大贡献”；中共中央办公厅、国务院办公厅于2019年7月颁布的《党政主要领导干部和国有企事业单位主要领导人员经济责任审计规定》要求领导干部经济责任审计做到“促进经济高质量发展，促进全面深化改革，促进权力规范运行，促进反腐倡廉，推进国家治理体系和治理能力现代化”，这就是新时代审计目标定位的“四个促进，一个推进”。

二、“四个促进，一个推进”审计目标的理论分析

很显然，“四个促进，一个推进”审计目标是新时代政府审计终极目标，审计机关要围绕这个终极目标来确定直接目标。根据本节前面的内容，终极目标有委托人的目标和代理人的目标，下面我们分别来分析。

委托人的终极目标是希望政府审计能抑制公共资源经管责任履行中的代理问题或次优问题，如果这个目标能达成，则公共资源经管责任就能按预期目标运行。就新时代的审计目标来说，经济高质量发展、全面深化改革、权力规范运行、反腐倡廉、国家治理体系及治理能力现代化，是党和国家对各地区、各部门、各单位提出的工作要求，实质上就是各地区、各部门、各单位承担的公共资源经管责任的重要组成部分。党和国家希望政府审计机关通过审计工作来促进各地区、各部门、各单位更好地履行其承担的公共资源经管责任，其中就包括经济高质量发展、全面深化改革、权力规范运行、反腐倡廉、国家治理体系和治理能力现代化。

代理人就是公共资源经管责任承担者，从这个角度来看，政府审计终极目标是促进更好地履行公共资源经管责任或证明代理人履行公共资源经管责任中不存在代理问题或次优问题。在新时代，党和国家希望各地区、各部门、各单位做到经济高质量发展、全面深化改革、权力规范运行、反腐倡廉、国家治理体系及治理能力现代化，各地区、各部门、各单位也可能希望通过政府审计工作来促进其更好地实现党和国家的目标。

《中华人民共和国国家审计准则》规定，“审计机关的主要工作目标是通过监督被审计单位财政收支、财务收支以及有关经济活动的真实性、合法性、效益性，维护国家经济安全，推进民主法治，促进廉政建设，保障国家经济和社会健康发展”，“维护国家经济安全，推进民主法治，促进廉政建设，保

障国家经济和社会健康发展”是政府审计的终极目标，而经济高质量发展、全面深化改革、权力规范运行、反腐倡廉、国家治理体系及治理能力现代化是“维护国家经济安全，推进民主法治，促进廉政建设，保障国家经济和社会健康发展”在新时代的具体体现。

所以，总体来说，“四个促进，一个推进”作为新时代政府审计终极目标是符合理论逻辑的。由于终极审计目标是直接审计目标的基础，终极审计目标有赖于直接审计目标来实现，只有政府审计服务内容、定位和种类符合委托人和代理人的要求，终极审计目标才能达成，所以，需要基于“四个促进，一个推进”来确定政府审计的直接目标。

参考文献

[1] 谢盛纹. 国家治理视角下的政府审计目标与对象 [J]. 当代财经，2012 (4): 122-128.

[2] 秦荣生. 受托经济责任论. 东北财经大学出版社 [M]. 1994.

[3] 刘建军. 试论受托责任关系与国家审计目标的调整 [J]. 审计理论与实践，2000 (8): 7-8.

[4] 蔡春. 审计理论结构研究. 东北财经大学出版社 [M]. 2001.

[5] 沈国平. 检查公共责任：现代政府审计目标定位 [J]. 山东审计，2003 (2): 13-14.

[6] 周亚东，刘平. 公共受托责任与国家审计目标 [J]. 经济师，2009 (1): 166-167.

[7] 尹平. 论安全目标导向的政府审计理论体系 [J]. 会计之友，2011 (12): 4-8.

[8] 陈文春. 论国家治理框架下的国家审计一级目标——安全性 [J]. 审计月刊，2014 (4): 6-7.

[9] 罗文斌. 浅析国家审计目标 [J]. 湖北审计，2002 (7): 10.

[10] 宋夏云. 国家审计目标的理论分析及调查证据 [J]. 审计与经济研究，2007 (11): 12-15.

[11] 王会金，王素梅. 国家审计“免疫系统”建设：目标定位与路径选择 [J]. 审计与经济研究，2010 (3): 17-22.

[12] 陈尘肇. 国家审计如何发挥建设性作用 [J]. 审计研究，2008 (4): 14-15.

[13] 刘英来. 国家审计如何发挥建设性作用研讨会综述 [J]. 审计研究，2008 (3): 17-19.

[14] 冯均科. 国家审计问责制度目标设定探微 [J]. 财会月刊，2008 (11):

35-36.

［15］中国特色社会主义审计理论研究课题组. 国家审计目标研究［J］. 审计研究，2013（6）：3-11.

［16］秦荣生. 审计的永恒主题：确定或解除受托经济责任［J］. 审计理论与实践，1995（3）：16-17.

［17］［日］鸟羽至英. 行为审计理论序说［J］. 会计，1995，148（6）：77-80.

［18］中国注册会计师协会. 审计［M］. 经济科学出版社，2011.

第五章 政府审计客体

5 Chapter

政府审计客体关注的是审计谁，对这个问题的阐释就是政府审计客体理论。根据这个主题，本章首先介绍政府审计客体的主要观点，然后阐明政府审计客体是公共资源经管责任承担者，最后分析若干权威文献对政府审计客体的规定。具体来说，本章包括以下内容：政府审计客体的主要观点；政府审计客体是公共资源经管责任承担者；领导干部个人作为审计客体；审计全覆盖的要求及其理论逻辑。

第一节 政府审计客体的主要观点

除了各国法律对本国政府审计范围做出规定之外，政府审计客体的研究文献主要涉及三类问题：一是直接论及政府审计范围；二是探讨延伸审计对象是否纳入审计范围；三是对于专业监管部门已经监管的单位，政府审计是否需要进行再监督。

一、直接论及政府审计范围的文献

直接论及政府审计范围的文献。刘家义（2008、2009、2010）认为，国家审计是国家治理的重要组成部分，属于监督控制系统，服务于国家治理的决策系统，承担着对国家治理的执行系统实施监督和约束的职责。从这个论述来看，国家审计客体是国家治理的执行系统。靳思昌、张立民（2013）认为，要将国家审计边界定位于广义的产品或服务，包括公共财政供给产品或服务、市场资本供给产品或服务及自愿资本供给产品或服务。王中信、吴开钱（2009）认为，国家审计边界受到许多权变因素的影响，需要最大化审计绩效来确定。朱庆国（1997）主张，政府审计范围应该与政府管理范围相同。

二、探讨延伸审计对象是否纳入审计范围的文献

探讨延伸审计对象是否纳入政府审计范围的文献，基本一致的观点是，延伸单位应该作为政府审计客体。吴焕亮、汤全荣（1990）认为，如果只对被审计单位的经济活动才能进行审计，而对与被审计单位经济活动密切相关的单位不进行审计，势必造成审计监督网开一面，使一些违反财经法规的经济活动得不到应有的监督和约束。朱亮（2008）介绍了一个审计署的金融审计项目的延伸审计，在审计金融机构时，审计人员通过对金融机构异常资金流动的追查分析，最终发现大量外资企业有违规问题，涉及金额近百亿元，后来，该项目延伸到这些外资企业。杨献龙（2009）、杨金萍（2009）等也有类似观点。

三、政府审计是否需要进行再监督的文献

对于专业监管部门已经监督的单位，政府审计是否需要进行再监督。一些文献认为需要对这些单位进行再监督。冯均科（1990）认为，各种专业经济监督，往往是各管一行，自行其是，免不了有职业偏向。黄志邦（1991）认为，审计为了确认各专业监督职责的履行情况，有必要对它们的监督进行抽样审计。因此，审计部门对企业事业单位的审计监督，实质上是对各专业经济监任职能履行情况进行再监督的延伸，丝毫不影响其主要职责的完成。白玉贵（1991）认为，审计监督只是对综合经济管理部门和专业经济部门进行监督，而把企事业单位排斥在审计对象之外是不应该的。包强（1993）认为，为了确认直接监督部门发挥监督职能的程度，有时也需要对少量企业、事业单位的经济活动进行直接监督。赵保卿（1995）认为，审计监督与各专业经济监督存在着不可分而又不能取代的关系。然而，也有些文献认为，如果审计机关对专业经济监督部门已经监督的单位进行再监督，可能出现重复监督，因此，或者主张要做好分工（关金宝，2014），或者不主张对这些单位进行再监督（王斌，2011；谭峰，2011；王晓梅）。

第二节　政府审计客体是公共资源经管责任承担者

本节从理论上阐明政府审计客体是公共资源经管责任承担者，也就是公共资源委托代理关系中的代理人。

一、政府审计客体是公共资源经管责任承担者

一般来说，审计源于资源类委托代理关系，审计客体是这种委托代理关系中的代理人，然而，委托代理关系有多种类型，那么，政府审计服务于何种委托代理关系呢？

有一种观点认为，人类社会可以分为三大部门：第一部门为政府组织，这是公共部门；第二部门为工商企业，这是非公共部门；第三部门是介于政府组织与工商企业的一些部门，一般统称为第三部门。三大部门的特征如表5-1所示（胡象明，2001；高新发，2002；王晋，2004）。

表5-1　三大部门特征比较

比较项目	部门		
	第一部门	第二部门	第三部门
主要目标	公共利益	营利目标	公共利益
资源来源	政府依法提供	股东自愿提供	捐赠者自愿提供
组织属性	官方组织	民间组织	民间组织
外部治理机制	政府规制	市场机制+政府规制	捐赠者监督+政府规制

与此相适应，委托代理关系也分为公共部门委托代理关系、私人部门委托代理关系。第三部门委托代理关系。政府审计服务于第一部门的委托代理关系，其审计客体是第一部门内的单位。由于第一部门是公共部门，所以，审计政府客体是公共部门内的单位，政府审计也称为公共部门审计。INTOSAI（The International Organization of Supreme Audit Institutions）致力于世界范围内的政府审计准则制定，其公布的政府审计准则基本原则就称为《公共部门审计准则基本原则》（Fundamental Principles of Public Sector Auditing）[①]。可见，在INTOSAI看来，政府审计范围就是公共部门[②]。

将政府审计等同于公共部门审计是有一定的道理的，因为政府及其所属机构都是公共部门，而这些单位是政府审计的主要范围。然而，将政府审计等同于公共部门审计，关键是必须明确某特定单位究竟属于何部门。同一单位，如果判定为第一部门，则属于政府审计范围，然而这种判断在有些情形下恰恰存在模糊性。比如：第一，高等学校究竟是属于第一部门还是第三部门？有人认为，公立大学属于第一部门，而私立大学属于第三部门。以美国为例，哈佛大学、普林斯顿大学、耶鲁大学、麻省理工学院、斯坦福大学等这些世界一流

① http://www.intosai.org。

② 公共部门审计不同于公共审计，前者强调的是审计客体是公共部门；而公共审计一般是注册会计师审计，这种审计主体可以接受委托，对任何机构进行审计，所以，被称为公共审计。

名校都是私立大学，而加州大学伯克利分校、密歇根大学、伊利诺伊大学香槟分校等这些世界一流名校是公立大学，根据三部门的划分，公立大学属于第一部门，而私立大学属于第三部门，同样都是世界一流名校，有些属于第一部门，有些属于第三部门，这让人费解。第二，国有企业究竟属于第一部门还是第二部门。对国有企业进行审计是世界各国的惯例（刘力云，2005）。那么，国有企业是否属于公共部门呢？中国国务院国有资产监督管理委员会将中央企业划分为商业类与公益类。商业类中央企业是指以经济效益为导向，以增强国有经济活力、放大国有资本功能、实现国有资产保值增值为主要目标的企业。公益类中央企业的最新定义是，以社会效益为导向，以保障民生、提供公共产品和服务为主要目标的企业，产品或服务价格必要时可以由政府制定，发生政策性亏损时政府给予补贴[①]。很显然，商业类国有企业不属于第一部门，而属于第三部门。根据三个部门的划分，能否规定，政府审计只能审计公益类国有企业，而不能审计商业类国有企业呢？恐怕不能这样规定。特别难以解决的是，如果某国有企业兼有商业类与公益类双重属性呢？难道能将该企业一分为二？国有金融机构作为国有企业，也存在同样的问题。

既然不能根据特定单位的部门划分来确定政府审计范围，那么，根据什么来确定政府审计范围呢？我们认为，要联系审计动因来分析审计客体。审计动因也称为审计需求，一般来说，审计源于资源类委托代理关系，没有这种委托代理关系，就没有审计。资源类委托代理是因为资源权利的分割而产生的社会经济关系，当资源的所有者将资源托付给他人时，所有者就成为委托人，而接受资源者就成为代理人。代理人从股东或供资者那里接受资源后，就成为委托代理关系中的代理人。因资源经管而形成的委托代理关系能否按委托人的期望运行呢？由于人性自利和有限理性，在信息不对称、激励不相容和环境不确定的前提下，代理人可能偏离委托人的期望，从而出现代理问题和次优问题，为此，委托人会推动建立一整套的治理构造来应对这些问题，审计是这个治理构造的组成部分（郑石桥，2015）。代理人之所以愿意接受审计，一是因为委托人有这种要求，而在委托代理关系中，委托人通常处于主动地位，代理人难以拒绝委托人的安排；二是为了证明自己的清白，或为了更好地履行其承担的经管责任。

那么，政府审计是源于何种资源经管而形成的委托代理关系呢？资源所有者之所以将资源托付给代理人，有不同的原因。对于企业来说，股东将资源托付给管理者，是为了提高资源的使用效率，为股东自己带来更多的增值。对

① 经济观察网，2014-12-17。

于政府来说，供资者不以营利为目的，是因为需要公共服务，具体体现为法律要求。对于非营利性组织来说，供资者是为了实现某项特定的目标。总体来说，因资源而形成的委托代理关系主要有四种类型：一是私人股东投入特定单位；二是国家独资投入特定单位；三是国家和私人共同投入特定单位；四是国家或私人捐赠于特定单位。

政府审计是政府（广义）[①]建立的审计机关，政府（广义）是其审计授权人，政府（广义）的资源投入到哪里，政府审计就应该到哪里。在上述多种类型的委托代理关系中，私人股东投入特定单位时，政府（广义）不是资源提供者，不能授权政府审计机关进行审计；国家独资投入特定单位时，政府（广义）是唯一的资源提供者，可以授权政府审计机关进行审计；国家和私人共同投入特定单位或者国家或私人捐赠于特定单位，一般来说，需要建立政府（广义）和私人的共同治理机制，政府（广义）能否安排政府审计机关进行审计，要看政府（广义）提供的资源占全部资源的比例[②]，如果是资源的主要提供者或超过50%，则可以安排政府审计机关进行审计。所以，政府（广义）作为独立或主要的资源提供者时，这种与资源相关的委托代理关系就是政府审计的范围。政府（广义）的资源当然是公共资源，这种委托代理关系中的代理人当然是公共资源的管理和使用者，所以，政府审计客体是公共资源经管责任者。

二、作为审计客体的公共资源经管责任承担者：资源管理部门、规制部门和营运单位

虽然说政府审计源于公共资源委托代理关系，其审计客体是公共资源经管责任者，然而，公共资源委托代理关系较为复杂，公共资源经管责任者也有多种类型。图5-1是一个简要的公共资源委托代理关系。

在图5-1所示的关系中，政府（广义）代表机构代表公共资源的所有者，政府（广义）代表机构将公共资源投入产品或服务营运单位（简称“营运单位”），要求这些营运单位生产特定的产品或服务，一般来说，主要是公共产品或服务；特殊情形下，也可能生产竞争性产品或服务。这些产品或服务由消费者所消费。然而，为了让营运单位真正按政府（广义）的要求使用资源和生产产品或服务，政府（广义）代表机构还做出其他一些制度安排。第一，政府（广义）代表机构会建立专门的部门来对公共资源进行管理、筹集和配置，如财政部门、税务部门等；第二，建立一些部门对营运单位进行规制，使得营运

① 政府（广义）包括立法、行政、司法、监督、执政党等机构，狭义政府只是行政机构。
② 这里的资源是广义资源，包括资金、资产和狭义资源。

单位按政府（广义）的期望生产产品或服务，并且会对规制进行分工，不同类型的规制会分别建立规制部门；第三，建立审计机关对相关单位进行审计。所以，在公共资源委托代理关系中，共有六类单位：政府（广义）代表机构，公共资源管理部门，行业规制部门，营运单位，审计机关，消费者。这些单位中，哪些会成为政府审计客体呢？我们认为，只有其中的公共资源管理部门、行业规制部门和产品服务营运单位是政府审计客体（图5-1中用虚线表示），我们分别分析如下。

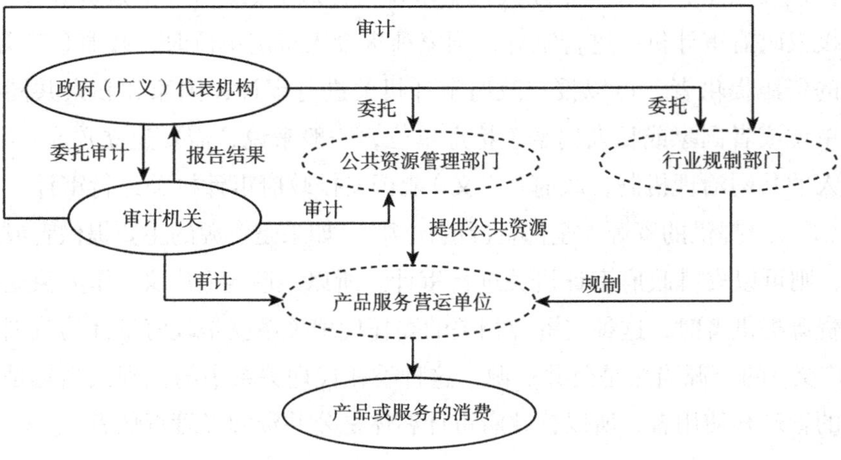

图5-1 公共资源委托代理关系

（一）政府（广义）代表机构、审计机关、消费者

政府（广义）代表机构作为公共资源委托代理关系的委托人，也是政府审计授权人，一般不会成为政府审计客体。审计机关自己不能审计自己，所以，不会成为政府审计客体。消费者是政府（广义）的服务对象，在多数情形下，也是公共资源的最终所有者或提供者，他们不使用公共资源，不承担公共资源经管责任，所以，他们不会成为政府审计客体。

（二）公共资源管理部门、行业规制部门

公共资源管理部门、行业规制部门能否成为政府审计客体呢？在传统的政治学看来，政府部门，是以公共利益为目标，不存在自利，所以，也无须再审计。然而，在公共选择理论看来，国家“有它自己的利益和野心”（曼瑟尔·奥尔森，1971），作为国家、政府“代表”的国家人、政府人也还是个人，作为个人在非市场内行事时，似乎没有理由假定个人的动机发生了变化（詹姆斯·布坎南，1992）。因此，公共选择学派认为，国家人、政府人作为个人也

是经济人。既然如此，国家人、政府人也会有自利的行为，而这种行为与公共事务的委托人之期望可能不一致，从而出现代理问题。从政府（广义）代表机构与这些政府部门的关系来看，政府部门与政府（广义）代表机构也形成委托代理关系，政府部门是代理人，所以，政府部门都是公共资源经管责任承担者，都存在自利和有限理性，都要作为政府审计客体。

（三）营运单位

营运单位已经有多个政府部门在监管，一方面，已经有公共资源管理部门在监管这些单位的资源使用，另一方面，有行业规制部门在规制这些单位的产品或服务生产，在这种背景下，营运单位是否还需要纳入政府审计范围呢？从政府（广义）代表机构与营运单位的关系来看，虽然它们之间存在委托代理关系，营运单位是代理人，政府（广义）代表机构是委托人，但是，委托人还建立了一些政府部门，通过政府部门分工对营运单位进行监管，似乎是委托人自己已经建立了对代理人的监管机制。在这种背景下，政府审计是否还有必要将营运单位纳入审计范围？我们认为，这些单位仍然需要纳入政府审计范围。我们以政府规制理论为基础来分析其原因。

规制、监管、管制都是英文regulation的不同翻译，中国官方和大众已经习惯于“监管”的用法，从原意来说，规制、监管、管制三者相同[①]，是指某主体为使某事物正常运转，基于规则，对其活动进行的限制或鼓励（植草益，1992；曾国安，2004；马英娟，2005；姜晨，2012）。美国政府管理及预算办公室（OMB）认为，规制是指政府行政机构根据法律制定并执行的规章和行为。这些规章或者是一些标准，或者是一些命令，涉及的是个人、企业和其他组织能做什么和不能做什么（OMB，2001）。根据规制的上述界定，规制意味着政府（广义）干预，政府审计、公共资源管理、专业规制都是规制，只是在规制中的分工不同。与本节主题相关的关键问题是，在规制分工中政府审计为什么要独立存在？其原因是阻止政府规制失效。

政府规制的目的是保护公共利益，但由于规制机构本身的利益驱动或其他原因，规制的结果完全有可能偏离最初的规制目的，甚至出现规制者成为被规制者的代言人，这种现象称为“规制失效”。规制失效的原因，大致有规制效率论和规制俘获论。规制效率论认为，规制失效是由于规制机构不能有效地控制被规制者的日常运行，而且规制的调节过程具有不可避免的时间滞后，也就是说，失效是因为规制机构的效率无法达到规制的要求。规制俘获论认为，

① 本节在同等意义上使用“规制”和“监管”。

规制失效的原因是被规制者俘获了规制者（Banerjee，1997；于立宏，2009）。

正是由于上述原因，在政府（广义）部门内部要进行规制分工，政府审计是其中之一。

根据规制效率论，公共资源管理部门、行业规制部门的规制效率无法达到规制的要求，通过增加政府审计，就可以在原有规制效率的基础上，增加规制的效率。

根据规制俘获论，要阻止规制俘获，有多种路径，规制俘获理论利用委托代理理论的分析方法，从信息不对称入手，建立了在信息不对称情况下的各种激励机制，以保证俘获行为被阻止，并且从组织设计上进行制度改进，从而达到社会福利的改进（Laffont & Tirole，1991）。归纳起来，阻止规制俘获主要有以下三种路径：第一，解决信息不对称。规制者和规制委托人之间的信息不对称是导致规制俘获现象发生的原因。减少这种信息不对称就可以减小规制俘获的概率（Holmstrom，1982）。第二，权力分割。由于规制者相对于规制委托人具有信息优势，因此其自由裁量权是影响俘获范围的主要因素之一，从这一意义上说，要想规制有效，就必须将规制权限分配给不同的机构以减少每一规制机构的自由裁量权——即规制分离——来防止合谋与俘获的出现（Tirole，1994；Martimort，1996；Laffont & Martimort，1999）。第三，权力监督。Laffont & Meleu（1997）和Laffont & Martimort（1998）指出，可以指定其中一个规制机构只负责监督，而不需要执行其他任务，那么，执行其他任务的机构就很难从被规制者那里获得剩余租金。

政府审计在上述三个路径中都可以发挥重要作用。第一，就解决信息不对称而言，政府审计通过对营运单位的审计，以基于责任方认定业务和直接报告业务两种业务模式，能获得许多关于营运单位的信息，这些信息提供给规制委托人（也就是政府（广义）代表机构）、规制者和利益相关者。第二，就权力分割而言，政府规制一般要包括规则制定、规则执行和效果评价，公共资源管理部门、行业规制部门主要负责规则制定和规则执行，但是，规则执行效果则由政府机关来评价，因为规则是由公共资源管理部门、行业规制部门制定的，并且是由这些部门执行的，这些部门事实上已经是规制的当事人，由这些部门来以规则执行效果进行评价，不具有客观性。因为政府审计部门不参与规则的制定，也不参与规则的执行，具有高度的独立性，由政府审计来评价规则执行效果则能做到客观的评价。第三，就权力监督而言，要求在规制分工中，指定其中一个规制机构只负责监督，不执行其他任务，政府审计恰恰是这种只负责监督的规制机构之一，不参与规则的制定，也不参与规则的执行，只负责监督，当然也包括监督营运单位是否执行了规则。

三、审计客体的进一步分析：工程审计客体

基于本节以上的分析，政府审计客体应该是公共资源经管责任者。为了深化这种分析，下面，我们对工程审计客体做一理论分析，作为政府审计客体之阐释的深化。首先，分析各资源类委托代理关系中的审计客体；其次，讨论合约类委托代理关系和法定类委托代理关系中代理人能否作为审计客体。

（一）工程审计客体的基本情形

工程投资量大、涉及的利益相关方多，因此工程相关单位之间的关系也复杂。因为工程而发生关联的单位之间都存在一定程度的信息不对称，所以，这些单位之间的关系都可以归结为委托代理关系，中国目前阶段的工程委托代理关系的基本情况如图5-2所示。

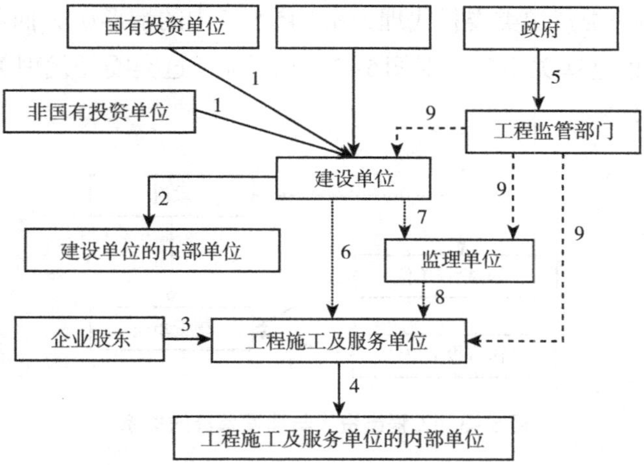

图5-2 工程类委托代理关系

图5-2中的工程委托代理关系有三种类型：情形1至情形5是资源类委托代理关系，这些关系中，委托人给代理人提供了资源，并要求代理人履行特定职责；情形6至情形8是合约类委托代理关系，双方都要履行合同约定的责任；情形9是法定类委托代理关系，工程监管部门根据法律规定对工程相关单位进行监督。上述三类委托代理关系中，只有资源类委托代理关系中存在合约不完备，因此存在审计需求，也只有在这类委托代理关系中才存在工程审计客体。问题的关键是，审计客体是谁？根据经典审计理论，资源类委托代理关系中的委托人为了抑制代理人在履行其经管责任时出现的负面问题（包括代理问题和次优问题），通过自行建立审计机构或从市场上购买审计服务，对代理人实施审计，以鉴证、评价和问责代理人的经管责任履行情况，所以，审计客体是资源类委托代理关系中的代理人，工程审计也不例外。图5-2所示五种情形的资

源类委托代理关系中的代理人都是工程审计客体，具体情况如下：

1.图5-2中的情形1是各类工程出资人与建设单位之间的委托代理关系，建设单位是工程出资人代理人，当然也就成为出资人的审计客体，既可以将建设单位这个组织作为审计客体，也可以将领导这个组织的主要领导作为审计客体（领导干部经济责任审计就是这种情形）。有的文献认为，在政府投资项目中，国有单位作为工程出资人也应该作为审计客体，这种观点是有道理的。因为国有单位本身是由政府出资设立的，所以这些单位本身是政府的代理人；作为代理人，当然也要成为政府这个委托人的审计客体。如果国有单位作为出资人，在政府审计机关对这些工程项目进行审计时，可以将作为工程出资人的国有单位也纳入审计客体范围，但是，这并不否定这些出资单位作为建设单位的委托人选择一定的审计主体对建设单位进行审计，这些单位在不同的委托代理关系中，处于不同的地位。所以，将作为出资人的国有单位纳入工程审计客体范围是基于另一类资源类委托代理关系（图5-3中的情形0），而不是图5-3中的情形1，考虑这些关系后，对图5-2中的情形1这类委托代理关系可以修改如图5-3所示。

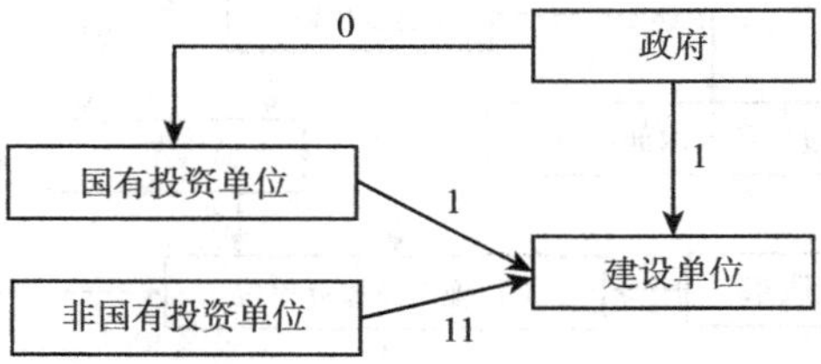

图5-3 工程出资人与建设单位的关系

2.图5-2中的情形2是建设单位总部与其内部单位之间的委托代理关系，内部单位作为建设单位总部的代理人，当然也就成为总部的审计客体，既可以将内部单位这个组织单元作为审计客体，也可以将内部单位的主要负责人作为审计客体。

3.图5-2中的情形3是工程施工及服务单位的股东与这些单位之间的委托代理关系，股东是委托人，而工程施工及服务单位是代理人，很显然，这些单位是其股东的审计客体，既可以将工程施工及服务单位这种组织单元作为审计客体，也可以将这些组织单元的主要负责人作为审计客体。

4.图5-2中的情形4是工程施工及服务单位总部与其内部单位之间的委托代理关系，内部单位作为工程施工及服务单位总部的代理人，当然也就成为其审计客体。具体来说，可以将内部单位这种组织单元作为审计客体，也可以将这些组织单元的负责人作为审计客体。情形4与情形2很类似。

5.图5-2中的情形5是政府与其设立的工程监管部门之间的委托代理关系，政府是委托人，而工程监管部门是代理人，在这种关系中，政府不是作为工程的出资人，而是作为社会事务管理者，工程监管部门对工程相关单位的监管，不是以工程出资人的代理之身份，而是以社会事务管理的职能部门之身份，但是，政府与工程监管部门之间的委托代理关系是资源类关系，工程监管部门作为代理人，当然也就成为政府的审计客体，既可以将工程监管部门这种组织单元作为审计客体，也可以将工程监管部门的主要负责人作为审计客体。

（二）合约类委托代理关系和法定类委托代理关系中代理人不能作为审计客体的原因

以上分析了工程领域中资源类委托代理关系中的审计客体，下面，我们来分析合约类委托代理关系和法定类委托代理关系中代理人不能作为审计客体的原因。

合约类委托代理关系是关系双方基于合约而形成的关系，在这种关系下，合约对双方的权利和责任都有明确约定，属于古典合约（classical contract）。合约具有完备性，不存在剩余控制权。委托人要自我当心以维护自己的利益，出现纠纷时，通过司法诉讼来解决。图5-2中的情形6至情形8都是合约类委托代理关系，合约双方都有一定的信息优势，所以，互为委托人和代理人，作为委托人，只是要求其代理人履行合约明文规定的责任，并不关心代理人经管责任履行情况，所以，不存在审计需求，当然也就没有审计客体。情形6是建设单位与工程施工及服务单位的合约关系，建设单位有权利按合约要求工程施工及服务单位按时、按质量、按质完成工程施工及服务任务。由于工程施工及服务的技术性和复杂性，多数的建设单位并不具备这方面的专业胜任能力，也就是说，建设单位并不具备自我当心的能力，在这种情形下，建设单位本身可能无法判断工程施工及服务单位是否按合约的要求履行了责任，所以，在征得工程施工及服务单位同意后，会聘任专门的监理单位对工程施工及服务单位的履约进行监督（情形7和情形8）。

与此相关的一个问题是，在图5-2所示的情形1中，工程出资人将建设单位作为审计客体，而建设单位又与工程施工及服务单位存在合约关系，那么，审计机构能否将工程施工及服务单位也作为审计客体呢？关于这个问题，有两种观点：建设单位观认为，建设单位的审计机构不能将工程施工及服务单位也作为审计客体；而延伸观认为，可以将工程施工及服务单位也作为审计客体。本节支持建设单位观。建设单位的审计机构不能将工程施工及服务单位也作为审计客体，建设单位的审计机构是代表建设单位的委托人对作为代理人的建设单位进行审计，工程施工及服务单位并不是工程出资人的代理人，所以，建设单位的委托人无权主张对工程施工及服务单位进行审计，工程施工及服务单位与建设单位之间是平等的法律主体，双方的责权利都通过合约约定，除了要求对方履行合约外，一方无权对另一方进行监督，所以，建设单位的审计机构无权对工程施工及服务单位进行审计。但是，在建设单位本身并不具备判断工程施工及服务单位是否履行的专业胜任能力时，建设单位在征得工程施工及服务单位同意后，可以聘任中介机构对工程施工及服务单位提供的表征其履行合约责任的相关信息进行鉴证（例如，工程结算和工程量），这种鉴证是为了验证工程施工及服务单位是否履行了合约规定的责任，是建设单位的自我当心机制，不是基于资源类委托代理关系的监督行为，所以，不能理解为工程审计。当然，建设单位的审计机构在审计建设单位时，需要鉴证建设单位履行其工程类经管责任的信息、行为和制度，而这些信息、行为和制度又与工程施工及服务单位相关，所以，建设单位的审计机构在审计过程中可能需要工程施工及服务单位的配合以获取相关的审计证据，这些审计证据是为了证明建设单位履行其工程类经管责任的状况，而工程施工及服务单位配合审计机构取得这些证据，并不能理解为是针对这些单位的审计活动。严格来说，即使是这种配合，也需要建设单位在与工程施工及服务单位的合约中约定，否则，工程施工及服务单位有权拒绝配合审计取证。

法定类委托代理关系是基于法律法规的强制规定而形成的，图5-2中的情形9属于这种关系。工程监管部门根据工程相关的法律法规对工程相关单位进行监管，这种监管是严格按法律法规的要求进行的。工程监管部门是以社会事务管理者的身份进行工程监管，即使对于政府及国有单位出资的工程，也是以这种身份出现，并不是以出资人代表这身份对工程进行监管，所以，这种监管完全没有审计的要素，而纳入监管的工程相关单位都不能作为审计客体。

四、审计客体的进一步分析：INTOSAI对政府审计客体的规定

INTOSAI有多个文献涉及政府审计客体。1977年，最高审计机关国际组织通过的《利马宣言》指出，“公共财政资金的管理意味着一种委托关系，因此，有公共财政管理就一定要有审计”，“最高审计机关审计的审计对象包括政府、它的管理机构和其他附属组织的活动”。这里的“公共财政资金”显然是公共资源，而“政府、它的管理机构和其他附属组织”显然是“公共财政资金”的经管责任承担者。

INTOSAI制定的政府审计准则也涉及政府审计范围。本节前面已经提

到，其制定的政府审计基本原则就称为《公共部门审计准则基本原则》，意味着INTOSAI将政府审计等同于公共部门审计，在《公共部门审计准则基本原则》的《公共部门审计框架》中指出，“An SAI will exercise its public-sector audit function within a specific constitutional arrangement and by virtue of its office and mandate”，强调最高审计机关根据授权对公共部门进行审计。然而，怎么授权呢?《公共部门审计框架》指出，“SAIs may be mandated to perform many types of engagements on any subject of relevance to the responsibilities of management and those charged with governance and the appropriate use of public funds and assets”，很显然，这里的审计业务是与“public funds and assets”的管理、治理和正确使用相关，所以，强调的还是公共资金和资产，也就是本节强调的公共资源。

事实上，政府审计所涉及的领域，各国的情况大同小异，一般包括如下：政府各部门及所属单位；使用国家资源的公私合资和与外国合资经营的企业；接受国家资助的社会团体及个人等。如果公共资源退出竞争性领域，不存在商业类国有企业和商业类国有金融机构，则公共资源主要投入领域就是公共部门，所以，强调政府审计服务于公共部门委托代理关系与公共资源委托代理关系是异曲同工的。

第三节　领导干部个人作为审计客体

本节从理论上分析领导干部个人作为审计客体，包括领导干部个人作为经济责任审计客体和领导干部个人作为资源环境责任审计客体两方面。

一、领导干部个人作为经济责任审计客体

（一）以领导干部为审计客体的经济责任审计的必要性

从必要性来说，在一定的干部激励制度安排下，领导干部经济责任履行情况（也就是经济绩效，下同）对领导干部具有非凡的重要性，在这种情形下，领导干部在经济责任履行中可能产生机会主义行为，包括虚报经济绩效和采用违纪违规方式取得经济绩效。为了治理领导干部的这种机会主义行为，就需要以领导干部为审计客体来开展经济责任审计。上述逻辑过程大致如图5-4所示。下面，我们来详细阐释这个逻辑过程。

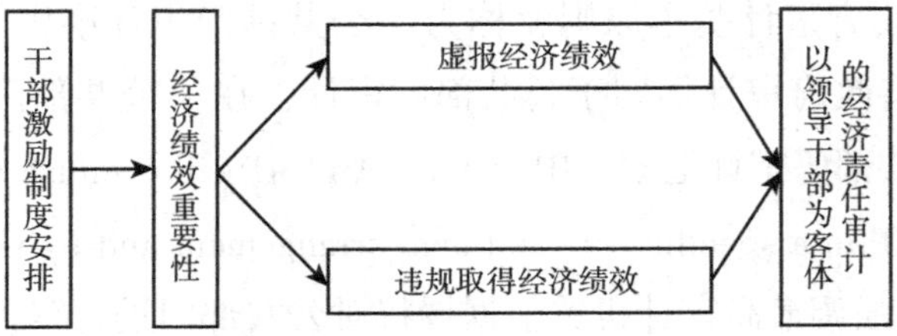

图5-4 领导干部经济责任审计需求

在多层级的委托代理关系中，领导干部是终极委托人之外的委托人及代理人，这些领导干部承担了多种责任，经济责任是其中之一。要领导干部努力工作，必须有一定的激励制度安排。如果基于某种目的，在领导干部激励制度安排中，经济绩效或经济责任履行情况非常重要，经济责任履行情况对领导干部个人利益具有重大的价值，则领导干部作为理性人，当然会重视经济绩效，基础性的应对是努力履行经济责任，以带来所期望的个人利益。但是，如果通过努力，经济绩效还是达不到委托人满意的程度，从而不能实现领导干部的个人目标，则完全有可能采取机会主义行为来"创造"经济绩效。可能的路径有两个：一是在经济绩效方面造假；二是通过违规手段来取得经济绩效。如果委托人不能洞察领导干部经济绩效的上述问题，则委托人以经济绩效为核心的领导干部激励制度安排可能要陷入歧途甚至规则悖反，所以，委托人必须治理领导干部经济责任履行中的机会主义行为，通过审计，搞清楚领导干部经济责任履行的真实状况，以及履行经济责任过程中存在的问题，这就需要以领导干部为审计客体来开展经济责任审计。

中国自改革开放以来，党和国家高度重视经济发展，中国创造了经济增长奇迹。经典的发展经济学理论无法解释中国经济的持续高速增长，称之为"中国之谜"。然而，一些研究文献发现，将经济发展作为领导干部激励制度安排的核心内容，是驱动中国经济增长的重要原因（张军，2005），地方官员之间的相互政治竞争显著地刺激了地方经济增长（王贤彬、徐现祥，2010），而地方官员在任期间良好的经济增长绩效确定能显著提高其晋升或连任的概率（周黎安，2007；罗党论、佘国满、陈杰2015）。可见，经济绩效是领导干部激励的重要因素。也正是因为经济绩效对于领导干部个人利益的重要性，所以，虚报政绩也成为较为普通的问题，为此，需要对虚报政绩进行治理（郑大金，1993；马元海，2003），领导干部经济责任审计就是重要的治理机制之一。

（二）以领导干部为审计客体的经济责任审计的可行性

虽然存在以领导干部作为审计客体的审计需求，以审计其经济绩效或经济责任履行情况，但问题的关键是，领导干部个人的经济绩效，与其领导的组织单元的经济绩效能否区分呢？或者说，能否以领导干部所领导的组织单元的经济绩效来量度领导干部个人的经济绩效呢？这与领导干部所领导的组织单元的领导体制有较大的关系。一般来说，领导体制有三种类型：一是首长负责制；二是集体领导；三是集体领导下的分工负责制。不同的领导体制下，领导干部个人与其所领导的组织单元的经济绩效具有不同的可区分性。

1.首长负责制，又称“独任制”，即把组织单元的决策权力集中在一位负责人身上，这位负责人对组织单元的经济绩效相关事项的决策全面负责，当然也需要对经济绩效的结果全面负责。在这种情形下，组织单元的经济绩效与领导这个组织单元的负责人的经济绩效合二为一，针对组织单元的经济责任审计，就是针对领导这个组织单元的领导干部的经济责任审计，无须以领导干部个人作为审计客体来开展经济责任审计。

2.集体领导，也称“委员会制”，即把组织单元的决策权力交给一个由多人组成的委员会，在这个委员会的各成员之间，没有决策权的区分，也没有明确的决策分工。在这种领导体制下，委员会作为一个整体对经济绩效相关事项做出决策，当然也作为一个整体对经济绩效的结果负全面责任。在这种情形下，组织单元的经济绩效与委员会的经济绩效合二为一，针对组织单元的经济责任审计，就是针对委员会的经济责任审计，无须以委员会作为审计客体来开展经济责任审计，当然也就无法以这个委员会中的个人作为审计客体。

3.集体领导下的分工负责制。在这种体制下，既有集体领导，也有个人分工负责，每个领导班子成员都有主管领域，但是，重大事项都需要集体决策。在这种领导体制下，经济绩效相关的决策权一分为二,一部分由集体决策，另一部分由主管领导决定。即使是由集体决策的事项，作为该事项的主管领导，其观点对该事项的集体决策也会产生重要的影响。所以，主管领域的经济绩效，可能与该主管领导的决策相关度高，而非主管领域的经济绩效，则可能与不主管该领域的领导的关联度降低。在这种领导体制下，作为一个组织单元的主要领导，其经济责任有直接责任、主管责任和领导责任三种情形。直接责任是该领导干部对亲力亲为的事项应该承担的责任，而主管责任是对该领导主管的领域应该承担的责任，领导责任是对非直接责任、非主管责任的事项应该承担的责任。很显然，在分工负责制下，作为组织单元负责人的领导干部，其个人的经济绩效与其领导的组织单元的经济绩效可以相对区分，在这种情形下，以领导干部审计客体来开展经济责任审计才具有可行性。

（三）领导干部经济责任审计客体的可能范围

为了提高资源配置及使用的效率效果，资源的所有权与经管权可能出现分离。资源所有者和资源经管者形成基于资源的委托代理关系，所有者是委托人，而经管者是代理人。委托人将资源及其相关职责托付给代理人，代理人接受了资源并承担了相关的职责，这种责任一般称为“经管责任”。由于这种责任与资源的配置及使用效率效果相关，所以，经管责任的实质是经济责任。图5-5是一个简化的委托代理关系链，在这个链条中，终极委托人只是充当委托人的角色，终极代理人只是充当代理人的角色，而中间层级的委托代理关系人则具有双重身份，对于上一层级的关系人，他是代理人，而对于下一层级的关系人，则是委托人，这种双重身份对其行为目标和行为方式会产生重要的影响。

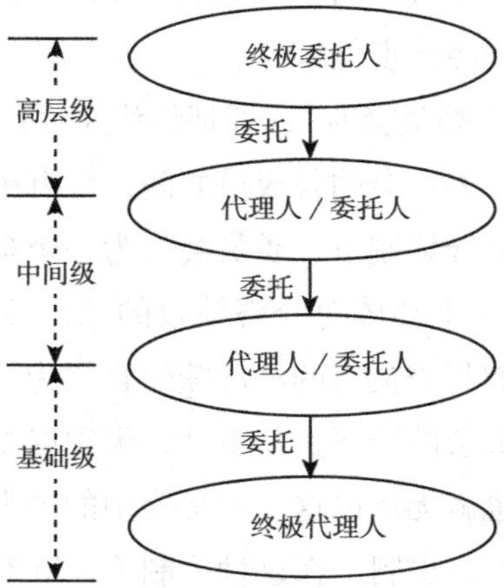

图5-5 资源委托代理关系链

基于资源的委托代理关系，其初衷是提高资源配置及使用的效率和效果，但是，由于激励不相容、信息不对称和环境不确定性，代理人很有可能产生机会主义行为，偏离委托人的期望，不按委托人的期望或约定使用资源，不履行委托人期望的职责。针对代理人的这种机会主义行为，委托人会推动建立一整套的治理机制，经济责任审计是其中的重要治理机制之一（从这个意义上说，所有审计都是经济责任审计）。

很显然，经济责任审计客体是代理人，然而，代理人作为审计客体有两种选择：一是选择组织单元作为审计客体，也就是通常意义上的法人主体作为审计客体；二是选择领导这个组织单元的领导作为审计客体。两种审计客体各有其意义，在领导干部激励制度安排中，领导干部本人的经济绩效很重要，并且能在一定程度上相对区分领导干部本人的经济绩效与组织单元的经济绩效时，就需要选择领导干部作为审计客体，这就是领导干部经济责任审计。

根据以上分析，领导干部经济责任审计客体就是在资源委托代理关系中，作为组织单元领导的代理人，由于这个组织单元及其领导承担了经管责任，所以，领导这个组织单元的领导也就是经管责任的承担者。由于经管责任的实质就是经济责任，所以，领导干部经济责任审计的审计客体就是作为经管责任承担者的领导干部，或者说，就是作为经济责任承担者的领导干部。总体来说，凡是在资源委托代理关系中，承担经管责任或经济责任的组织单元的领导都可能成为领导干部经济责任审计客体。当然，是否对所有的这类审计客体都开展经济责任审计，还要视审计需求而定，只有存在真实审计需求的，才可能成为经济责任审计客体。

（四）领导干部经济责任审计客体的类型

承担经管责任或经济责任的组织单元的领导都可能成为领导干部经济责任审计客体，那么，究竟有哪些类型呢？根据经管责任的类型不同，这些审计客体的类型也不同。一般来说，基于资源的委托代理关系，依据其资源来源不同，大致可以分为三种类型：一是公共资源委托代理关系，这种情形下，其资源是公共的；二是非公共资源委托代理关系，这种情形下，资源不是公共的，而是有特定的非公共资源来源；三是组织内部委托代理关系，这种情形下，由科层组织的上级提供资源。不同的资源来源，形成不同的委托代理关系，从而也有不同的领导干部经济责任审计客体。下面，我们来具体分析不同委托代理关系下的领导干部经济责任审计客体。

1.基于公共资源的委托代理关系的共性是，资源是公共的。属于这种情形的组织单元又可分为三类：一类是党委和国家机关；二是行政事业单位；三是国有企业。党委和国家机关使用公共资源和公共权力来提供公共服务，这些组织单元的领导人员是党和政府领导人员，他们对公共资源、公共权力和公共服务承担的责任就是经济责任。如果在这些领导的激励制度安排中，经济绩效具有重要性，就应该以这些领导干部为客体来开展经济责任审计。行政事业单位有两种类型：一是各级党委和国家机关设立的工作部门，简称党政工作部门，也就是一般意义上的行政单位；二是党委和国家机关设立的事业单位，具体类型又有多种，如研究机构、学校、医院、科研单位、提供特定公共服务的单位等，也就是一般意义上的事业单位。行政事业单位是在党委和国家机关的领导下，具体使用公共资源和公共权力来提供公共服务的单位。在这些单位的领导人员激励制度安排中，如果经济绩效具有重要性，就应该以这些领导干部为客体来开展经济责任审计。国有企业是国家提供资本设立的企业，很显然，国有企业领导人员对提供资本的党委和国家机关以及本级公众承担了资源经管责任，也就是经济责任。很显然，在国有企业领导人员的激励制度安排中，其经济绩效是非常重要的，所以，通常情形下，应该以这些领导人员为客体来开展经济责任审计。

2.基于非公共资源的委托代理关系会形成非国有单位，其具体情形较为复杂，从资源供给角度出发，非国有单位可以分为三类：A类组织是资源靠捐赠，捐赠人并不参与资源的使用过程，许多的民间非营利组织是这种情形。A类组织没有稳定的委托人，由于信息不对称、激励不相容、环境不确定，再加上委托人缺位，这些组织很有可能存在机会主义行为，所以，以这些组织的领导人员为客体开展经济责任审计很有必要，但是，需要管理这些组织的本级政府来委托或授权相关机关来实施对这些组织的领导干部进行经济责任审计。B类组织是集体经济组织，其性质是公有制，每个成员的份额不清晰，但集体经济组织的全体成员都有一定的机会参与该组织的管理。由于集体经济组织产权残缺，股东没有行动能力，集体经济组织的领导很有可能出现机会主义行为，所以，以集体经济组织领导人员为客体开展经济责任审计很有必要。但是，由于股东没有行动能力，需要管理这些组织的本级政府来委托或授权相关机关来实施对这些集体经济组织的领导干部进行经济责任审计。C类组织是有明确供资人的民间事业单位，这些单位的供资人参与这些单位的管理，私立学校、私立医院是这类单位的典型代表，这些组织的供资人参与这些单位的管理，在许多情形下，也就是这些单位的领导人员，所以，以这些单位的领导人员为客体来开展经济责任审计的需求不强烈。如果有多个供资人，未参与管理的供资人可能有审计需求，此时，需要委托会计师事务所来实施。D类组织是民营企业，股东是资源提供者，股东参与该企业的管理。这些组织类似于C类组织，在许多情形下，股东也就是民营企业的领导人员，所以，以民营企业的领导人员为客体来开展经济责任审计的需求不强烈。如果有多个股东，未参与管理的股东可能有审计需求，此时，需要委托会计师事务所来实施。

3.组织内部的委托代理关系，其资源来源于上级单位，各内部单位的领导人员向上级承担经管责任或经济责任。如果在这些领导人员的激励制度安排中，经济绩效很重要，则需要以这些领导人员为客体开展经济责任审计。由于内部审计体制不同，委托人也不同，在统一管理体制下，总部管理层是委托人，在分级管理体制下，直接上级是委托人。

以上分析的各类不同的资源委托代理关系下的领导干部经济责任审计客体，归纳起来如表5-2所示。

表 5-2　　领导干部经济责任审计客体和审计委托人

审计客体类型	审计委托人
党委和国家机关领导干部	上级党委和政府机关
行政事业单位领导人员	本级党委和政府机关
国有企业领导人员	本级党委和政府机关
非国有单位领导人员（A类组织和B类组织）	本级政府
非国有单位领导人员（C类组织和D类组织）	供资人或股东
组织内部领导人员（分级管理体制）	直接上级
组织内部领导人员（统一管理体制）	总部管理层

（五）组织单元作为审计客体与组织单元领导作为审计客体间的关系

以上分析了以领导干部自然人作为审计客体的可能情形及主要类型，接下来的问题是，组织单元作为审计客体与领导这个组织单元的领导人员作为审计客体之间，究竟是什么关系？或者说，要审计某领导干部，是否要审计其领导的组织单元呢？

对于自然人审计客体与领导干部所领导的组织单元这个审计客体之间的关系，有两种观点：一种观点主张由“人”及“事”（陈波，2005），另一种观点主张由“事”及“人”（徐雪林、郭长水，2005；王国俊、倪慧萍，2007）。本节认为，由“人”及“事”是难以实施的审计路径，将一个单位的经济责任履行相关的事项，在未审计时，就区分清楚哪些与所审计的领导干部有关，哪些无关，这是难以做到的。而由“事”及“人”则不同，首先是对这个组织单元与经济责任履行相关的所有事项都进行审计，无须区分是否与所审计的领导干部有关，在经济责任界定时，再确定领导干部的参与程度，实现由“事”及“人”。我们认为，组织单元作为审计客体，与领导干部作为审计客体，其经济责任有如下关系式：

组织单元客体的经济责任=领导干部直接责任+领导干部主管责任
+领导干部领导责任+领导干部无责任

组织单元的经济责任是本组织全体人员履行的，领导干部只是其中的一个成员，其经济责任履行情况只是这个组织单元的一部分，对于组织单元的经济责任，根据其参与程度，分别承担直接责任、主管责任和领导责任。对于某些事项，如果根本就没有介入，则领导干部就无责任。当然，领导干部的这些责任程度之区分，在审计之前是无法做到的。只有在审计之后，搞清楚了经济责任履行的真实状况，才能界定不同的责任程度。既然如此，领导干部经济责任审计，首先应该以领导干部所领导的组织单元作为审计客体，在此基础上，再针对业绩和发现的问题进行责任界定，以评价领导干部经济责任履行水平。所以，总体来说，以领导干部作为审计客体，仍然需要以领导干部所领导的组织单元作为审计客体。

（六）党政领导干部同时作为审计客体的原因

以上分析了以领导干部自然人作为审计客体的可能情形、主要类型，以及组织单元作为审计客体与组织单元的领导作为审计客体之间的关系，与此相关的一个问题是，党政领导干部为什么要同时作为审计客体？

由于党政关系密切，党是领导核心，是决策系统，而行政系统是执行系统，所以，领导干部经济责任审计必须坚持“党政同责，同责同审”。下面，我们较为详细地分析党政领导干部同时作为审计客体的原因。

第一，基于资源的委托代理关系中（图5-5），各级代理人从主体类型来说，有组织单元和组织单元的领导两种类型。然而，凡是基于国有资源的委托代理关系中，任何一个组织单元都有党的组织，当然，同时也有行政组织，所以，作为代理人的组织单元是党的组织和行政组织的双重组织。在此基础上，任何一个组织单元的领导也包括党组织的领导和行政组织的领导，所以，基于国有资源的委托代理关系中，组织单元作为代理人以及组织单元的领导作为代理人，其代理人都是党政双重的。既然如此，党政领导干部都是委托代理关系中经管责任的承担者，都对委托人承担了经济责任（周荣青，2012）。

第二，在中国现行政治制度安排下，党政职能分工密切相关，表现在两个方面：一是党委工作行政化，在国家各层级的管理中，各级党组织是决策机构，有关的政治、经济和文化方面的事务都要由党组织审议或决定，同级政府部门主要是负责执行；二是党政组织一体化，主要是党政相互兼职，党委书记实质是党政“一把手”，行政负责人是党政“二把手”。正是由于中国党政权力交叉与重合的政治体制特性，决定了党政领导干部都是委托代理关系中经管责任的承担者，都对委托人承担了经济责任，并且各自的经管责任履行情况相互交织，必须同步审计（李纯琳，2011；周荣青，2012）。

二、领导干部个人作为资源环境责任审计客体

（一）基于生态文明治理体系的领导干部资源环境责任审计需求[①]

2013年，党的十八届三中全会通过的《中共中央关于全面深化改革若干

① 本书在同等意义上使用“领导干部自然资源资产离任审计”与“领导干部资源环境责任审计”。

重大问题的决定》要求对领导干部实行自然资源资产离任审计；2015年，中办、国办印发《开展领导干部自然资源资产离任审计试点方案》指出，探索并逐步完善领导干部自然资源资产离任审计制度，推动领导干部切实履行自然资源资产管理和生态环境保护责任，促进自然资源资产节约集约利用和生态环境安全。可见，领导干部自然资源资产离任审计实质上就是领导干部资源环境责任审计。尽管生态文明有多种解释，但是，自然资源和环境都能统一于生态文明，所以，生态文明治理体系是涵盖自然资源治理体系和环境治理体系的更大的治理体系。党的十八届三中全会后，中央相继出台《关于加快推进生态文明建设的意见》《生态文明体制改革总体方案》等重要文件，确定了生态文明治理体系全面深化改革的基本框架，明确了生态文明制度体系的组成内容，其中就包括领导干部资源环境责任审计。

本节要分析的问题是，为什么生态文明治理体系中需要领导干部资源环境责任审计？下面，我们按以下逻辑来分析这个问题：中国对资源环境审计的需求程度如何？资源环境审计为什么要以领导干部为审计客体？领导干部中，为什么要以党政领导干部为重点？

1.中国对资源环境审计有较强的需求。自然资源问题越是严重，自然资源审计需求越是强烈；环境问题越是严重，环境审计需求也越是强烈。就中国目前的状况来说，资源约束趋紧、环境污染严重、生态系统退化的形势十分严峻，所以，对于资源环境审计的需求都较强烈。具体体现在以下四个方面：一是资源环境业务活动中的违规行为较多，所以，资源环境业务合规审计需求较高；二是资源环境财务活动中的违规行为较多，所以，环境财务合规审计需求较高；三是资源环境信息的真实、完整性较差，所以，资源环境信息真实性审计需求较高；四是资源环境制度及流程健全性不高，所以，资源环境制度健全性审计需求较高。

2.资源环境审计要以领导干部为审计客体。即使是资源环境审计需求较高，为什么要以领导干部为审计客体呢？在资源环境委托代理关系中，代理人有两个选择：一是自然人（也就是主要领导干部，简称“领导干部”）；二是自然人领导的单位。所以，审计客体也有两种选择：一是领导干部；二是领导干部所领导的单位。中国选择以领导干部作为审计客体，有两个原因：一是要将审计结果与领导干部的利益关联起来；二是各单位的领导体制。下面，我们来具体分析。

为什么必须将资源环境审计结果与领导干部的利益关联起来？中国资源环境问题很严重，各级资源环境责任主体不作为甚至有意损害资源环境以谋取局部利益、短期利益是造成资源环境问题的重要原因，“靠山吃山、杀鸡取卵”屡见不鲜（胡静，2008；夏夜，2014；陈海嵩，2017），在这种状态下，即使开展资源环境审计，如果审计结果与领导干部关联不强，则领导干部就没有动力或压力来履行其资源环境责任，因为通过损害资源环境能获得更多的经济成绩，而这些经济成绩会给领导干部带来更多的利益。所以，权衡利弊，在多目标竞争的情况下，领导干部可能不会将资源环境问题作为重要的目标。即使审计发现了问题，反正与其本人利益关联不大，所以，通过资源环境审计来促进其有效地履行资源环境责任的目标难以达到。“治污不治官，一切都免谈”（夏雨，2011）。只有审计结果与领导干部的个人利益密切关联，或者说，只有在领导干部未有效地履行资源环境责任，会有严重的负面后果，且通过经济方面的业绩无法弥补这种负面后果时，领导干部才会重视资源环境责任的履行。

即便要将资源环境审计结果与领导干部的利益关联起来，为什么不以领导干部所领导的单位为审计客体，而要以领导干部本人为审计客体呢？主要原因是各单位的领导体制。领导体制不同，领导干部个人的经管责任和其所领导的单位的经管责任的分离程度也会不同。一般来说，领导体制有三种情形：一是首长负责制；二是委员会制；三是分工负责制。在首长负责制下，首长个人对其所领导的单位所有重要事项都有最后决策权，并承担全面责任，在这种背景下，首长个人经管责任与其所领导的单位的经管责任合二为一，此时，审计客体是选择首长还是选择首长所领导的单位具有同一性。在委员会制下，委员会作为一个整体对单位所有重要事项都有最后决策权，并承担全面责任，当然也就无法区分委员会中的某个成员的经管责任，所以，委员会的经管责任与单位的经管责任合二为一，此时，审计客体是选择委员会还是选择委员会所领导的单位具有同一性。只有在分工负责制下，各位领导有不同的分工领域，即使是主要领导，也不可能对单位所有重要事项都有最后决策权，并承担全面责任，而只能是对其分管或主管的领域承担责任，此时，领导干部个人的经管责任只是单位经管责任的一部分。如果不考虑分工负责制下的分权，将单位的经管责任直接等同于主要领导的经管责任，可能出现不公平。单位的经管责任履行好了，不一定主要源于主要领导的努力；单位的经管责任履行不好，也不一定是主要领导不努力。如果聚焦主要领导分管或主管的领域，则经管责任履行状况与主要领导的努力程度的相关度就显著提高。中国的国有单位基本上都是党委领导下的分工负责制，所以，单位主要领导的资源环境责任与其所领导的单位的资源环境责任有区别，为了公平地将资源环境审计结果与领导干部的利益关联起来，必须以领导干部作为审计客体。

3.领导干部要以党政领导干部为重点。领导干部资源环境责任审计涉及的责任单位有三类：一是政府（广义）；二是政府设立的资源环境监管部门；三是环境影响单位及自然资源管理单位、使用单位和生产单位（简称为“资源环境影响单位”）。与此相一致，纳入资源环境责任审计的领导干部包括广义政府的党政领导、资源环境监管部门的领导及资源环境影响单位领导。上述三类领导中，前两类领导称为“党政领导”。资源环境责任审计中，要以党政领导为重点，其原因是什么呢？长期以来，资源环境问题是以“督企”为核心，也就是说，在各类资源环境影响单位中，是以环境影响单位及自然资源管理单位、使用单位和生产单位作为资源环境监管的核心，地方政府及资源环境监管部门并未成为监管的核心，而各层级的资源环境影响单位都需要各层级地方政府及资源环境监管部门来监管。由于多目标竞争等原因，地方政府及其资源环境监管部门不一定有积极性对资源环境影响单位进行监管，如此一来，“督企”的效果也就没有基础，所以，要“督企”，先要“督政”，“督政”是“督企”的基础（阳东辰，2011；陈海嵩，2017）。虽然对于资源环境影响单位的领导可以开展资源环境责任审计，但是，首先要开展的或重点要开展的是以地方党政领导及资源环境监管部门领导为审计客体的资源环境责任审计。

（二）确定领导干部资源环境责任审计客体的选择依据

基于自然资源委托代理关系和生态环境委托代理关系，领导干部资源环境责任审计的潜在审计客体如表5-3所示。

表 5-3　　领导干部资源环境责任审计客体的潜在范围

委托代理关系	责任单位	领导干部资源环境责任审计客体的潜在范围
自然资源委托代理关系	本级政府	本级党政主要领导
	自然资源监管部门	自然资源监管部门主要领导
	自然资源使用单位	自然资源使用单位主要领导
	自然资源管理单位	自然资源管理单位主要领导
	自然资源生产单位	自然资源生产单位主要领导
生态环境委托代理关系	本级政府	本级党政主要领导
	生态环境监管部门	生态环境监管部门主要领导
	生态环境影响单位	生态环境影响单位主要领导

表5-3所示的资源环境责任单位的主要领导能否都纳入领导干部资源环境责任审计的审计客体呢？回答是，不一定！为了阐释这个问题，我们先来分析确定领导干部资源环境责任审计客体的选拔依据。

资源环境审计的审计客体有两种类型：一是资源环境责任单位；二是资源环境责任单位的主要领导。而领导干部资源环境责任需要选择资源环境责任单位的主要领导作为审计客体，其原因是需要将这种审计的审计结果与领导干部个人利益密切关联起来，如果不能密切关联起来，则就只能以资源环境责任单位作为审计客体，所以，审计结果能否与领导干部个人利益密切关联成为确定领导干部资源环境责任审计客体的选拔依据。

为什么会有这种判断依据呢？从中国资源环境治理现状来看，资源环境问题较为严峻，而主要的原因是各级资源环境责任单位机会主义行为较为严重。资源环境责任单位出现机会主义行为的主要原因是领导干部不作为甚至有意以损害资源环境为代价来换取经济利益和政治利益，在这种背景下，要解决资源环境问题，就必须调动资源环境责任单位的积极性。在中国现行政治生态下，调动资源环境责任单位积极性的关键是调动资源环境责任单位主要领导的积极性，而要调动主要领导的积极性，必须将资源环境审计结果与领导干部个人利益密切关联起来，所以，中国资源环境问题的严峻，使得中国资源环境治理机制必须有主要领导的积极作为，而正是这种需求，催生了将资源环境审计结果与领导干部个人利益密切关联起来的需求。所以，能否将资源环境审计结果与领导干部个人利益密切关联起来，成为领导干部资源环境责任审计客体的选择依据。这里的“将领导干部资源环境责任审计结果与领导干部个人利益密切关联起来”，主要是指将领导干部资源环境责任审计结果用于领导干部的绩效考核、职务变动等方面。所以，凡是领导干部资源环境责任审计结果用于领导干部绩效考核及职务变动的，这类资源环境责任单位的主要领导就能成为领导干部资源环境责任审计的审计客体。

（三）领导干部资源环境责任审计客体的可行范围

以上分析了领导干部资源环境责任审计的潜在审计客体及选择依据，那么，根据领导干部资源环境责任审计客体的选择依据，表5-3所示的潜在审计客体中，哪些是领导干部资源环境责任审计客体的可行范围呢？

为了便于分析，本节将表5-3所示的领导干部资源环境责任审计的潜在审计客体再做一个分类，分为三种类型：一是党政领导干部，主要是各级政府和党委（党委作为广义政府的组成部分）的主要领导，简称“党政领导”；二是政府设立的资源环境监管部门的主要领导，简称“资源环境相关部门领导”；三是自然资源使用单位、自然资源管理单位、自然资源生产单位及环境影响单位的主要领导，这些单位的领导简称“资源环境影响单位领导”。上述三类领导中，凡是能做到将资源环境责任审计结果与其个人利益密切关联起来的，就能纳入领导干部资源环境责任审计的范围。那么，何者能纳入呢？根据本节前面的分析，关键要看领导干部资源环境责任审计结果能否用于领导干部绩效考核及职务变动，对于党政领导和资源环境相关部门领导来说，党和政府需要将他们资源环境责任履行情况作为对他们的绩效考核及职务变动的重要因素，所以，这些领导干部作为领导干部资源环境责任审计的审计客体是完全可行的。但是，资源环境影响单位领导有两种类型：一是国有或国有主导的资源环境影响单位，简称“国有单位”；二是非国有或非国有主导的资源环境影响单位，简称“非国有单位”。对于国有单位来说，各级党和政府需要对这些单位的主要领导干部进行管理，可以将这些单位的领导干部的资源环境责任履行情况作为对他们的绩效考核及职务变动的重要因素，所以，国有单位的领导干部可以作为领导干部资源环境责任审计的审计客体。但是，对于非国有单位来说，是否能将资源环境责任履行情况作为这些单位的领导干部的绩效考核及职务变动的重要因素，取决于是否有权力选择这些单位的领导者的机构或个人，所以，能否将资源环境责任审计结果与这些单位的领导干部个人利益密切关联起来，具有很大的不确定性。同时，一般来说，资源环境责任有两类主体：一是以单位作为责任主体；二是以领导者作为责任主体。只有这两种资源环境责任存在较大差异时，以领导干部个人作为审计客体来开展资源环境责任审计才有意义，否则，在两类资源环境责任基本重合的情况下，所有的资源环境责任都是领导干部的资源环境责任，资源环境审计与领导干部资源环境责任审计重合了。对于非国有单位来说，并不一定有严格意义上的分工负责制，首长负责制或许是其主要的领导体制，所以，以单位作为责任主体的资源环境责任，与以单位首长作为责任主体的资源环境责任基本重合，无须单独开展领导干部资源环境责任审计。

根据以上分析，领导干部资源环境责任审计客体的可行范围，归纳如表5-4所示。

表 5-4 领导干部资源环境责任审计客体的可行范围

委托代理关系	责任单位	领导干部资源环境责任审计的可行范围
自然委托代理关系	本级政府	本级党政主要领导
	自然资源监管部门	自然资源监管部门主要领导
	自然资源使用单位	国有自然资源使用单位主要领导
	自然资源管理单位	国有自然资源管理单位主要领导
	自然资源生产单位	国有自然资源生产单位主要领导
生态环境委托代理关系	本级政府	本级党政主要领导
	生态环境监管部门	生态环境监管部门主要领导
	生态环境影响单位	国有生态环境影响单位主要领导

第四节 审计全覆盖的要求及其理论逻辑

本节首先介绍党和国家领导人关于审计全覆盖的指示，以及党和国家重要文献关于审计全覆盖的要求，然后分析审计全覆盖的理论逻辑。

一、党和国家领导人关于审计全覆盖的指示

党和国家领导人对审计非常重视，关于审计全覆盖的部分指示汇集如表5-5所示。

表 5-5 党和国家领导人关于审计全覆盖的指示（部分）

★习近平总书记的指示
对中央企业经济责任审计，党的十八大以前，还只是审计由中央组织部直接管辖的53家副部级企业的领导。党的十八大以后，审计署对非53家中的2家进行了审计，发现很多问题，报告给习近平总书记，习近平总书记指示要全覆盖，这也是审计全覆盖提出的背景。
★时任国务院总理李鹏的指示
1988年7月7日，时任国务院总理李鹏在讨论批准审计署“三定”方案时指示：“关于审计工作有一个总的精神，任何一个有国有资金的单位，都要审计，这是一个制度。”
★时任国务院总理温家宝的指示
2009年3月5日，时任国务院总理温家宝在第十一届全国人民代表大会第二次会议上所作的政府工作报告中提出，“财政资金运用到哪里，审计就跟进到哪里”。
★时任国务院总理李克强的指示
2013年10月8日，时任国务院总理李克强在国务院常务会议上听取了关于加强财政扶贫资金管理的汇报后指出，“不仅要审计扶贫资金，而且要审计所有的公共资金、国有资产、国有资源”，“切实做到审计监督的全覆盖”。
★时任国务院总理李克强的指示
2014年1月10日，时任国务院总理李克强听取审计署的年度工作汇报时指出，“要实现审计全覆盖，凡使用财政资金的单位和项目，都要接受审计监督”。
★时任国务院总理李克强的指示
2014年2月11日，国务院召开第二次廉政工作会议，时任国务院总理李克强要求，“对所有公共资金、国有资产、国有资源实行审计监督全覆盖”。

二、党和国家重要文献关于审计全覆盖的要求

党和国家重要文献关于审计全覆盖的要求汇集如表5-6所示。

表 5-6 党和国家重要文献关于审计全覆盖的要求（部分）

文献及时间	关于审计全覆盖的要求
2014年10月，中国共产党十八届四中全会通过的《中共中央关于全面推进依法治国若干重大问题的决定》	“对公共资金、国有资产、国有资源和领导干部履行经济责任情况实行审计全覆盖”

续表

文献及时间	关于审计全覆盖的要求
2014年10月，国务院发布《国务院关于加强审计工作的意见》(国发〔2014〕48号)	"对稳增长、促改革、调结构、惠民生、防风险等政策措施落实情况，以及公共资金、国有资产、国有资源、领导干部经济责任履行情况进行审计，实现审计监督全覆盖，促进国家治理现代化和国民经济健康发展"
2015年12月，中共中央办公厅 国务院办公厅印发《关于完善审计制度若干重大问题的框架意见》	"对公共资金、国有资产、国有资源和领导干部履行经济责任情况实行审计全覆盖，做到应审尽审、凡审必严、严肃问责"； "摸清审计对象底数，充分考虑审计资源状况，明确审计重点，科学规划、统筹安排、分类实施，有重点、有步骤、有深度、有成效地推进。建立健全与审计全覆盖相适应的工作机制，统筹整合审计资源，创新审计组织方式和技术方法，提高审计能力和效率"
2015年12月，中共中央办公厅 国务院办公厅印发《关于实行审计全覆盖的实施意见》	"通过在一定周期内对依法属于审计监督范围的所有管理、分配、使用公共资金、国有资产、国有资源的部门和单位，以及党政主要领导干部和国有企事业领导人员履行经济责任情况进行全面审计，实现审计全覆盖，做到应审尽审、凡审必严、严肃问责。对重点部门、单位要每年审计，其他审计对象1个周期内至少审计1次，对重点地区、部门、单位以及关键岗位的领导干部任期内至少审计1次，对重大政策措施、重大投资项目、重点专项资金和重大突发事件开展跟踪审计，坚持问题导向，对问题多、反映大的单位及领导干部要加大审计频次，实现有重点、有步骤、有深度、有成效的全覆盖。充分发挥审计监督作用，通过审计全覆盖发现国家重大决策部署执行中存在的突出问题和重大违纪违法问题线索，维护财经法纪，促进廉政建设；反映经济运行中的突出矛盾和风险隐患，维护国家经济安全；总结经济运行中好的做法和经验，注重从体制机制层面分析原因和提出建议，促进深化改革和体制机制创新"
2015年12月，中共中央办公厅 国务院办公厅印发《关于实行审计全覆盖的实施意见》	关于公共资金实行审计全覆盖，"审计机关要依法对政府的全部收入和支出、政府部门管理或其他单位受政府委托管理的资金，以及相关经济活动进行审计"
2015年12月，中共中央办公厅 国务院办公厅印发《关于实行审计全覆盖的实施意见》	关于国有资产实行审计全覆盖，"审计机关要依法对行政事业单位、国有和国有资本占控股或主导地位的企业(含金融企业，以下简称国有企业)等管理、使用和运营的境内外国有资产进行审计"
2015年12月，中共中央办公厅 国务院办公厅印发《关于实行审计全覆盖的实施意见》	关于国有资源实行审计全覆盖，"审计机关要依法对土地、矿藏、水域、森林、草原、海域等国有自然资源，特许经营权、排污权等国有无形资产，以及法律法规规定属于国家所有的其他资源进行审计"

三、审计全覆盖的理论逻辑

以上介绍了党和国家领导人对审计全覆盖的指示，以及党和国家重要文献对审计全覆盖的要求，其中的理论逻辑是什么呢？

首先，根据本节前面的理论分析，政府审计客体是公共资源委托代理关系中的代理人，也就是公共资源经管责任承担者，"对公共资金、国有资产、国有资源和领导干部履行经济责任情况实行审计全覆盖"，对公共资源经管责任承担者的明确界定，很显然，公共资金、国有资产、国有资源都属于公共资源，而领导干部在履行其职责时，当然也使用了公共资源，所以，“对公共资金、国有资产、国有资源和领导干部履行经济责任情况实行审计全覆盖”，就是对公共资源经管责任承担者实行审计全覆盖。

其次，根据本节前面的理论分析，公共资源经管责任承担者作为政府审计客体，有两种情形：一是选择组织单元作为审计客体，也就是通常意义上的法人主体作为审计客体；二是选择领导这个组织单元的领导作为审计客体。“对公共资金、国有资产、国有资源和领导干部履行经济责任情况实行审计全覆盖”恰恰体现了这两种审计客体的选择，“公共资金、国有资产、国有资源”实行审计全覆盖强调的筹集、分配、使用和管理公共资金、国有资产、国有资源的组织单元作为审计客体，而“领导干部履行经济责任情况”则强调筹集、分配、使用和管理公共资金、国有资产、国有资源的组织单元的领导作为审计客体。

总体来说，“对公共资金、国有资产、国有资源和领导干部履行经济责任情况实行审计全覆盖”完全符合本书提出的政府审计客体是公共资源经管责任承担者这个观点。

参考文献

[1] 刘家义. 以科学发展观为指导，推动审计工作全面发展 [J]. 审计研究，2008 (3)：3-9.

[2] 刘家义. 树立科学审计理念，发挥审计监督免疫系统功能 [J]. 求是杂志，2009 (10)：28-30.

[3] 刘家义. 积极探索创新，努力健全完善中国特色社会主义审计理论体系 [J]. 审计研究，2010 (1)：3-8.

[4] 靳思昌，张立民. 论国家治理与国家审计边界的界定 [J]. 审计研究，2013 (1)：3-8.

[5] 王中信，吴开钱. 国家审计边界探析 [J]. 会计研究，2009 (11)：82-86.

[6] 朱庆国. 国家审计只能监督国有经济质疑 [J]. 审计理论与实践，1997 (1)：24-25.

[7] 吴焕亮，汤全荣. 试论审计对象的有关问题 [J]. 财会通讯，1990 (5)：29-30.

[8] 朱亮. 解放思想，拓展审计目标，服务政府宏观调控职能——关于政府审计的审计对象和审计目标的思考 [J]. 广东审计，2008 (4)：44-45.

[9] 杨献龙. 固定资产投资项目绩效审计对象和内容的再认识 [J]. 审计研究，2009 (5)：33-36.

[10] 杨金萍. 税务审计中如何确定延伸审计对象 [N]. 中国审计报，2009-6-5.

[11] 冯均科. 审计监督与经济监督系统 [J]. 当代经济科学，1990 (5): 81-86.

[12] 黄志邦. 审计是较高层次的经济监督形式 [J]. 中国经济问题，1991 (2): 56-61.

[13] 白玉贵. 论审计是较高层次的经济监督 [J]. 黑龙江财专学报，1991 (2): 49-54.

[14] 包强. 论中国经济监督体系和审计监督的关系 [J]. 兰州大学学报（社会科学版），1993 (4): 71-76.

[15] 赵保卿. 论中国审计监督与专业经济监督的协调机制 [J]. 北京工商学院学报，1999 (5): 52-56.

[16] 关金宝. "重复检查" 过多应整合经济监督资源——访全国政协委员、审计署副审计长余效明 [N]. 中国审计报，2014-3-14.

[17] 王斌. 从金融审计角度分析金融监管体系的构建 [J]. 经营管理者，2011 (24): 63.

[18] 谭峰. 对中国金融审计重新定位的几点思考 [J]. 企业研究，2011 (6): 63.

[19] 王晓梅，邢楠. 国有企业改制后政府审计面临的问题与对策研究 [J]. 北京工商大学学报（社会科学版），2009 (9): 58-63.

[20] 胡象明. 关于公共部门的界定与公共管理学的研究范围——兼谈公共管理学与行政管理学的关系 [J]. 武汉大学学报（社会科学版），2001 (9): 557-561.

[21] 高新发. 从第一部门到第三部门——论中国公办高等学校转型的制度选择 [J]. 教育研究，2002 (10): 61-65.

[22] 王晋. 第三部门：市场与政府的非零和产物——兼论中国第三部门的现状及发展趋势 [J]. 政治学研究，2004 (3): 107-116.

[23] 刘力云. 论强化审计机关的国有企业审计职责 [J]. 审计研究，2005 (4): 55-58.

[24] 郑石桥. 国家审计促进国家治理现代化 [J]. 中国审计评论，2015 (1): 25-37.

[25] [美] 曼瑟尔 · 奥尔森. 国家 "有它自己的利益和野心" [M]. 中译本. 陈郁等译. 上海三联书店、上海人民出版社，2003年.

[26] [美] 詹姆斯 · 布坎南. 宪法经济学 [J]. 经济学动态，1992 (4): 68-69.

[27] [日] 植草益. 微观规制经济学 [M]. 朱绍文、胡欣欣等译. 中国发展出版社，1992年.

[28] 曾国安. 管制、政府管制与经济管制 [J]. 经济评论，2004 (1): 93-94.

[29] 马英娟. 监管的语义辨析 [J]. 法学杂志，2005 (5): 111-114.

［30］姜晨. 浅谈市场规制法与市场监管法的异同［J］. 法制与经济，2012（2）9-11.

［31］OMB. The Regulatory Plan and the Unified Agenda of Federal Regulations［Z］. Washington：Government Printing Office，2001.

［32］Banerjee，A.V.. A Theory of Misgovernance［J］. The Quarterly Journal of Economics，1997，112（4）：1289-1332.

［33］于立宏. 规制俘获与规制权力分离理论述评［J］. 江苏社会科学，2009（6）：61-67.

［34］Laffont，J.J.，Tirole，J.. The Politics of Government Decision Making：A Theory of Regulatory Capture［J］. The Quarterly Journal of Economics，1991，106（4）：1089-1127.

［35］Holmstrom，B.. Moral Hazard in Teams［J］. The Bell Journal of Economics，1982，13（2）：324-340.

［36］Tirole J.1994.The Internal Organization of Government［J］. Oxford Economic Papers. New Series，Vol.46，No.1，1-29.

［37］Martimort，D. 1996. The organization of government：The multiprincipal mature of government［J］. European Economic Review.40：673-685.

［38］Laffont，J. J.，Martimort，D.. Separation of Regulators against Collusive Behavior［J］. The Rand Journal of Economics，1999，30（2）：232-262.

［39］Laffont，J. J.，Meleu，M.. Reciprocal Supervision，Collusion and Organizational Design［J］. The Scandinavian Journal of Economics，1997，99（4）：519-540.

［40］Laffont，J.J.，Martimort，D.. Transaction Costs，Institutional Design and the Separation of Powers［J］. European Economic Review，1998，42（3-5）：673-684.

［41］张军. 为增长而竞争：中国之谜的一个解读［J］. 东岳论丛，2005（7）：15-19.

［42］王贤彬，徐现祥. 地方官员晋升竞争与经济增长［J］. 经济科学，2010（6）：42-58.

［43］周黎安. 中国地方官员的晋升锦标赛模式研究［J］. 经济研究，2007（7）：36-50.

［44］罗党论，佘国满，陈杰. 经济增长业绩与地方官员晋升的关联性再审视——新理论和基于地级市数据的新证据［J］. 经济学（季刊），2015（2）：1145-1172.

［45］郑大金. 谈虚假政绩的负面效应及解决的途径［J］. 湖南社会科学，1993（6）：60-62.

［46］马元海. 虚假政绩泛滥的原因及对策［J］. 中共郑州市委党校学报，2003

（3）：40–41.

［47］陈波. 经济责任审计的若干基本理论问题［J］. 审计研究，2005（5）：84–88.

［48］徐雪林，郭长水. 经济责任审计对象研究［J］. 审计研究，2005（4）：80–83.

［49］王国俊，倪慧萍. 党政领导干部经济责任审计的本质及发展趋势［J］. 南京社会科学，2007（11）：50–54.

［50］周荣青. 党政领导干部经济责任同步审计模式研究［J］. 审计研究，2012（4）：48–53.

［51］李纯琳. 地方党委和政府主要领导干部经济责任同步审计专题研讨会综述［J］. 审计研究，2011（3）：3–7.

［52］胡静. 地方政府环境责任冲突及其化解［J］. 河北法学，2008（3）：34–36.

［53］夏夜. 对政府环境责任主体的再认识［J］. 探索与争鸣，2014（7）：94–96.

［54］陈海嵩. 环保督察制度法治化：定位、困境及其出路［J］. 法学评论，2017（3）：176–187.

［55］夏雨. 多元行政任务下的目标考核制——以当前环境治理为反思样本［J］. 当代法学（双月刊），2011（5）：58–64.

［56］阳东辰. 公共性控制：政府环境责任的省察与实现路径［J］. 现代法学，2011（3）：72–81.

6 Chapter 第六章 政府审计主体

政府审计主体关注的是谁来审计，对这个问题的解答就是政府审计主体理论。根据这个主题，本章在介绍政府审计主体现有主要观点的基础上，首先分析审计主体构造的理论逻辑，然后分析政府审计体制多样化、中国共产党领导审计工作和政府审计业务外包的理论逻辑。具体来说，本章包括以下内容：政府审计主体的主要观点；审计主体构造的理论逻辑；政府审计体制多样化的理论逻辑；中国共产党领导审计工作的理论逻辑；政府审计业务外包的理论逻辑。

第一节　政府审计主体的主要观点

政府审计主体的相关研究主体有两个：一是政府审计体制；二是政府审计业务外包。本节对上述两方面的研究做一简要的介绍。

一、政府审计体制研究的主要观点

关于政府审计体制的相关研究，主要围绕两类主题：一是我国政府审计体制；二是政府审计体制的分类及国外政府审计体制。

对于我国政府审计体制，有两种观点：一种观点认为，现行的行政型审计体制适合中国的审计环境，只需要改良，不需要改革（尹平，2001；刘力云，2002；马曙光，2006；沈跃东，2014）；另一种观点认为，行政型审计体制影响了政府审计的独立性，需要改革，多数主张改为立法型审计（杨时展，1982；秦荣生，1995；杨肃昌，2008）。

关于政府审计体制的分类及国外政府审计体制也有两种观点：一是将政府审计体制分为立法型、司法型、行政型和独立型（文硕，1996），一些文献根据这种分类方法，介绍了国外的政府审计体制（萧英达，1991）；二是认为所有审计体制都是独立的，独立型不能与其他类型并列（李金华，2003；刘家义，2004）。

二、政府审计业务外包研究的主要观点

关于政府审计业务外包的研究则极为缺乏，国外鲜有相关研究（贾云洁，2014），国内的研究也很少。徐向真（2014）分析探讨了我国政府审计业务外包的必要性、政府审计外包的主要形式及其优缺点，并指出了政府审计外包过程应该注意的事项。贾云洁（2014）介绍了澳大利亚政府审计外包的经验及对我国的启示，认为我国审计机关应整合利用外部审计资源，做好审计业务外包的需求分析，外包部分审计业务，聘用临时专职人员，建立健全外包合同管理制度，以更好地应对审计的发展需求和挑战。此外，有些文献从审计资源整合的角度做了研究，涉及政府审计如何利用民间审计资源等（张小秋，2005；车嘉丽，2008；刘玉波、桑海林，2010）。

第二节　审计主体构造的理论逻辑

一般认为，从人性特征来说，正常人都可能具有自利和有限理性的特征（Williamson，1981）。由于这种人性特征的存在，在委托代理关系中，委托人担心代理人由于自利和有限理性会产生代理问题和次优问题，所以，会委托或授权审计人对代理人是否存在代理问题和次优问题进行鉴证。这里的审计人是审计活动的实施者，也就是审计主体。委托人、代理人和审计人三者形成了一种审计关系。在这种关系中，委托人授权或委托审计人对代理人进行审计，审计人对代理人进行审计之后，将审计结果报告给审计委托人（周勤业、尤家荣、达世华，1996）。委托人和审计人的这种关系，从本质上来说，是一种交易，我们称之为“审计交易”。这种交易就是委托人授权或委托审计人对代理人的代理问题和次优问题进行鉴证，委托人给审计人提供资源或支付一定的其他对价。在审计交易中，委托人和审计人并不处于同等地位，审计需求主要源于委托人，没有委托人的需求，也就不会产生审计人的供给。委托人面临两个基本问题：一是得到真实的鉴证结果；二是以最低成本得到鉴证结果。委托人如何解决上述两个基本问题呢？委托人解决鉴证结果真实性的办法是保证审计的独立性，这种独立性的考量进而会影响审计主体的构造；解决鉴证成本的办法是选择审计交易的治理结构，而影响审计交易成本的是审计主题。同时，审计主题还影响审计主体的独立性，所以，从根源上来说，是审计主题影响了审

计交易的治理构造和审计主体的独立性，进而影响了审计主体的构造。当然，审计主题也是源于委托人的需求。以上所述的思路如图6-1所示。

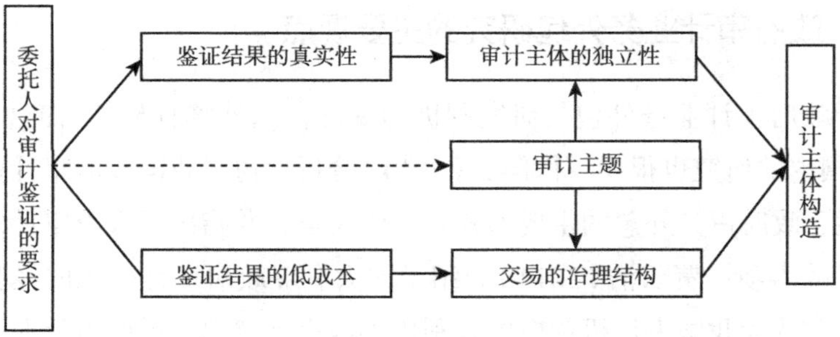

图6-1 独立性、审计主题和审计主体构造

在图6-1的几个路径中，审计主题与委托人之间的关系具有较丰富的内容。本节主要探讨审计主体多样化问题。

一、审计独立性与审计主体构造

委托人解决鉴证结果真实性的办法是保证审计的独立性。也就是说，在委托人、代理人和审计人组成的审计关系中，让审计人不受代理人的制约，使代理人无法影响审计人的判断和结论，从而，审计人能客观地收集审计证据，并在此基础上，根据这些客观的证据，作出公正的鉴证结论。委托人如何使得审计人不受代理人的制约呢？主要的办法就是在代理人之外构造审计主体，审计人和代理人不在同一个科层组织内部，代理人作为科层组织的领袖，审计人一定要置于这个组织之外。试想一下，如果审计人和代理人置于一个组织，而代理人又是这个组织的领袖，此时，审计人作为代理人的下属，对代理人进行审计，其结果势必受到代理人的控制或影响，难以保证得到真实的鉴证结果。所以，对于代理人来说，所有的审计都要独立于其所在的科层组织，都是外部审计。所以，从独立性要求出发，对于代理人来说，只有外部审计，没有内部审计。当然，在许多情形下，代理人和审计人可能会同属于一个更大的科层组织，但是，这并不改变就代理人作为领袖的科层组织来说，审计人不属于这个科层组织，而是在这个科层组织的外部。

然而，委托人和审计人能否在同一个科层组织呢？审计人本来就是按委托人的要求进行审计的，审计人是否需要独立于委托人呢？这里有两种情形：一种情形是，审计结果是委托人本身使用，此时，审计人无须独立于委托人；另外一种情形是，虽然委托人使用审计结果，但是，委托人希望其他的利益相关者也相信这个审计结果，此时，审计人就需要独立于委托人。

当审计人需要独立于委托人时，委托人只能从外部寻找一个审计人来审计，此时，外部审计就出现了，这种意义上的外部审计是指委托人和审计人不在一个科层组织，或者说，审计人不接受委托人的科层指令。

当审计人不需要独立于委托人时，委托人是否一定需要在自己的科层组织内建立一个审计机构，然后再以科层指令的方式指挥这个审计机构对代理人进行审计呢？委托人不一定要建立属于自己这个科层的审计机构，委托人有两种选择：一是在自己的科层组织内建立审计机构；二是从外部按市场规则找一个审计机构来完成审计。究竟选择何种交易治理结构，由审计交易成本决定，这就是本节随后要讨论的内容。当委托人从外部寻找审计机构时，委托人和审计人不在一个科层组织，属于外部审计。当委托人在自己的科层组织内部建立一个审计机构时，审计人和委托人置于一个科层组织，属于内部审计。所以，这种意见上的内部审计是指委托人和审计人在同一个科层组织。

以上基于审计独立性要求，从代理人和委托人角度分别分析了内部审计和外部审计，而普遍意义上的内部审计和外部审计之区分，需要将二者结合起来。一般来说，只有当委托人、代理人和审计人同属于一个科层组织时，才能称为内部审计，其他情形都是外部审计。当然，这个组织，肯定不是代理人所领导的科层组织，而是委托人所领导的科层组织。

以上从审计独立性到审计主体多样化的分析，归纳起来如表6-1所示。

表 6-1　　独立性要求和审计主体多样化

关系人	独立性要求	审计人类型	外部审计还是内部审计
代理人	审计人需要独立于代理人	审计人不能属于代理人领导的科层组织	所有审计都是外部审计
委托人	审计人需要独立于委托人	审计人不能属于委托人领导的科层组织，而是从外部寻找	审计人来自外部，属于外部审计
	审计人无须独立于委托人	委托人自己建立一个审计机构	审计人是委托人领导的科层组织，对于委托人来说，属于内部审计（对代理人则不一定）
	审计人无须独立于委托人	虽然无须独立于委托人，但是，委托人选择从外部寻找审计机构	审计人来自外部，属于外部审计
委托人和代理人	委托人和代理人属于同一科层组织	从外部寻找审计机构	外部审计
	委托人和代理人属于同一科层组织	委托人自己建立审计机构	内部审计
	委托人和代理人不属于同一科层组织	从外部寻找审计机构	外部审计
	委托人和代理人不属于同一科层组织	委托人自己建立审计机构	对于委托人是内部审计，对于代理人是外部审计

二、审计主题与审计独立性

上述审计主体的独立性要求，还会因为不同的审计主题而出现差异。审计主题就是审计人员所要发表审计意见的直接对象，审计过程就是围绕审计主题收集证据并发表审计意见的系统过程。一般来说，审计主题区分为信息、行为和制度三大类。审计主题影响审计主体独立性的路径如图6-2所示。

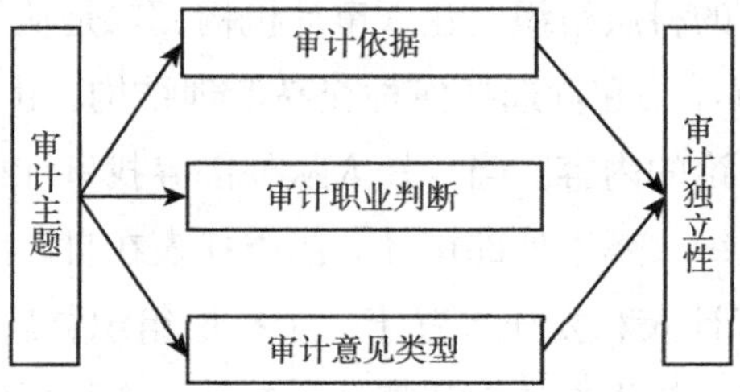

图6-2 审计主题与审计独立性

（一）审计主题、审计依据和审计独立性

审计依据是审计中的既定标准，也就是审计人对信息或行为进行鉴证的尺度或标准。信息审计和行为审计在审计依据方面存在较大的区别。

从信息审计来说，审计依据是信息应该如何收集、加工和报告的规定，是关于信息如何生产的具体规定。一般来说，信息生产的具体规则可以很清晰，并且特定审计客体在一定时期遵守的特定信息生产规则具有唯一性，所以，信息审计依据的确定并不困难。

从行为审计来说，审计依据是判断代理人行为是否适宜的既定标准，是关于审计客体应该如何行为的具体规定。对于某些行为审计来说，可能存在明确的审计依据，然而，对于许多特定行为来说，什么是“既定标准”可能难以达成共识。

从制度审计来说，一方面要判断制度设计是否存在缺陷，在某些情形下，关于缺陷的判断标准具有较大的主观成分；另一方面，要判断制度执行的有效性，此时的既定标准就是已经设计出来的制度，主要成分较少。

当审计依据清晰时，审计主体不需要与审计客体商量审计依据，而当审计依据不清晰时，审计人需要与审计客体商量审计依据，此时，选择何种依据可能会受到审计主体的伦理道德之影响，更可能受到审计客体的影响。正是因为如此，审计主体的独立性可能受到影响。所以，审计主题的审计依据清晰程度，会显著影响审计主体的独立性。一般来说，信息审计的独立性强于行为审计和制度设计。

（二）审计主题、审计职业判断和审计独立性

无论何种审计都存在职业判断。但是，信息审计、行为审计和制度审计在职业判断方面存在较大差异。行为审计、制度审计中的职业判断比信息审计更多且更困难。审计职业判断是审计主体能否保持独立性的主要领域。如果不需要职业判断，则审计不独立也难以发生。审计职业判断越多，考量审计独立性的情形也就越多。审计职业判断越多，发生审计不独立的概率也就越高。所以，审计主题需要的审计职业判断，会显著影响审计主体的独立性。一般来说，信息审计的独立性强于行为审计和制度审计。

（三）审计主题、审计意见类型和审计独立性

审计结论是审计人对特定审计主题给出的专业意见。事实上，也就是审计人就特定信息或行为与既定标准之间的符合程度发表的鉴证意见。

由于审计命题、审计程序和审计模式等方面的差异，信息审计、行为审计和制度审计在审计结论方面存在较大的差异。一般来说，由于信息审计和制度审计特别是财务信息审计具有清晰且可穷尽的审计命题，审计程序相对成熟，并且出现了各种有效的审计模式，所以，一般采用合理保证的方式发表审计意见。对于行为审计来说，由于审计命题具有多样性、非穷尽性，同时，行为审计的程序还在发展之中，也未形成有效的行为审计模式，所以，一般采用有限保证的方式发表审计意见。

审计意见类型不同，意味着审计主体承担的责任不同。在合理保证方式下，审计主体承担的法律责任较容易界定，审计主体的责任意识较浓，从而也有激励来保持自己的独立性。在有限保证方式下，审计主体承担的法律责任不容易界定，审计主体的责任意识不强，从而，保持审计独立性的主观动力也不强。

所以，审计主题的审计意见类型，会显著影响审计主体的独立性。一般来说，信息审计和制度审计的独立性强于行为审计。

三、审计交易的治理结构和审计主体构造

本节前面指出，当审计人不需要独立于委托人时，委托人是在自己的科层组织内建立一个审计机构还是按市场规则从外部找一个审计机构来完成审计，也就是说，对于审计交易究竟选择何种交易治理结构，是由审计交易成本决定的。现在，我们用交易成本经济学的理论来具体分析这个问题。

Coase（1937、1960）指出，科层组织和市场都是交易的运行方式，一种交

易是由市场来运行还是由科层组织来运行，是由这两种方式的交易成本所决定的：何种运行方式的交易成本低，就选择何种方式。然而，交易成本是由什么决定的呢？如何能做到交易成本最低呢？Williamson（1981、1984、1991）研究了上述问题。他以人类有限理性和机会主义为前提，分析了交易的不同治理结构对于交易成本的影响，并在此基础上，提出了交易治理结构选择的资产专用性原则、外部性原则和科层分解原则，按这三项原则来选择交易治理结构，就能达到交易成本最低。上述三项原则中，科层分解原则实际上是对科层组织能降低交易成本的解释，不是交易治理结构选择的主要原则。下面，我们根据资产专用性原则和外部性原则来分析审计交易的治理结构之选择。

（一）资产专用性原则与审计交易的治理结构选择

随着资产专用性程度增加，市场运行形式的交易成本增加，所以，资产专用性程度决定着交易是由市场还是由科层组织来运行。当资产没有专用性时，经典的市场合约是有效的；当资产半专用时，混合组织就会出现；当资产专用性程度较高时，科层组织将会取代市场（Williamson，1981、1984、1991）。

审计交易当然存在资产专用性问题。DeAngelo（1981）认为，在审计过程中，审计师所使用的知识包括三类：一是通用知识，即适用所有审计客体的知识；二是行业特定知识，即可适用特定行业所有审计客体的知识；三是客户特定知识，即只适用特定客体的知识。应该说，所有的审计都是针对于特定代理人所领导的科层组织，都有一定的资产专用性，但是，有些审计交易存在于很多委托代理关系之中，资产专用性程度不高；而另外一些审计交易存在于特定的委托代理关系中，资产专用性程度较高。总体来说，可以得出的结论是，当审计交易的资产专用性程度较高时，委托人可能会自己建立审计机构，从而出现委托人意义上的内部审计；当审计交易的资产专用性程度较低时，委托人可能会从市场上寻找能提供这种审计服务的机构，从而出现外部审计；当审计交易的资产专用性程度居中时，委托人可能会寻求混合组织，从而出现长期合同的外部审计。

（二）外部性原则与审计交易的治理结构选择

这里的“外部性”，是指交易一方的非合约行为给对方造成的影响，这种影响可能是正面的，也可能是负面的。随着交易外部性的增加，市场组织形式的效率越低，从而越是可能采用科层组织形式（Williamson，1981、1984、1991）。

审计交易当然存在外部性。例如，审计过程中，审计人可能不按委托人的期望实施审计，并且，审计人的这种行为，一般难以被审计委托人发现；又如，审计过程中，获取了审计客体的一些商业秘密，如果审计人使用这些商业秘密，可能给审计关系的其他方带来不利影响；再如，审计人在审计过程中发现一些可以改进审计客体绩效的机会，如果审计人告诉了审计客体，则可能给审计关系的其他方带来有利影响。但是，审计交易的外部性，最主要体现在审计质量方面。审计人提供的审计产品如果低质量，而委托人及其他利益相关者还难以确认审计质量，这势必给委托人和其他利益相关者带来影响。当然，对于不同的审计交易，其外部性程度不同，有些审计交易无法确定其法律责任，所以，审计质量难以保证，外部性较高；有些审计交易，只能以有限保证方式发表意见，难以衡量审计质量，外部性也较高。所以，总体来说，审计交易存在外部性，不同审计交易的外部性还存在差异。既然如此，根据交易的外部性与交易治理结构之间的关系，有如下结论：当审计交易的外部性较高时，委托人可能会建立自己的审计机构，从而出现委托人意义上的内部审计；当审计交易的外部性较低时，委托人可能会从市场上寻找能提供这种审计服务的机构；当审计交易的外部性居中时，会出现长期合同的外部审计。

以上所述的审计交易的资产专用性、外部性与审计主体（交易治理结构）之间的关系，归纳起来如表6-2所示。

表 6-2 审计交易的资产专用性、外部性与审计主体

交易特征		科层组织（委托人自己建立审计机构）	长期合同的外部审计机构（混合组织）	市场（从市场上寻找审计机构）
资产专用性程度	高	√		
	中		√	
	低			√
外部性程度	高	√		
	中		√	
	低			√

"√"表示有这种情形

我们前面的分析是分别考虑审计交易的资产专用性和外部性，然而，现实世界中，审计交易的资产专用性和外部性是同时存在的，所以，审计交易的治理结构选择将面临比表6-2归结的情况更为复杂。我们在随后的内容中将综合两种交易特征来分析审计主体构造。

四、审计主题、审计交易特征和审计主体构造

本节前面根据审计交易的资产专用性和外部性，分析了审计主体多样化。然而，审计交易的资产专用性和外部性又是如何形成的呢？我们认为，不同的审计主题具有不同的资产专用性和外部性。

本节前面指出，审计主题区分为信息、行为和制度三大类。信息主题一般以定量的方式出现，包括通用信息和非通用信息。行为主题一般以定性的方式出现，通常以特定的行为作为审计标的，针对审计客体的特定行为是否符合既定标准发表意见。制度主题以制约人的行为的制度作为审计标的，具体又分为两种情形：一是共性制度，即这种制度在不同审计客体之间具有一定的共性，如内部控制制度；二是非共性制度，这种制度在不同审计客体之间的共性较少。不同的审计主题，在形成审计交易时，具有不同的交易特征（资产专用性和外部性）。

下面，我们将资产专用性和外部性结合起来，分析不同审计交易的交易特征。

1.通用信息。按统一规则生产的通用信息，有两种情形：一是需要根据本组织特征来进行职业判断的成分不多，此时，审计交易的资产专用性程度较低，并且，对于通用信息的审计一般是以有限保证方式发表审计意见，可以明确审计主体的法律责任，从而为审计质量奠定基础，此时，通用信息审计的外部性不高。当资产专用化程度和外部性都不高时，适宜采用市场方式来运行这种审计交易，也就是委托人按市场原则从外部寻找审计机构。二是需要根据本组织特征来进行职业判断的成分较多，此时，审计交易的资产专用性程度居中，同样的原因，其外部性也不高。当资产专用性程度居中，外部性不高时，适宜采用混合方式来运行这种审计交易，委托人按市场原则从外部寻找审计机构，并且要签订长期合同。

2.非通用信息。非通用信息是特定组织所特有的，资产专用性程度较高。同时，非通用信息审计难以制定相关的审计准则，也难以确定审计质量，所以，这种审计交易的质量难以得到保障，外部性较高。正是由于非通用信息的资产专用性和外部性都较高，所以，这种审计交易适宜采用科层组织，委托人要建立自己的审计机构。

3.共性制度。共性制度与通用信息的交易特征较为相似，资产专用性具有居中和较低两种情形，外部性较低。所以，适宜采用市场或混合组织来运行这种审计交易。

4.非共性制度。非共性制度与非通用信息的交易特征较为相似，资产专用

性和外部性都较高，所以，这种审计交易适宜采用科层组织，委托人要建立自己的审计机构。

5.特定行为。特定行为是最典型的行为主题：一方面，由于是特定行为，所以，针对这种行为的审计就具有较高的资产专用性；另一方面，对于特定行为的审计，难以确定相关的审计准则，同时，由于其审计命题的不可穷尽，难以采用合理保证的方式发表审计意见，所以，难以确定审计人的法律责任，因为这些原因，特定行为的审计质量难以保障，这种审计交易的外部性较高。正是由于特定行为审计交易的资产专用性和外部性都较高，所以，这种审计交易适宜采用科层组织，委托人要建立自己的审计机构。

以上所述的审计主题、审计交易特征和审计主体构造之间的关系，归纳起来，如表6–3所示。

表 6–3 审计主题、审计交易特征和审计主体构造

审计主题		资产专用性			外部性			审计主体
		高	中	低	高	中	低	
信息主题	通用信息		√	√			√	市场或混合组织（普通意义上的外部审计）
	非通用信息	√			√			科层（委托人意义上的内部审计）
制度主题	共性制度		√	√			√	市场或混合组织（普通意义上的外部审计）
	非共性制度	√			√			科层（委托人意义上的内部审计）
行为主题	特定行为	√			√			科层（委托人意义上的内部审计）

"√"表示有这种情形

五、现实生活中的审计主体多样化的理论解释

本节上述内容以交易成本理论为基础，结合审计独立性和审计主题，提出一个审计主体多样化的理论框架。下面，我们用这个理论框架来解释现实世界的审计主体多样化。由于篇幅所限，我们这里关注两个问题，第一，为什么有外部审计和内部审计之分？第二，外部审计又为什么区分为政府审计和民间审计？

（一）为什么有外部审计和内部审计之分

本节前面的理论框架指出，对于代理人来说，由于独立性的要求，所有的审计都应该独立于代理人所领导的科层组织，都是外部审计。但是，委托人是否要建立自己的审计机构，也就是说，委托人是采用科层还是市场方式来运行审计交易，是基于其交易成本考虑。如果委托人建立审计机构的交易成本低

于其从市场上寻找审计机构的交易成本，则会建立自己的审计机构，此时，如果委托人和代理人还属于同一科层组织，则委托人、代理人和审计人就属于同一科层组织，普通意义上的内部审计出现了。如果委托人建立审计机构的交易成本高于其从市场上寻找审计机构的交易成本，委托人就不会建立自己的审计机构，普通意义上的外部审计就出现了。

由于在现实世界中，任何一个组织的委托代理关系都是多层级的，也就是说，都是一个委托代理链，不同层级的委托人，会有不同的审计需求，从而产生不同的审计交易。基于对这些审计交易的不同特征之考虑，对于审计交易的运行方式可能会出现不同的选择，从而使得审计主体更加多样化。例如，对于公司组织来说，外部投资者作为委托人，关注的审计主题是通用财务报表审计和共性内部控制审计，这两种审计交易具有资产专用性不高和外部性不强这些特征，基于交易成本考虑，外部投资者没有建立自己的审计机构，而是从外部市场寻找民间审计机构来履行审计活动。公司管理层，从与投资者的关系来说是代理人，但是，从与其下属组织的关系来说，公司管理层则是委托人，他们也可能存在审计需求，他们的需求有非常通用信息、非通用制度和特定行为，而这些审计交易的资产专用性和外部性都较强，所以，公司管理层需要建立自己的审计机构。对于公共组织来说，供资者不仅关注通用财务报表审计和共性内部控制审计，还关注非常通用信息、非通用制度和特定行为，所以，这些审计交易作为一个整体，具有较强的资产专用性和外部性，所以，委托人需要建立自己的审计机构。当然，由于审计交易中存在一些通用信息和共性制度，这些审计交易的资产专用性和外部性都不强，可以业务外包。公共组织的管理层，他们也可能存在审计需求，他们的需求有非常通用信息、非通用制度和特定行为，而这些审计交易的资产专用性和外部性都较强，所以，公共组织的管理层需要建立自己的审计机构。

（二）外部审计为什么区分为政府审计和民间审计

现实世界中的外部审计是指委托人、代理人和审计人不属于同一个科层组织，主要有政府审计和民间审计两种类型。

事实上，政府审计是委托人自己建立的审计机构，专门为委托人服务的，属于采用科层这种治理结构来运行委托人的审计交易；而民间审计则是不属于任何委托人的独立审计机构，委托人雇佣民间审计机构时，是采用市场方式这种治理结构来运行委托人的审计交易的。所以，同样属于外部审计的政府审计和民间审计，对于委托人来说，是完全不同的交易治理结构。但是，对于代理人来说，审计主体都来源于代理人所领导的科层组织之外，都是外部机构。

接下来的问题是，不同的委托人为什么会选择不同的审计交易运行方式呢？政府审计源于公共委托代理关系，作为公共委托代理关系的代理人，使用公共权力、公共资源，生产公共产品，承担的是公共经管责任。为了确保代理人有效地履行其公共经管责任，委托人关注的审计主题较多，不仅关注通用财务报表审计和共性内部控制审计，还关注非常通用信息、非通用制度和特定行为，所有这些审计交易作为一个整体，具有较强的资产专用性和外部性，所以，委托人需要建立自己的审计机构。这种审计机构，对于委托人来说，本质上是内部审计机构，但是，对于代理人来说，是外部审计。民间审计源于委托人的审计需求，但是，与特定的委托代理关系类型没有规律性的关联，它可以为任何类型的委托代理关系中的委托人服务。但是，民间审计由于是市场行为，是审计交易运行的市场化方式，其主要领域是资产专用性和外部性不强的审计交易，而各类委托人的审计需求中，恰恰存在大量的这类审计交易，所以，民间审计得以产生和发展。

第三节 政府审计体制多样化的理论逻辑

目前，世界上已有190多个国家（地区）建立了适合自己的国家审计制度。审计体制是国家审计制度的核心内容，是指国家审计机关的隶属关系。各国审计体制不尽相同，总体来说，大致分为四种类型：审计机关隶属于立法部门，审计机关隶属于司法系列，审计机关隶属于行政系列，审计机关不隶属于任何权力部门。本节按政府审计客观公正性、审计独立性、审计体制、审计权能配置的逻辑顺序，分析政府审计体制多样化的理论逻辑。

一、审计客观公正性、审计独立性、审计体制、审计权能配置之关系：总体框架

审计的价值在于客观公正地围绕特定事项收集证据，以搞清楚特定事项的真实状况，并判断真实状况与既定标准之间的一致程度并进而发表意见（AAA，1972）。这里的关键有两个环节：一是搞清楚“真实状况”；二是判断“一致程度”。如果这两个关键环节出现虚假或偏差，则审计的社会价值就无从发挥。所以，客观公正是审计价值的基础。然而，政府审计怎样才能做到客观公正呢？研究表明，诸多因素可能会影响政府审计的客观公正，然而，审计独立性是决定审计客观公正的基础因素，没有独立性，就没有客观公正（秦荣生，1995）。然而，政府审计独立性又受到许多因素的影响，这些因素中，政

府审计体制是审计独立性的基础，也可以说，政府审计体制就是保障审计独立性的制度安排（杨时展，1982）。当然，政府审计社会价值之发挥，还受到政府审计行为的影响，而政府审计行为则受到其审计权能配置的影响，所以，适宜的审计权能配置，是政府审计发挥其应有之社会价值的另一个条件。而审计权能之配置也与政府审计体制密切相关。所以，总体来说，政府审计体制通过两个路径影响政府审计社会价值：一是通过影响政府审计独立性，影响政府审计客观公正性，进而影响政府审计价值；二是通过影响政府审计权能配置，进而影响政府审计社会价值。上述政府审计体制、审计独立性、审计权能、审计客观公正、审计社会价值之间的关系，归纳起来，如图6-3所示。当然，图6-3是简化的结构，影响政府审计社会价值的因素，除了图6-3中标识的审计客观公正性、审计权能配置之外，还有其他许多的权变因素；影响政府审计客观公正性的因素，除了图6-3中标识的审计独立性之外，也还有其他一些权变因素；影响政府审计独立性的因素，除了图6-3中标识的政府审计体制之外，也还有其他一些权变因素；影响政府审计权能配置的因素，除了图6-3中标识的政府审计体制之外，也还有其他一些权变因素。限于本节的主题和篇幅，我们不深入讨论这些权变因素的影响，主要关注审计客观公正性、审计独立性、审计体制和审计权能配置这些基础性因素之间的关系（图6-3中的实线部分）。

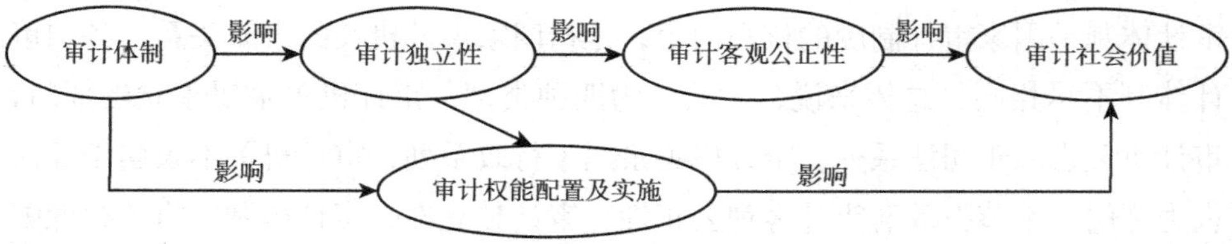

图6-3 政府审计独立性、审计体制和审计权能配置关系

二、政府审计客观公正性

尽管审计有多种功能，但是，就特定事项与既定标准之间的一致性作出判断并发表意见是其所有功能的基础，而审计意见之所以有价值，其基础性的原因是审计意见是可信赖的。这种可信赖有两个条件：一是审计人员具有专业胜任能力；二是审计人员能客观、公正地发表审计意见（Taylor，2003）。正是因为客观、公正如此重要，政府审计、内部审计和民间审计职业组织都将其作为审计职业道德的基本要求。虽然不同的审计准则对客观、公正的表述有差异，但是，其实质内涵并无差异。客观，是指按照事物的本来面目去考察、不添加个人的偏见；公正，是指公平、正直、不偏袒。客观公正原则要求审计人员应该公正处事、实事求是，不得由于偏见、利益冲突或他人的不当影响而损害自己的职业判断；客观公正要求审计人员不偏不倚地作出审计职业判断；客观公正要求审计人员以适当、充分的审计证据支持审计结论，实事求是地作出审计评价和处理审计发现的问题（中国注册会计师协会，2009；中华人民共和国国家审计署，2010；中国内部审计协会，2013；中国注册会计师协会，2011）。

一些学术性文献也强调了审计客观公正性的重要。莫茨、夏拉夫（1990）指出，在审计中，存在着许多经济利害关系，其中的一些经济利害关系是相互抵触的。审计人员的立场很容易受到这类或那类经济利害关系的影响。如果某一方面的经济利害关系者所施加的影响生效，就必然会使审计人员的检查对其他利害关系者失去信誉，所以，审计人员必须保持不偏不倚的公正立场。秦荣生（1995）指出，为了充分发挥审计的作用，需要确保对受托经济责任客观的评价。Taylor（2003）认为，审计价值的基础是可靠性，而支撑实质上和程序上的可靠性的唯一基础就是严格的客观性。韩洪灵、裘宗舜（2006）认为，可靠性是审计价值的基础，最大化审计人员的客观性是获得审计可靠性的必要且充分条件。还有一些文献专门强调政府审计客观性，认为政府审计客观公正象征着审计形象，审计执法人员的立身之本，职业之道，履责之要，是审计机关职业道德建设的核心内容，是审计执法工作的"生命线"（居东春，2005）；审计客观公正性既是工作存在价值的体现，更是贯穿审计工作全过程的原则（欧阳程、俞远、程庆，2012）。

既然审计的客观公正如此重要，那么，怎样才能做到客观公正呢？这涉及一系列的制度安排。然而，最为基础的是搞清楚究竟哪些因素会影响审计的客观公正。有不少文献研究了影响审计客观性的因素。秦荣生（1995）认为，审计独立性和权威性是审计客观公正的保证。张占海（1998）认为，影响政府审计客观公正的主要因素包括：思想性干扰，权能性干扰，关系性干扰，方法性干扰，情感性干扰。Taylor（2003），韩洪灵、裘宗舜（2006）认为，政府客观性取决于正直（诚实和坦率）、专业水准（技术、对客户及其行业的知识）、独立性（以关系为基础）这三个要素。正直能提高客观性，是因为它使审计人员更加关注真实和诚实的报告；专业水准能提高客观性，是因为技术、知识、能力和经验使审计人员能运用其职业谨慎，胜任和精致地完成其职业责任。这三个要素中的每个要素都是最大化客观性的必要而非充分条件，从而也是获得最大化实质上与程序上可靠性的必要而非充分条件。Arens、Elder & Beasley（2012）强调通过提高独立性以确保审计判断的客观性。虽然上述这些研究所确认的审计客观性影响因素有差异，但是，审计独立性会影响审计客观公正性，这是共识。几乎一致地认为，审计独立性是审计客观公正性的基础。

综上所述，关于政府审计客观公正性，我们有如下结论：政府审计客观公正性是其价值的基础，而独立性是审计客观公正性的基础。

三、政府审计独立性

既然审计独立性是审计客观性的基础，那么，什么是审计独立性？如何才能保持审计独立性呢？

由于审计独立性对审计价值的重要地位，审计职业界、理论界对此进行了不懈的探索，取得了丰硕的成果。从学术研究文献来说，莫茨、夏拉夫（1990）认为，独立性包括执业者的独立性和职业的独立性。执业者的独立性是指审计人员在制定审计计划、实施检查业务和编制审计报告过程中保持适当态度的能力，而审计职业独立性则是一种对审计行业的整体印象。李汤·姆认为，独立性是一种精神态度，它不容许本人的观点和结论变得依赖或屈从利害冲突方面的压力或影响。尚德尔认为，独立性是假定审计人员所出的意见、判断或决策不受他个人的感情和物质利益的影响（谢德明，2006）。DeAngelo（1981）认为，独立性水平是在发现违约行为的条件下报告违约行为的条件概率。Magee & Tseng（1990）认为，独立性是审计人员的职业判断与其作出的报告决策的一致性，独立性水平反映了两者之间的一致性程度。Antle（1984）认为，审计人员如果采取所有者最偏好的纳什均衡战略，则审计人员是强独立的；如果采取占优均衡战略，则审计人员是独立的；如果采取合谋战略，则审计人员是不独立的。Arens、Elder & Beasley（2012）认为，独立性是一种精神态度，不允许自己的观点和结论依赖或屈从利害冲突方面的压力或影响，以便在审计测试、测试结果的评价及审计报告的发布中采取无偏的观点。

审计职业组织对审计独立性高度关注。AICPA职业道德委员会前主席Higgins于1962年对审计独立性进行了概括和提升，形成了目前接受程度最广的独立性二分法，即独立性包括实质上的独立和形式的独立。形式上的独立是指审计人必须与被审计单位或个人没有任何特殊的利益关系，可进一步分为组织上的独立性、经济上的独立性与人员上的独立性；实质上的独立性是指一种精神状态、一种自信心以及在判断时不依赖和屈从外界的压力或影响（陈汉文，2009）。ISB（Independence Standard Board）启动了对审计独立性的系统研究，并于2000年形成独立性概念框架（Conceptual Framework），其内容包括独立性定义、独立性目标、独立性相关概念和独立性基本原则四个方面（ISB，2000）。

INTOSAI高度重视政府审计独立性，在《利马宣言》中指出，“最高审计机关必须独立于被审单位之外，并不受外来影响，才能客观有效地完成工作任务”（INTOSAI，1977）。后来，还在《墨西哥宣言》中确定了政府审计独立性的八项原则（INTOSAI，2007），并发布了《最高审计机关独立性应用指南和最佳实务》（INTOSAI，2007）。

尽管学术界和职业界对审计独立性的研究做了许多的努力，但是，关于审计独立性的认识依然存在分歧，独立性问题依然是良策难觅的世纪难题（谢荣，温国山，2009）。尽管如此，大多数观点还是认可审计独立性的实质是审计决策不依赖、不屈从利益相关者的压力或影响。

接下来的问题是，如何才能保持审计独立性呢？一般认为，需要建立行为约束和核心价值约束相统一的实施系统（陈汉文，2009；韩洪灵，裘宗舜，2006）。然而，建立审计独立性实施系统的前提条件是搞清楚影响审计独立性的因素。研究民间审计独立性影响因素的文献可谓汗牛充栋（Johnstone、Sutton & Warfield，2001；胡本源，2010）。一些文献专门关注政府审计独立性影响因素。在职业组织的文献中，INTOSAI（1977）发布的《利马宣言》从机构、经济和人员三个方面强调了审计的独立性，《中华人民共和国审计法》也从上述三方面制定了相应的条款，以保障审计的独立性。INTOSAI（2001）指出，审计独立性的损害因素主要包括：宪法或法定担保独立性的缺失、政治限制、资源缺乏、被审计单位的阻力和其他因素。GAO（2011）颁布的美国公认政府审计准则指出，政府审计独立性的损害因素主要包括：个人损害、外部损害、组织损害。除了职业组织的文献，还有一些学术性文献关注影响政府审计独立性的因素，宋夏云（2007）对政府审计独立性损害因素进行了调查，发现行政干预、审计资源的短缺、被审计单位的阻力、利益诱惑、社会关系的压力、自我复核和非审计服务等是主要影响因素。郑菲（2008）认为，维护地方审计机关独立性最主要的措施就是地方审计管理体制，最可行、有效的方法是对省及以下地方审计机关实行垂直领导，包括人权、财权、事权三方面全部归口国家审计署管理，切断地方审计机关与地方政府和部门的利益联系，强化地方审计机关的独立性。曹芳敏（2008）比较了不同国家审计模式下的审计独立性，认为不同审计模式下的审计独立性不同，行政型审计模式下审计机关的独立性最弱。研究我国政府审计体制的文献，绝大多数都认为，我国的行政型审计体制影响了政府审计独立性（杨时展，1982；杨肃昌，2008）。总体来说，尽管对于影响政府审计独立性的因素还存在一些不同观点，但政府审计体制对政府审计独立性有重要影响，这几乎是共识。

综上所述，关于政府审计独立性，我们有如下结论：政府审计独立性的实质是审计决策不依赖、不屈从利益相关者的压力或影响，而政府审计体制是审计独立性的基础。

四、政府审计体制

既然政府审计体制是审计独立性的基础，那么，什么是政府审计体制？有哪些类型？不同的政府审计体制又如何影响审计独立性呢？如何选择适宜的政府审计体制呢？

虽然关于什么是政府审计体制有不同的观点，但总体来说，基本认同政府审计体制是政府审计组织制度，有广义和狭义之分。广义审计体制是指政府审计机关的总体构成、隶属关系、社会地位、机构设置、上下级关系、职权范围、主要人事安排及经费来源等制度设计；狭义审计体制就是审计机关领导体制，主要是指政府审计机关的隶属关系和政府审计机关内部上下级之间的领导与被领导关系（尹平，2001；马曙光，2006）。本节主要涉及狭义政府审计体制。

就审计机关领导体制而言，究竟有哪些类型？目前，有两种主要划分方法。一种方法是将政府审计体制分为四种模式：立法型审计模式，司法型审计模式，行政型审计模式，独立型审计模式（文硕，1996）。但是，一些文献认为（李金华，2003；刘家义，2004），四种审计体制都具有独立性，只是独立程度不同，将独立型审计模式作为一种单独的类型，难道其他三种类型都不具有独立性？另外一种方法是将政府审计体制分为三种：审计机关对议会负责并向议会报告工作；审计机关属于司法序列，拥有部分司法权，但要向议会报告工作并对议会负责；审计机关属于政府序列，对政府负责并向政府和议会报告工作（刘家义，2004）。

我们认为，上述两种方法都是对政府审计机关与本级政府（广义）机关之关系的划分，并没有考虑政府审计机关的纵向关系。同时，审计机关领导关系是与审计权能属性密切相关的，对审计权能属性的定位不同，领导政府审计机关的机构当然也会不同，所以，必须将审计权能属性和审计机关领导体制联系起来（刘力云，2002；魏昌东，2010）。由于政府审计离不开公共资源委托代理关系，只有将政府审计置于具体的公共资源委托代理关系，才能确定政府审计体制的具体类型。

从某种意义上来说，政府（广义）就是因为公共资源经管责任而产生的，没有公共资源及其相关的经管责任，也就没有政府（广义）。从这个意义出发，公共资源委托代理关系从公众开始，到具体使用公共资源的微观国有单位，涉及许多利益相关者，其大致情况如图6-4所示。

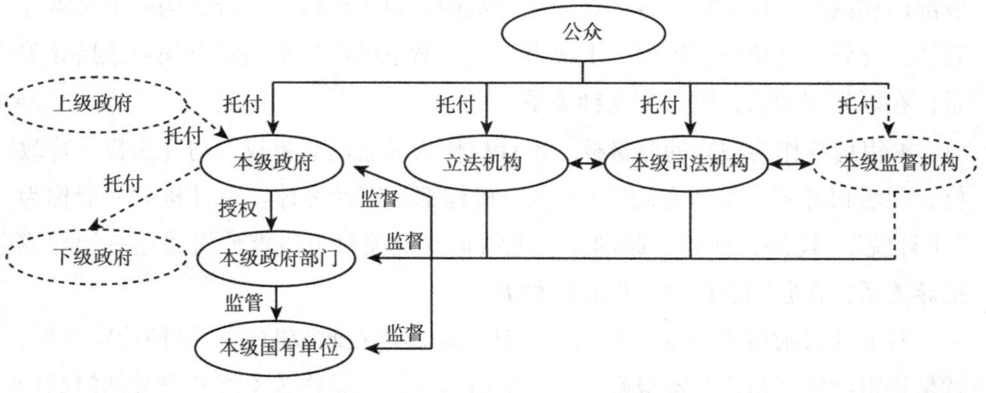

图6-4　公共资源委托代理关系链

图6-4中的实线部分表示大多数国家都存在的公共资源委托代理关系，公众与立法机构、行政机构、司法机构之间形成委托代理关系，这里的行政机构也就是狭义政府；本级政府再形成本级政府部门，委托这些部门管理本级国有单位；立法机构、司法机构对行政机构及下属单位进行监督；政府（广义）构造中，如果监督权与立法权、行政权、司法权并列，则监督机构与立法机构、司法机构、行政机构并列，这只是发生在少数国家或地区，图6-4中用虚线表示；在单一制国家，上级政府对下级政府有领导权，上级政府和下级政府之间也存在委托代理关系，在联邦制国家并不存在这种关系，所以，图6-4中用虚线表示。

那么，在图6-4所示的公共资源委托代理关系链中，政府审计能置于何处呢？这里的关键是选择政府审计委托人，也就是领导政府审计的机构究竟选择何种机构，换句话说，也就是政府审计力究竟是何种权能？根据图6-4所示的公共资源委托代理关系链，政府审计的领导机构有如下选择：

1.审计权附属于立法权。在这种情形下，行政机构、司法机构、监督机构都属于审计客体。此外，在单一制国家，上级审计机关对下级审计机关还有领导或指导关系；在联邦制国家，则没有这种关系。

2.审计权附属于司法权。在这种情形下，审计机关一般称为“审计法院”，而立法机构、行政机构、监督机构都属于审计客体。司法机构是否属于审计客体呢？如果政府审计是自成体系的司法系列，不隶属于其他司法机构，则其他司法机构也是审计客体。审计权附属于司法权的，各国基本上都是这种情形。此外，在单一制国家，上级审计机关对下级审计机关还有领导或指导关系；在联邦制国家，则没有这种关系。

3.审计权附属于行政权。一般来说，行政权对立法权、司法权、监督权只是制衡，并没有监督职能，所以，当审计权附属于行政权，只有政府内部的政府部门和国有单位是审计客体，而立法机构、司法机构、监督机构并不是审计客体。此外，在单一制国家，上级审计机关对下级审计机关还有领导或指导关系；在联邦制国家，则没有这种关系。

4.审计权作为独立的监督权。审计权作为独立的监督权，与立法权、行政权、司法权并列，则所有政府（广义）机构都是审计客体。审计机关一般称为“审计院”。此外，在单一制国家，上级审计机关对下级审计机关还有领导或指导关系；在联邦制国家，没有这种关系。

5.审计权附属于财政行政权。审计权附属于行政权时，有一种特殊情形，就是将审计权不是作为本级政府层级的行政权，而是作为本级政府某部门的行政权，由政府某部门兼有审计职能，通常来说，这个部门会是财政部门，此时，审计权成为财政行政权的一部分。在这种情形下，审计客体主要是国有单位。此外，在单一制国家，上级审计机关对下级审计机关还有领导或指导关系；在联邦制国家，则没有这种关系。

6.本级审计权附属于上级审计权。在这种情形下，政府审计机关实行垂直或统一领导，对于地方审计机关来说，本级政府并不领导本级审计机关。在这种情形下，地方政府（广义）的所有机构都是审计客体。中央政府（广义）哪些机构是审计客体，由中央政府审计属于何种权能而定。这种审计体制只可能发生于单一制国家，联邦制国家没有这种审计体制。

以上根据公共资源委托代理关系链分析的政府审计体制类型及审计委托人和审计客体，归纳起来如表6-4所示。

表 6-4 政府审计体制类型

审计体制类型	上下级关系		审计委托人	审计客体
	存在	不存在		
（1）审计权附属于立法权（立法型审计）	单一制	联邦制	立法机构	行政机构、司法机构、监督机构
（2）审计权附属于司法权（司法型审计）	单一制	联邦制	公众	立法机构、行政机构、监督机构，审计机关之外的其他司法机构
（3）审计权附属于行政权（行政型审计）	单一制	联邦制	本级政府	政府部门，国有单位
（4）审计权作为独立的监督权（独立型审计）	单一制	联邦制	公众	政府（广义）机构
（5）审计权附属于财政行政权（财政型审计）	单一制	联邦制	财政部门	国有单位
（6）本级审计权附属于上级审计权（垂直型审计）	单一制	—	上级审计机关	地方政府（广义）的所有机构都是审计客体，中央政府（广义）哪些机构是审计客体，由中央政府审计属于何种权能而定

前已述及政府审计体制是审计独立性的基础。下面，我们来分析不同审计体制的独立性。根据本节前面的分析，政府审计独立性的实质是审计决策不依赖、不屈从于利益相关者的压力或影响。那么，这里的利益相关者指谁呢？也就是说，谁会给政府审计机关以压力或影响呢？

从现实生活来说，这里的利益相关者既包括政府审计正式制度中的利益相关者，也包括政府审计非正式制度中的利益相关者，但是，政府审计体制作为正式制度，主要是针对政府审计正式制度中的利益相关者，这些利益相关者就是公共资源委托代理关系链的委托人或代理人，也就是审计委托人和审计客体。在表6-4所示的11种审计体制中，无论何种审计体制，都独立于审计客体，所以，从政府审计正式制度来说，审计客体无法给审计机关带来压力或影响。那么，审计委托人是否会给审计机关带来压力或影响呢？一般来说，政府审计机关正是代表委托人对审计客体进行审计，委托人怎么会给审计机关带来压力或影响呢？也就是说，难道委托人不希望审计机关对审计客体进行审计？这种情形，在公共资源委托代理关系链中，完全有可能发生。我们来具体分析。

在公共资源委托代理关系链中，终极委托人是公众，所以，在这种关系链中，除了公众外，其他委托人都是双重身份，既是上一层级委托代理关系的代理人，又是下级委托代理关系的委托人，这种双重身份会影响其行为。为分析起见，我们从公共资源委托代理关系链中截取二个层级（张维迎，1995），得到简化的公共资源委托代理关系如图6-5所示。

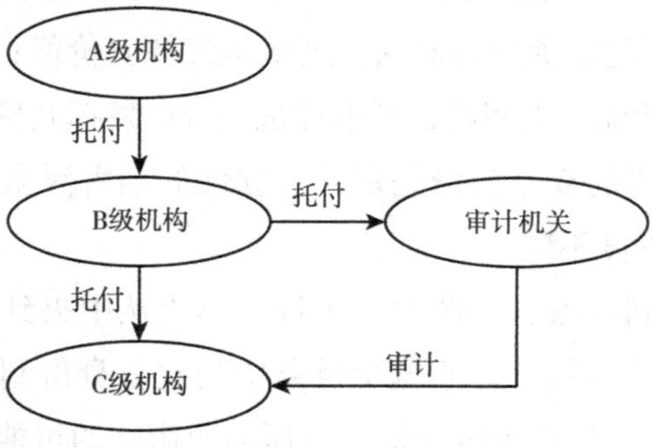

图6-5　简化的公共资源委托代理关系

在这个简化的公共资源委托代理关系中，C级机构是审计客体，B级机构是C级机构的委托人，也是审计机关的委托人，A级机构是B级机构的委托人。在这种审计体制中，审计机关独立于C级机构，在正式制度安排中，C级机构无法给审计机关带来压力或影响。然而，B级机构则可能给审计机关以压力或影响，并且B级机构是审计机关的领导机构，相当于直接上司给审计机关以压力或影响，审计机关必须高度重视这种压力或影响。那么，B级机构为什么会给审计机关以压力或影响呢？审计机关查出的C级机构的缺陷问题（包括代理问题和次优问题，下同）有多种情形，大致如表6-5所示。

表 6-5　C 级机构缺陷问题类型

项目		缺陷问题决策者	
		B级机构	C级机构
违背的既定标准	A级机构的既定标准	第一类缺陷问题	第三类缺陷问题
	B级机构的既定标准	第二类缺陷问题	第四类缺陷问题

在表6-5所示的四种缺陷问题中，第一类和第二类缺陷问题，虽然发生在C级机构，但是，决策者并不是C级机构，而是B级机构，对于审计机关查出的此类缺陷问题，B级机构会给审计机关以压力或影响；对于第三类缺陷问题，虽然决策者是C级机构，但是，并未违背B级机构制定的既定标准，而违背的是A级机构的既定标准，如果C级机构的这种违背并未给B级机构带来不利后果，甚至带来有利后果，则B级机构可能会给审计机关以压力或影响；对于第四类缺陷问题，C级机构违背了B级机构制定的既定标准，一般来说，B级机构会鼓励审计机关查处。严格说来，即使在这种情形下，如果B级机构是分工负责制，分管C级机构的领导也可能为了自己的绩效而给审计机关以压力或影响。所以，总体来说，在公共资源委托代理关系链中，具有双重身份的利益相关者由于其本身具有机会主义倾向，可能会给作为其下属的审计机关以压力或影响，从而影响政府审计独立性①。上述分析显示，如果由政府审计来应对的问题主要是第四类问题，则审计机关能有效地发挥其价值；如果需要政府审计来应对的问题还包括前三类问题，则审计机关难以发挥其价值。

虽然利益相关者的双重身份是审计独立性的损害因素，但是在不同的审计体制下，其损害程度不同。

首先，在单一制国家，强调中央集权，形成从中央到基层统一、完整的公共资源委托代理关系链，处于这个链条中的双重身份利益相关者较多，从而，本级政府（广义）给本级审计机关以压力或影响的可能性较大，所以，审计体制设计中需要强调上级审计机关对下级审计机关的领导。与此相反，在联邦制国家，各级政府本身形成相对独立的公共资源委托代理关系链，一般没有

① 具有双重身份的利益相关者为什么会具有机会主义倾向，这是一个值得深入研究的课题，已经有不少的相关研究，例如，汪伟全．地方政府竞争中的机会主义行为之研究——基于博弈分析的视角．经济体制改革，2007（3）：141-145；蒲丹琳，王善平．官员晋升激励、经济责任审计与地方政府投融资平台债务．会计研究，2014（5）：88-95。由于篇幅及研究主题所限，本节不涉及这个问题。

全国统一、完整的公共资源委托代理关系链，所以，处于这个链条中的双重身份利益相关者较少，本级政府（广义）给本级审计机关以压力或影响的可能性较小，所以，审计体制设计中并不需要强调上级审计机关对下级审计机关的领导。

其次，在本级政府的各种权能中，审计权属性不同，给本级审计机关以压力或影响的可能性也不同。一般来说，由于行政权主要涉及公共资源经管责任中的执行，与审计客体的关联较为密切，审计客体的许多决策可能是由其上级行政机构做出的，作为上级的行政机构对作为下级的审计客体的绩效会有较强的考虑，所以，给本级审计机关以压力或影响的可能性较大；立法权、司法权、监督权并不涉及公共资源经管责任中的执行，与审计客体的关联并不密切，一般不会为审计客体的绩效，所以，给本级审计机关以压力或影响的可能性较小。也正是因为如此，世界上大多数国家选择审计权能属性时，都选择了立法权、司法权、监督权，而选择行政权的很少。

以上分析了政府审计体制的概念、类型、独立性。与政府审计体制相关的最后一个问题是，如何选择政府审计体制？根据本节前面的分析，我们知道，不同的审计体制有不同的审计独立性，并且具有不同的审计客体，而审计客体不同是由审计权能属性决定的。我们认为，选择政府审计体制，首先要考虑的因素是政府审计权能属性，事实上，也就是要考虑究竟是哪些机构或单位要纳入政府审计范围？这当然是由一国的政治、经济、法律、文化、历史等多种因素决定的，本节不深入讨论。在此基础上，再考虑不同审计体制下的独立性损害因素，选择在当时环境下对独立性损害最小的审计体制。

综上所述，关于政府审计体制，我们有如下结论：在公共资源委托代理关系链中，具有双重身份的利益相关者，由于其本身具有机会主义倾向，可能会给作为其下属的审计机关以压力或影响，从而影响政府审计独立性；单一制国家，审计体制设计中需要强调上级审计机关对下级审计机关的领导，联邦制国家并没有这种需求；相对于立法权、司法权、监督权来说，行政权给本级审计机关以压力或影响的可能性较大。

五、政府审计权能配置及实施

政府审计体制通过两个路径影响政府审计价值（图6-5），本节前面已经按审计客观公正性、审计独立性、审计体制的逻辑分析了第一个路径，另外一个路径是政府审计体制通过审计权能配置来影响政府审计价值。

关于政府审计权能的相关问题较多，本节关注其中的两个问题：一是审计权能与其他国家权能的关系；二是审计权能与审计体制的关系。

关于审计权能与其他国家权能的关系，事实上是政府审计权能的属性定位。目前，有两类观点，一种观点认为，政府审计权是与立法权、行政权、司法权处于同一位阶的国家基本权力（魏昌东，2010）；政府审计权不仅具有独立性、主动性和监督性等鲜明的表象特征，还具有实施监督事项的本源性、监督对象的广泛性等内在特征，这些特征使得其从性质上无法归属于传统的立法权、行政权与司法权，从这个意义上说，政府审计权在性质上当属传统“三权”之外的新型国家权力形态（胡贵安，2010）；政府审计是以权力制约权力，不能将政府审计权力依附于某种公共权力或者派生于某种公共权力范围之内，否则就达不到制衡的效果，更不符合宪政的分权与制衡价值理念。因此，政府审计权力应该作为“三权”之外的一种权力单独存在，即实现所谓的“四权”（李向辉、张庆龙，2013）。然而，也有一种观点认为，在有些国家，政府审计权独立于立法权、司法权和行政权，在另一些国家又与立法权、司法权和行政权之一相结合。出现这种现象的重要原因在于国家审计权的独立性和先导性特征。从独立性来说，政府审计权可能独立于立法权、司法权和行政权；而从先导性来说，审计权的存在是为实现人民主权而在经济信息方面的知情权，立法权、司法权、行政权的运行都需要解决信息不对称问题，而政府审计由于其专业性正好解决了这个问题（胡智强，2009）。

很显然，政府审计权能与立法权、行政权、司法权的关系不同，政府审计体制也不同。如果认为政府审计权能是依附于立法权、行政权、司法权之一，则会出现立法型审计体制、行政型审计体制、司法型审计体制；如果认为政府审计权能要独立于立法权、行政权、司法权，则会出现独立型审计体制，这里的独立是指独立于其他各种权能。

那么，不同审计体制下，政府审计具体会有些什么权能呢？关于政府审计权能的内容，有不同的认识。例如，有人认为，政府审计权力可以分为六种：审计立项权，审计调查取证权，审计处理处罚权，审计反馈建议权，审计经费资金支配权，重大事项决定权（钟淮山、黄繁勋，2002）；我国审计机关享有要求报送资料权、检查权、查询存款权、调查取证权、行政强制措施权、提请协助权、处理处罚权、通报或者公布审计结果权、建议权等九项权力（彭华彰、刘誉泽，2010）；审计检查权和审计处理权是审计机关的基本权力（广东省审计厅，2005）；政府审计权包括：审计计划权，审计知情权，审计检查权，审计裁量权，移交处理权，审计公开权（尚显强，2014）。但是，总体来说，大家认同，政府审计的基本权力是审计调查取证权和审计处理处罚权。

本节前文已经指出，政府审计权能属性会决定审计体制。现在，我们还认为，审计权能性还决定其权能内容。一般来说，在国家公权力中，处理处罚权是国家重器，其配置是非常慎重的，主要存在于行政权、司法权之中，所以，既有行政性处理处罚，也有司法性处理处罚，而立法权一般不包括处理处罚权。在审计的两种基本权能中，所有审计体制都有调查取证权，若没有这个权力，政府审计就没有基础。但是，对于审计处理处罚权，在审计权能依附于行政权、司法权之一时，一般有处理处罚权；如果审计权能依附于立法权，则一般不会有审计处理处罚权；如果审计权能是独立的监督权，则也许有处理处罚权，也许没有处理处罚权，因为监督权是否包括处理处罚权有不同的配置方式，并且是各有利弊。所以，不同审计体制下的政府审计基本权能配置如表6-6所示。

表 6-6　审计体制与审计基本权能配置

审计体制	审计基本权能	
	调查取证权	处理处罚权
1.审计权附属于立法权（立法型审计）	√	×
2.审计权附属于司法权（司法型审计）	√	√
3.审计权附属于行政权（行政型审计）	√	√
4.审计权作为独立的监督权（独立型审计）	√	√或 ×
5.审计权附属于财政行政权（财政型审计）	√	√
6.本级审计权附属于上级审计权（垂直型审计）	√	视最高审计机关的权能属性而定
"√"表示有这种审计权能，"×"表示没有这种审计权能		

最后需要强调的是，政府审计权能配置是制度设计，配置的权能能否真正得到实施还受到许多因素的影响，其中，审计独立性是基础性的因素，缺乏独立性，即使配置了审计权能，这些权能也可能得不到实施，这些审计权能也就不能真正发挥作用，从而影响政府审计的社会价值。

综上所述，关于政府审计权能，有如下结论：政府审计权能与立法权、行政权、司法权的关系，既可以是独立的权能，也可以是依附于它们之一。审计权能定位不同，政府审计体制也不同。不同审计体制下，政府审计基本权能配置不同。审计独立性影响审计权能的实施。

第四节　中国共产党领导审计工作的理论逻辑

世界各国的审计体制有多种类型，一般认为，从领导审计工作的机构来说，有的文献表述为立法型、司法型、行政型和独立型（文硕，1996；李笑雪、郑石桥，2015），有的文献表述为审计机关隶属于立法部门、审计机关隶属于司法系列、审计机关隶属于行政系列、审计机关不隶属于任何权力部门这四种类型（刘家义，2004）。不同的审计体制下，领导审计工作的机构不同，但是，到目前为此，并不存在由某个政党来领导审计工作的体制。2018年3月，党的十九届三中全会通过的《深化党和国家机构改革方案》，决定要设立中央审计委员会，本节介绍《深化党和国家机构改革方案》对中央审计委员会的规定，在此基础上，分析党领导审计工作的理论逻辑。

一、《深化党和国家机构改革方案》关于中央审计委员会的规定

2018年3月，党的十九届三中全会通过的《深化党和国家机构改革方案》，决定要设立中央审计委员会，相关规定如表6-7所示。

表 6-7 《深化党和国家机构改革方案》中关于中央审计委员会的规定

一、深化党中央机构改革 …… （三）组建中央审计委员会。为加强党中央对审计工作的领导，构建集中统一、全面覆盖、权威高效的审计监督体系，更好发挥审计监督作用，组建中央审计委员会，作为党中央决策议事协调机构。 主要职责是，研究提出并组织实施在审计领域坚持党的领导、加强党的建设方针政策，审议审计监督重大政策和改革方案，审议年度中央预算执行和其他财政支出情况审计报告，审议决策审计监督其他重大事项等。 中央审计委员会办公室设在审计署。 ……

中央审计委员会设立之后，凡是设立审计机关的地方各级党委都设立了审计委员会，比较中央审计委员会的方式来领导当地的审计工作。从此，开始了党对审计工作的全面领导。

二、党领导审计工作的理论逻辑

党领导审计工作的理论逻辑是什么呢？我们从必然性和可行性两个方面来分析。

（一）党领导审计工作的必然性

党的十九大报告明确提出，要“坚持和加强党的全面领导”，“党政军民学，东西南北中，党是领导一切的”，“中国共产党领导是中国特色社会主义最本质的特征”，坚持和加强党的全面领导是基于以下原因：首先，中国共产党是“使命型政党”而不“选举型政党”，“以党建国”是中国共产党使命型政党的鲜明特质，要实现中国共产党的使命，必须“坚持和加强党的全面领导”（王敏，冯秋婷，2018）；其次，“无产阶级是最先进、最革命、最具有组

织性和纪律性”，无产阶级要完成其历史使命，必须取得领导地位，而中国共产党是无产阶级政党，当然要居于领导地位才能领导无产阶级完成其历史使命（周泳，1987）；最后，历史已经证明，只有中国共产党的领导，才能取得中国革命的成功，新中国的历史已经证明，中国共产党能够领导中国人民取得国家建设的成功，改革开放的历史已经证明，中国共产党能够领导中国人民取得改革开放的巨大成就，党的十八大以来的成就证明，中国共产党能够领导中国人民完成中华民族伟大复兴的中国梦（祝灵君，2017；张灿、王进芬，2018；徐晨光、王小萍，2018）。

在中国特色社会主义制度下，“坚持和加强党的全面领导”要求坚持党对一切工作的领导，“坚持和加强党的全面领导”就是“要强化关键领域党的领导”“要突出关键环节党的领导”（黎民，2018）。国家审计作为党和国家监督体系的重要组成部分，是国家治理的基石和保障（刘家义，2015；王家新、郑石桥、尹平，2015），当然属于关键领域和关键环节，需要“坚持和加强党的全面领导”，为此，需要在党的领导下，“努力构建集中统一、全面覆盖、权威高效的审计监督体系，更好发挥审计在党和国家监督体系中的重要作用”。为此，党的十八大提出，“健全质询、问责、经济责任审计、引咎辞职、罢免等制度”；党的十八届三中全会提出，“加强行政监察和审计监督”；十八届四中全会提出，“完善审计制度，保障依法独立行使审计监督权”，“对公共资金、国有资产、国有资源和领导干部经济责任审计实行审计全覆盖”；党的十八届五中全会提出，“建立由空间规划、用途管理、领导干部自然资源资产离任审计、差异化绩效考核等构成的空间治理体系”；党的十八届六中全会提出，各级党委应当支持和保证“审计机关依法进行审计监督”；党的十九大提出，“改革审计管理体制”；党的十九届三中全会提出，“组建中央审计委员会”，“优化审计署职责”。

基于以上分析，可以得出这样的结论：在中国特色社会主义制度下，党领导审计工作具有必然性，是新时代中国特色社会主义的必然要求。

（二）党领导审计工作的合理性

以上基于党建理论，分析了党领导审计工作的必然性。下面，我们以审计理论和党建理论为基础，来分析党领导审计工作的合理性。

根据经典审计理论，公共资源属于公众所有，公众作为所有者不可能亲自来行使其所有权，必须确定所有者代表，所有者代表从公众利益出发，将公共资源交付各公共部门并要求这些公共部门履行公共职责，因此，就形成了基于公共资源的委托代理关系。由于公共资源所有者代表要基于公众利益将公共资源交付各公共部门并要求这些公共部门履行特定的公共职责，以服务于公众，因此，也称其为委托人，而公共资源使用者使用公共资源并承担履行公共职责的任务，所以，也称其为代理人，其使用公共资源并完成公共职责的任务称为公共责任。由于激励不相容、信息不对称、合约不完备和环境不确定性等，代理人有可能不能有效地履行其公共责任，从而出现一些负面问题（包括代理问题和次优问题），为了应对代理人的负面问题，委托人会推动建立实施一整套的治理机制，国家审计是这套治理机制的重要成员之一（张文秀、郑石桥，2012；蔡春、朱荣、蔡利，2012；郑石桥、杨婧，2013）。

一般来说，对公共部门进行审计的国家审计机关要向公共资源委托代理关系中的委托人负责并报告工作，不同国家的审计体制，其主要区别在于公共资源委托代理关系中的委托人不同，在立法型审计体制下，审计机关隶属于立法机构，审计机关向立法机构负责并报告工作，在这种审计体制下，事实上是立法机构作为公共委托代理关系中的委托人；在行政型审计体制下，审计机关隶属于行政机构，审计机关向行政机构负责并报告工作，在这种审计体制下，事实上是行政机构作为公共委托代理关系中的委托人；在司法型审计体制下，审计机关属于司法系列，并无直接的上级机构，而是直接向法律负责，事实上是审计机关直接向公众负责，公众直接作为公共资源委托代理关系中的委托人，并没有通过公共资源所有者代表来充当公共资源委托人；独立型审计体制下，审计机关不属于任何系列，本身是独立的一个系列，事实上也是审计机关直接向公众负责，在这种体制下，公共委托代理关系中的委托人与司法型审计体制类似（审计署审计科研所，2013）。

党领导审计工作是一种新型的审计体制，在世界范围内都是审计体制的创新。党领导审计工作，事实上是党作为公共资源委托代理关系中的委托人，也就是党成为公共资源所有者的代表，在这种情形下，审计机关当然要向党负责并报告工作。那么，问题的关键是，党能否作为公共资源委托代理关系中的委托人呢？或者说，党能否作为公共资源所有者的代表呢？根据现行宪法，我国的党和国家机关包括党委、权力机关、行政机关、监察机关、审判机关、检察机关，在上述六种机构中，监察机关、审判机关、检察机关都是监督机构，显然不宜代表公众作为公共资源的委托人，可能的机构是党委、权力机关、行政机关。一般来说，权力机关、行政机关为了履行各自的职责，需要具有掌控公共资源的权力，所以，权力机关和行政机关都可以成为公共资源的委托人，当然，由于各自的职责不同，其代理人的范围也不同，对公共资源掌控的权力也不同。在新时代中国特色社会主义环境下，要“坚持和加强党的全面领导”，“党政军民学，东西南北中，党是领导一切的”，所以，权力机关和行政机关要在党的领导下工作，要向党报告工作，其中，公共资源的配置和使用也是需要向党负责并报告的重要事项，或者说，“坚持和加强党的全面领导”也包括对公共资源的配置和使用这种重要事项的领导，从终极意义来说，党已经成为权力机关和行政机关的委托人，已经成为代表公众的公共资源的委托人。根据上述分析，新时代中国特色社会主义环境下，公共资源的委托代理关系如图6-6所示。

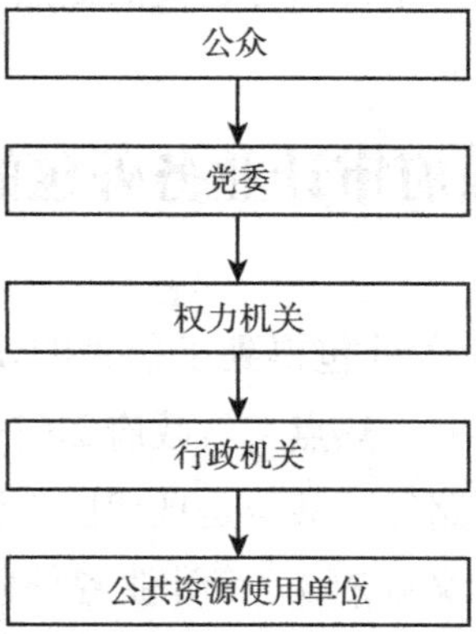

图6-6　公共资源委托代理关系

图6-6显示，公共资源的委托代理关系是一个链条，国家审计机关可以置于不同层级，而正是这种层级的选择不同，其实质是对公共资源委托人的选择不同；正是这种委托人的选择不同，审计体制也就不同。根据图6-6所示的公共资源委托代理链，审计体制有四种可能的情形，情形A是选择独立型审计体制，审计机关直接将公众这种公共资源的终极所有者作为委托人，审计机关没有上级机构，直接向法律负责；情形B是党领导型审计体制，党作为公共资源的委托人，审计机关向党负责并报告工作；情形C是立法型审计体制，权力机关作为公共资源的委托人，审计机关向权力机关负责并报告工作；情形D是行政型审计体制，行政机关作为公共资源的委托人，审计机关向行政机关负责并报告工作。

上述四种可能的审计体制，其实质是选择了不同层级的公共资源的委托人，独立型审计体制将审计工作置于一个独立的系列，这显然不符合中国国情。而党领导型审计体制、立法型审计体制和行政型审计体制，从审计范围广泛性、审计独立性和审计权威性来说，党领导型审计体制更加具有优势。从审计范围来说，在党领导型审计体制下，权力机关和行政机关都可以纳入审计范围，党委系列的各下属单位也可以纳入审计范围；立法型审计体制下，不宜将党委系列纳入审计范围，行政型审计体制下也不宜将党委系列和权力机关纳入审计范围。从独立性和权威性来说，党委要领导权力机关和行政机关，所以，相对于权力机关和行政机关领导审计工作，由党委来领导审计工作当然更加具有独立性和权威性。

基于以上分析，可以得出这样的结论：在新时代中国特色社会主义环境下，党领导审计工作实质上是将党作为公共资源的委托人，党领导型审计体制的审计范围更广泛，审计工作更加具有独立性和权威性，所以，党领导审计工作具有合理性，这是基于国家审计固有逻辑的必然要求。

第五节　政府审计业务外包的理论逻辑

在过去的几十年里，业务外包得到了很大的发展，外包已成为当前企业界、政府界与理论界关心的一个热点。就政府部门来说，业务外包已经成为提高公共服务效率效果的重要路径，甚至是现代国家治理的标志之一。政府审计机关是重要的政府部门（广义政府），审计业务外包在不少国家也已经成为常态，如何利用审计业务外包来提高政府审计效率效果已经成为重要的议程（贾云洁，2014）。政府审计业务外包涉及理论和操作两个层面的问题。从理论层面来说，有两个基本问题：一是审计业务为什么要外包——外包动因；二是什么审计业务可以外包——外包业务类型。操作层面是以上述二个基本问题为基础，设计和执行操作制度，主要包括：政府审计业务外包模式、外包步骤、外包付费方式、外包绩效评价、外包质量控制、外包风险控制等。本节关注理论层面的问题，通过对政府审计业务外包两个基本问题的解析，构建政府审计业务外包的理论框架。

一、审计业务为什么要外包——外包驱动因素

关于业务外包的动因，有经济学、管理学、政治学、社会学等不同视角的理论观点，就经济学来说，也有交易成本理论、委托代理理论、不完全契约理论等不同视角的理论观点（吴国新，高长春，2008）；就管理学来说，也有供应链管理理论、资源基础理论、核心能力理论等不同视角的理论观点（吴国新、高长春，2008）。在上述多种观点中，交易成本理论和核心能力理论是主流观点。

交易成本理论认为，业务外包是降低交易成本的手段。当交易活动的市场成本大于内部交易成本时，则该项活动应全部或部分地在组织内部进行，否则就应在组织外部进行（Williamson，1975）。核心能力理论认为，核心能力是

指能使组织长期或持续保持某种竞争优势的能力，属于组织核心能力的活动要加以严格控制和保护，原则上不能进行外包，而其他不重要的活动则应该外包出去，以使组织将更多精力集中在核心能力的培育和保护上（Prahalad、Hamel，1990）。

上述两种观点事实上是异曲同工的（Arnold，2000），对于任何一个组织来说，具有核心能力的活动，其成本会低于市场成本，而不具有核心能力的活动，其成本会高于市场成本。所以，降低成本是核心能力发挥作用的结果，而具有核心能力是成本得以降低的原因。所以，将不具有核心能力的活动外包，让具有核心能力的组织来从事该项活动，从而，该项活动的成本就会降低。一般来说，政府业务外包的背景是新公共管理运动，而降低成本、提高效率是新公共管理运动的重要主旨，所以，通过业务外包，将市场机制引入政府服务，也就是让具有核心能力的组织来提供其擅长的服务，该项服务的效率会提高，而成本会降低。所以，研究表明，虽然人们似乎也在逐渐意识到为获取竞争优势而需要将外包看作一种战略措施，但实际上人们主要还是将外包看作是一种节省成本的手段，降低成本是实施外包的最主要驱动因素（Arnold，2000）。

既然如此，这里的交易成本是什么呢？Vining & Globerman（1999）认为，组织活动在自制与外包两种选择中存在三种成本：生产成本、谈判成本和机会主义成本，外包的选择依据就是这三种成本之和最小。所以，这里的交易成本应该是生产成本、谈判成本和机会主义成本之和。

下面，我们分析政府审计业务自制和外包情形下的上述三种成本。生产成本是审计业务的直接成本，在自制情形下，生产成本是从审计项目选择到审计报告完成的全部成本，也包括直接相关的管理成本；在外包的情形下，生产成本是支付给承包商的价款。一般来说，自制成本要高于外购价格，其原因是，如果自制成本低于外购价格，则外购就没有价值。为什么外购价格会低于自制成本呢？可能的原因有三个方面，第一，规模经济效应。就某项审计业务来说，对于特定的政府审计机关可能数量并不是很大，但是，对于承包商来说，可能专业从事该项审计业务，接受众多客户的委托来提供该项审计服务，所以，规模较大，达到规模经济的要求，固定成本得到分担、专业化水平得以提高，从而规模经济效应得到产生。第二，范围经济效应。一般来说，政府审计业务的承包商会是某方面审计业务的专业化经营机构，不会从事很多类型的审计业务，而是在特定的一些审计业务上具有较高的专业化水平，也就是说，承包商的业务范围较少，实行专业化经营，从而达到范围经济的要求，具有范围经济效应。第三，市场竞争。一般认为，垄断会降低效率，提高成本，而竞争会提高效率，从而降低成本（Reichelstein，1995）。政府审计业务在自制时，类似于垄断，而在外包时，由于有多个可能的承包商存在，存在市场竞争。通过市场竞争，能提高效率，降低成本，从而使得外购价格会低于自制成本。

政府审计业务自制情形下，也存在谈判成本和机会主义成本，但是，大多数的这些成本已经作为自制的生产成本考虑，所以，这里主要从增量成本的角度来考虑外包情形的谈判成本和机会主义成本。

政府审计业务外包的谈判成本包括以下四个方面：一是签约前的成本，主要是承包商的选择、评价及承包合约谈判相关的成本；二是签约后的成本，主要是合约变更或未预期事项的谈判成本；三是监督成本，主要是监督承包商履行合约的相关成本；四是争议处理成本，当政府审计机关与承包商出现争议时，双方需要谈判甚至发生法律诉讼，从而生产相关成本。谈判成本产生于政府审计机关和承包商的自利，由于自利，各自都希望维护自己的利益，也正是这种自利，增加了谈判的难度，从而增加了谈判成本。

政府审计业务外包的机会主义成本是由于承包商的机会主义行为给政府审计机关及利益相关者带来的损失：一是源于承包商偏离合约，从而给政府审计机关及利益相关者带来损失；二是在合约不完备的情形下，承包商未按最大善意原则行事，而是按自我利益最大化来行事，从而给政府审计机关及利益相关者带来损失。承包商的机会主义行为当然是其自利的表现，但是，这种自利得到实现的条件是信息不对称。也就是说，就特定审计业务而言，由于承包商直接实施审计业务，其掌握的信息质量和数量都优于政府审计机关，承包商正是利用了这种信息不对称来实施其机会主义行为。

以上从政府审计机关的角度分析了谈判成本和机会主义成本，现实生活中，这两类成本是难以严格区分的。正是承包商的机会主义倾向增加了谈判成本和监督成本，所以，在审计业务外包决策中，通常要将这两种成本合并考虑。当然，政府审计机关也存在自利，在合约谈判时，还存在信息优势，所以，承包商也同样会发生谈判成本和机会主义成本，但是，这主要涉及承包商的决策，本节主要是站在政府审计机关的角度。

根据以上分析，政府审计业务外包，一方面会降低生产成本，另一方面会增加谈判成本和机会主义成本。审计业务自制成本=生产成本，审计业务外包成本=外购价格+谈判成本+机会主义成本，所以，政府审计业务外包的条件如下：

审计业务外包成本 < 审计业务自制成本 （6-1）

外购价格+谈判成本+机会主义成本 < 生产成本 （6-2）

生产成本-外购价格 > 谈判成本+机会主义成本 （6-3）

审计业务外包降低的成本 > 审计业务外包增加的成本 （6-4）

式（6-3）和式（6-4）式表明，政府审计业务从自制改为外包，一方面会增加交易成本，表现为“谈判成本+机会主义成本”；另一方面会降低交易成本，表现为“生产成本-外购价格”。只有当降低的交易成本大于增加的交易成本时，政府审计业务外包才会发生。

二、什么审计业务可以外包——外包业务类型

关于什么样的业务可以外包，有几种主流分析模型。Lepak & Snell（1998）根据业务的价值与独特性两个维度将业务划分为四类：外围业务、核心业务、传统业务和独特业务。核心业务、独特业务一般不宜外包，外围业务首先外包。Vining & Globeman（1999）根据业务的资产专用性与生产复杂性两个维度，将业务划分为四类：低专用性低复杂性、低专用性高复杂性、高专用性低复杂性和高专用性高复杂性，上述业务的外包优先性递减。Arnold（2000）将业务划分为四类：企业核心业务、与核心业务密切相关的业务、支持性业务和可抛弃性业务，上述业务的外包优先性递减。

政府审计机关当然有核心业务和非核心业务。一般来说，审计业务属于核心业务，而为审计业务服务的保洁、IT、行政等属于非核心业务。然而，就审计业务本身来说，难以区分为核心审计业务和非核心审计业务。所以，Lepak & Snell（1998）、Arnold（2000）的分析模型不宜作为政府审计业务外包的分析框架。Vining & Globeman（1999）要求区分业务的复杂性，对于政府审计业务来说，可能这也是难以做到的，因此，他们的分析模型不宜采用。从逻辑上来说，既然政府审计业务外包的动因是交易成本驱动的，那么外包的审计业务类型也应该按交易成本这个路径来分析，并且要按交易成本降低幅度来排定审计业务外包优先程度。本节前面已经指出，交易成本是生产成本、谈判成本和机会主义成本之和。那么，什么因素会影响交易成本？不同的审计业务其交易成本又有什么特点呢？

Coase（1937、1960）指出，科层组织和市场都是交易的运行方式。一种交易是由市场来运行还是由科层组织来运行，是由这两种方式的交易成本所决定的：何种运行方式的交易成本低，就选择何种方式。然而，交易成本是由什么决定的呢？如何能做到交易成本最低呢？Williamson（1981、1984、1991）研究了上述问题，他以人类有限理性和机会主义为前提，分析了交易的不同治理结构对于交易成本的影响。在他看来，交易治理结构影响交易成本，而影响交易治理结构的是交易特征，所以，交易特征和交易治理结构的匹配程度决定了交易成本。Williamson提出了交易治理结构选择的资产专用性原则、外部性原则和科层分解原则，按这三项原则来选择交易治理结构，就能达到交易成本最

低。上述三项原则中，科层分解原则实际上是对科层组织能降低交易成本的解释，不是交易治理结构选择的主要原则。所以，资产专用性原则和外部性原则是影响交易治理结构的交易特征。

就政府审计机关来说，审计业务就是审计交易[①]，自制还是外包的选择，其本质就是选择审计交易的治理结构。如果选择外包，就是选择市场治理；如果选择自制，就是选择科层治理，所以，正是审计业务特征与审计业务治理结的匹配决定审计交易成本。前面已经指出，交易特征包括资产专用性和外部性两个维度，审计交易同样存在这些交易特征，不同的交易特征需要匹配不同的交易治理构造。如果匹配正确，则交易成本最低，否则，交易成本会增加。同时，不同的审计交易具有不同的交易特征，从而需要不同的交易治理结构。下面，我们借鉴郑石桥（2015）的分析框架来具体分析。

（一）审计业务特征与交易治理结构（自制或外包）

1.资产专用性原则与审计交易的治理结构选择。随着资产专用性程度增加，市场运行形式的交易成本增加，所以，资产专用性程度决定着交易是由市场还是由科层组织来运行。当资产没有专用性时，经典的市场合约是有效的；当资产半专用时，混合组织就会出现；当资产专用性程度较高时，科层组织将会取代市场（Williamson，1981、1984、1991）。

审计交易当然存在资产专用性问题。DeAngelo（1981）认为，在审计过程中，审计师所使用的知识包括三类：一是通用知识，即适用于所有审计客体的知识；二是行业特定知识，即可适用于特定行业所有审计客体的知识；三是客户特定知识，即只适用于特定客体的知识。应该说，所有的政府审计业务都是针对于特定代理人（公共资源经管责任承担者）所领导的科层组织，都有一定的资产专用性，但是，有些审计交易存在于很多委托代理关系之中，资产专用性程度不高；而另外一些审计交易存在于特定的委托代理关系中，资产专用性程度较高。总体来说，当审计业务的资产专用性程度较高时，政府审计机关应该优先会选择自制；当审计交易的资产专用性程度较低时，政府审计机关应该优先选择外包；当审计交易的资产专用性程度居中时，政府审计机关应该优先选择混合组织。

2.外部性原则与审计交易的治理结构选择。这里的外部性是指交易一方的非合约行为给对方造成的影响，这种影响可能是正面的，也可能是负面的。随着交易外部性的增加，市场组织形式的效率越低，从而越是可能采用科层组织

① 本节视不同情形的习惯在同等意义上使用“审计业务”和“审计交易”。

形式（Williamson，1981、1984、1991）。

审计交易当然存在外部性。例如，审计过程中，审计人可能不按委托人的期望实施审计，并且，审计人的这种行为，一般难以被审计委托人发现；又如，审计过程中，获取了审计客体的一些商业秘密，如果审计人使用这些商业秘密，可能给审计关系的其他方带来不利影响；再如，审计人在审计过程中发现一些可以改进审计客体绩效的机会，如果审计人告诉了审计客体，则可能给审计关系的其他方带来有利影响。但是，审计交易的外部性，最主要体现在审计质量方面，审计人提供的审计产品如果低质量，而委托人及其他利益相关者还难以确认审计质量，这势必给委托人和其他利益相关者带来负面影响。当然，不同的审计交易其外部性程度不同，有些审计交易无法确定其法律责任，所以，审计质量难以保证，外部性较高；有些审计交易，只能以有限保证方式发表意见，难以衡量审计质量，外部性较高。所以，总体来说，审计交易存在外部性，不同审计交易的外部性还存在差异。既然如此，根据交易的外部性与交易治理结构之间的关系，有如下结论：当审计交易的外部性较高时，政府审计机关应该优先会选择自制；当审计交易的外部性较低时，政府审计机关应该优先会选择外包；当审计交易的外部性居中时，政府审计机关应该优先选择混合组织。

以上所述的审计交易的资产专用性、外部性与交易治理结构之间的关系，归纳起来如表6-8所示。

表 6-8　　　审计交易的资产专用性、外部性与交易治理结构

审计交易特征		审计交易治理结构		
		自制	混合组织	外包
资产专用性程度	高	√		
	中		√	
	低			√
外部性程度	高	√		
	中		√	
	低			√

"√"表示有这种情形

（二）审计主题与交易治理结构（自制或外包）

前文根据审计交易的资产专用性和外部性，分析了审计交易治理结构。但是，审计交易的资产专用性和外部性是如何形成的呢？我们认为，不同的审计主题具有不同的资产专用性和外部性。

审计主题就是审计人员要发表审计意见的对象，区分为信息、行为和制度三大类（鸟羽至英，1995；郑石桥、宋夏云，2014；郑石桥，2015）。信息主题一般以定量的方式出现，包括通用信息和非通用信息。行为主题一般以定性的方式出现，是以特定的行为作为审计标的，针对审计客体的特定行为是否符合既定标准发表意见。制度主题关注约束行为及信息的规则和过程，又分为两种情形：一是共性制度，即这种制度在不同审计客体之间具有一定的共性，例如，内部控制制度；二是非共性制度，这种制度在不同审计客体之间的共性较少。不同的审计主题，在形成审计交易时，具有不同的交易特征（资产专用性和外部性）。

下面，我们将资产专用性和外部性结合起来，分析不同审计主题的交易特征。

1.通用信息。按统一规则生产的通用信息有两种情形：一是需要根据特定组织特征来进行职业判断的成分不多。此时，审计交易的资产专用性程度较低，并且，对于通用信息的审计一般是以合理保证的方式发表审计意见，可以明确审计主体的法律责任，从而为审计质量奠定基础。此时，通用信息审计的外部性不高。当资产专用化程度和外部性都不高时，适宜采用市场方式来运行这种审计交易，政府审计机关应该优先会选择外包。二是需要根据特定组织特征来进行职业判断的成分较多。此时，审计交易的资产专用性程度居中，由于同样的原因，其外部性也不高。当资产专用性程度居中，外部性不高时，适宜采用混合方式来运行这种审计交易，政府审计机关应该优先会选择混合组织。

2.非通用信息。非通用信息是特定组织所特有的，资产专用性程度较高。同时，非通用信息审计难以制定相关的审计准则，也难以确定审计质量，所以，这种审计交易的质量难以得到保障，外部性较高。正是由于非通用信息的资产专用性和外部性都较高，所以，这种审计交易适宜采用科层组织，政府审计机关应该优先会选择自制。

3.共性制度。共性制度与通用信息的交易特征较为相似，资产专用性具有居中和较低两种情形，外部性较低。所以，适宜采用市场或混合组织来进行这种审计交易，政府审计机关应该优先会选择外包。

4.非共性制度。非共性制度与非通用信息的交易特征较为相似，资产专用性和外部性都较高，所以，这种审计交易适宜采用科层组织，政府审计机关应该优先会选择自制。

5.特定行为。特定行为是最典型的行为主题，一方面，由于是特定行为，所以，针对这种行为的审计就具有较高的资产专用性；另一方面，对于特定行为的审计，难以确定相关的审计准则，同时，由于其审计命题的不可穷尽，难以采用合理保证的方式发表审计意见，所以，难以确定审计人的法律责任，所以，特定行为的审计质量难以保障，这种审计交易的外部性较高。正是由于特定行为审计交易的资产专用性和外部性都较高，所以，这种审计交易适宜采用科层组织，政府审计机关应该优先会选择自制。

以上所述的审计主题、审计交易特征和交易治理结构之间的关系，归纳起来，如表6-9所示。

表 6-9　审计主题、审计交易特征和交易治理结构

审计主题		资产专用性			外部性			交易治理结构（自制/外包/混合组织）
		高	中	低	高	中	低	
信息主题	通用信息		√	√			√	外包或混合组织
	非通用信息	√			√			自制
制度主题	共性制度		√	√			√	外包或混合组织
	非共性制度	√			√			自制
行为主题	特定行为	√			√			自制

参考文献

[1] 尹平. 现行国家审计体制的利弊权衡与改革抉择 [J]. 审计研究，2001（4）：43-52.

[2] 刘力云. 当前国家审计体制研究中的四个问题 [J]. 审计研究，2002（5）：19-21.

[3] 马曙光. 政治制度、历史传统与中国政府审计体制选择 [J]. 审计与经济研究，2006（11）：9-14.

[4] 沈跃东. 中国行政型审计体制的民主正当性 [J]. 中国石油大学学报（社会科学版），2014（12）：53-57.

[5] 杨时展. 国家审计的本质 [J]. 当代审计，1982（2）. 转载于《会计之友》，2008（2）：43-46.

[6] 秦荣生. 审计客观公正的保证：审计的独立性和权威性要求 [J]. 北京商学院学报，1995（3）：31-34.

[7] 杨肃昌. 中国国家审计体制问题：实证调查与理论辨析 [M]. 中国财政经济出版社，2008.

[8] 文硕. 世界审计史 [M]. 企业管理出版社，1996.

[9] 萧英达. 比较审计学 [M]. 中国财政经济出版社，1991.

[10] 李金华. 加强我国审计监督工作的若干思考 [J]. 中央财经大学学报，2003

（8）：1-6.

［11］刘家义. 世界主要国家审计制度的比较与思考［J］. 中国审计，2004（21）：35-36.

［12］贾云洁. 澳大利亚政府审计外包及其对我国的启示［J］. 审计研究，2014（6）：63-71.

［13］徐向真. 政府审计业务外包相关问题探讨［J］. 审计月刊，2014（7）：15-16.

［14］张小秋. 对国家审计与社会审计、内部审计资源整合的探讨［J］. 陕西审计，2005（5）：15-16.

［15］车嘉丽. 政府审计和社会审计资源整合的研究［J］. 会计之友，2008（6）：48-49.

［16］刘玉波，桑海林. 国家审计与社会审计资源整合应把握的关键环节［J］. 审计月刊，2010（7）：27-28.

［17］Williamson，O.E. The modern corporation：origins，evolution，attributes. Journal of Economics Literate，Vol. 19，No. 4（Dec.，1981），1537-1568.

［18］周勤业，尤家荣，达世华. 审计（上海财经大学会计教材系列丛书）［M］. 上海三联书店，1996.

［19］Coase，R.H. The nature of firm. Economica，Vol. 4，No. 16（Nov.，1937），386-405.

［20］Coase，R.H. The problem of social cost. The Journal of Law & Economics，Vol. 3（Oct.，1960），1-44.

［21］Williamson，O.E. Corporate Governance. The Yale Law Journal，Vol. 93，No. 7（Jan.，1984），1197-1230.

［22］Williamson，O.E. Comparative economic organization：the analysis of discrete structural alternatives. Administrative Science Quarterly，36（1991）：269-296.

［23］DeAngelo，L. Auditor Independence，Lowballing，and Disclosure Regulation［J］. Journal of Accounting & Economics，August：113-127，1981.

［24］AAA（American Accounting Association），A Statement of Basic Auditing Concepts［S］. 1972.

［25］Taylor，M.H.，A Proposed Framework Emphasizing Auditor Reliability Over Auditor Independence［J］. Accounting Horizons，September，2003.

［26］中国注册会计师协会. 中国注册会计师职业道德守则第1号——职业道德基本原则［S］. 2009.

［27］中华人民共和国国家审计署. 中华人民共和国国家审计准则［S］，2010.

［28］中国内部审计协会．第1201号——内部审计人员职业道德规范［S］，2013.

［29］中国注册会计师协会．审计（2011年度注册会计师全国统一考虑辅导教材）［M］．经济科学出版社，2011.

［30］［美］罗伯特·K. 莫茨，［美］侯赛因·A·夏拉夫．审计理论结构［M］．中国商业出版社，1990（a）．

［31］韩洪灵，裘宗舜．审计基础框架之变革：从独立性到可靠性［J］．当代财经，2006（3）：109-112.

［32］居东春．打牢“四个基础”恪守客观公正 审计执法的生命线［J］．陕西审计，2005（S）：36.

［33］欧阳程，俞远，程庆．军队审计客观公正存在的问题及对策［J］．军事经济研究，2012（8）：65-67.

［34］张占海．浅谈审计客观公正的实现［J］．中州审计，1998（3）：14.

［35］Arens.A.A.，Elder.R.J.，Beasley.M.S.，Auditing and Assurance Service［M］．14th edition，NJ：Prentice Hall，2012.

［36］谢德明．论审计独立性理论研究的新动向［J］．审计与经济研究，2006（1）：13-16.

［37］DeAngelo，L. Auditor Independence，Lowballing，and Disclosure Regulation［J］．Journal of Accounting & Economics，August：113-127，1981.

［38］Magee，R.P.Tseng，M.C.，Audit Pricing and Independence［J］．The Accounting Review，65：315-336，1990.

［39］Antle.R. Auditor Independence［J］．Journal of Accounting Research，Vol. 22 No.1 Spring，1-19，1984.

［40］INTOSAI（the Inter-national Organization of Supreme Audit Institutions），The Lima Declaration［S］．1977.

［41］INTOSAI（the Inter-national Organization of Supreme Audit Institutions），Mexico Declaration on SAI Independence［S］．2007.

［42］谢荣，温国山．审计独立性：良策难觅的世纪难题［J］．上海立信会计学院学报（双月刊），2009（6）：3-8.

［43］陈汉文．审计理论，机械工业出版社［M］．2009年，P54.

［44］Johnstone，K. M.，M. H. Sutton，and T. D. Warfield. Antecedents and Consequences of Independence Risk：Framework for Analysis［J］．Accounting Horizons. 2001，15（1）：1-18.

［45］胡本源．审计独立性的研究方法与研究设计［J］．中国注册会计师，2010（6）：48-51.

［46］INTOSAI（the Inter-national Organization of Supreme Audit Institutions），

Independence of SAI，Project Final Task Force Report［R］. 2001，www.intosai.gov.

［47］GAO（United States Government Accountability Office），Government Auditing Standards（2011 Revision）［S］，2011.

［48］宋夏云. 中国国家审计独立性的损害因素及控制机制研究——基于246位专家调查的初步证据［J］. 审计研究，2007（1）：24-29.

［49］郑菲. 地方审计机关独立性研究在［D］. 西北大学硕士学位论文，2008.

［50］曹芳敏. 不同国家审计模式下审计独立性的比较［J］. 中国市场，2008（27）：58-59.

［51］魏昌东. 中国国家审计权属性与重构［J］. 审计与经济研究，2010（3）：32-37.

［52］张维迎. 公有制经济中的委托人——代理人关系：理论分析和政策含义［J］. 经济研究，1995（5）：10-20.

［53］胡贵安. 试论国家审计权的特征［J］. 审计研究，2010（6）：66-68.

［54］李向辉，张庆龙. 宪政思维视角下的国家审计权力简析［J］. 财政研究，2013（5）：73-75.

［55］胡智强. 论我国国家审计权的配置［J］. 安徽大学法学评论，2009（1）：56-62.

［56］钟淮山，黄繁勋. 如何科学制约审计权力［J］. 湖北审计，2002（8）：18-19.

［57］彭华彰. 论我国审计权的法律保障［J］. 刘誉泽. 审计研究，2010（1）：23-28.

［58］广东省审计厅. 健全审计权力监督制约机制［J］. 中国监察，2005（1）：16.

［59］尚显强. 把审计权力关进“笼子”的思考［J］. 审计月刊，2014（1）：22-23.

［60］李笑雪，郑石桥. 政府审计独立性、审计体制和审计权能配置［J］. 会计之友，2015（20）：118-128.

［61］王敏，冯秋婷. 党的全面领导：理论逻辑与实践机制［J］. 党政研究，2018（6）：46-54.

［62］周泳. 关于无产阶级历史使命学说的几个问题［J］. 马克思主义研究，1987（4）：128-145.

［63］祝灵君. 坚持和加强党的全面领导：历史逻辑、理论逻辑与实践逻辑［J］. 中共中央党校学报，2017（12）：34-39.

［64］张灿，王进芬. 坚持和加强党的全面领导：逻辑理路、根本保障和价值指向［J］. 中国特色社会主义研究，2018（4）：39-44.

［65］徐晨光，王小萍. 党的全面领导：逻辑、内涵与路径［J］. 湖南农业大学学报（社会科学版），2018（6）：1-7.

［66］黎民. 党的全面领导的深刻内涵［J］. 党建研究，2018（10）：37-39.

[67] 刘家义. 国家治理现代化进程中的国家审计：制度保障与实践逻辑 [J]. 中国社会科学，2015（9）：64–83.

[68] 王家新，郑石桥，尹平. 国家审计是国家治理的基石和重要保障：理论框架和实践分析 [J]. 审计研究，2015（6）：3–8.

[69] 张文秀，郑石桥. 国家治理、问责机制和国家审计 [J]. 审计与经济研究，2012（6）：25–32.

[70] 蔡春，朱荣，蔡利. 国家审计服务国家治理的理论分析与实现路径探讨——基于受托经济责任观的视角 [J]. 审计研究，2012（1）：6–11.

[71] 郑石桥，杨婧. 公共责任、机会主义和公共责任审计 [J]. 中国行政管理，2013（3）：104–109.

[72] 审计署审计科研所. 国外审计监督制度简介 [M]. 中国时代经济出版社，2013.

[73] 吴国新，高长春. 服务外包理论演进研究综述 [J]. 国际商务研究，2008（2）：31–37.

[74] Williamson，O.E.Transaction–cost Economics：the Governance of Contractual Relations [J]. Journal of Law and Economics，1975（22）：230–256.

[75] Prahalad，C.，& Hamel，G.The Corecompetence of the Corporation [J] . Harvard Business Review，1990（68）：79–88.

[76] Arnold.，U，New Dimensions of Outsourcing：A Combination of Transaction Cost Economics and the Core Competencies Concept [J] .European Journal of Purchasing & Supply Management，2000（6）：23–29.

[77] Vining.A，Globerman.S（1999），A conceptual framework for understanding the outsourcing decision. EurManag J 17（6）：645–654.

[78] Reichelstein.S.，1995，Reliance investment under negotiated transfer pricing：an efficiency result，The Accounting Review，70（2），275–291.

[79] Lepak.D.，P.，Snell.S.A.，Virtual HR：Strategic human resource management in the 21st century. Human Resource Management Review，1998（Autumn）：215–234.

[80] Coase，R.H. The nature of firm. Economica，Vol. 4，No. 16（Nov.，1937），386–405.

[81] Coase，R.H. The problem of social cost. The Journal of Law & Economics，Vol. 3（Oct.，1960），1–44.

[82] 郑石桥. 独立性、审计主题和审计主体多样化 [J]. 会计之友，2015（1）：127–133.

[83] [日] 鸟羽至英. 行为审计理论序说 [J]. 会计，1995（6）：77–80.

[84] 郑石桥，宋夏云. 行为审计和信息审计的比较——兼论审计学的发展 [J]. 当代财经，2014（12）：109–117.

7 Chapter 第七章 政府审计内容

政府审计内容关注的是审计什么，对这个问题的解答就是政府审计内容理论。根据这个主题，本章首先简要介绍现有的主要观点，然后在此基础上，阐明政府审计内容体系，并分析政府审计内容差异化的理论逻辑及审计项目统筹的理论逻辑。具体来说，本章包括以下内容：政府审计内容的主要观点；政府审计内容体系；政府审计内容差异化的理论逻辑；审计项目统筹的理论逻辑。

第一节　政府审计内容的主要观点

政府审计内容研究的文献综述涉及三方面：政府审计对象、政府审计业务类型、政府审计主题。本节分别介绍上述三方面的主要观点。

一、政府审计对象的主要观点

关于审计对象有不少的研究文献，形成了多种不同的观点，主要的观点有7种：会计论、财政财务收支论、财政财务收支及有关经济活动论、经济活动论、经济管理活动论、经济活动及相关信息论、“三资一责”论。具体如下：

1.会计论认为，审计的对象是会计（郭振乾，1995；苏永强，2004；王文彬，1981；李元贵，1986）。

2.财政财务收支论认为，审计对象是财政财务收支活动（张文运，1988）。

3.财政财务收支及有关经济活动论认为，审计对象包括财政财务收支及与其相关的经济活动（中华人民共和国审计署，2010）。

4.经济活动论认为，审计对象是经济活动（孙绍良，1985；王文彬、黄履申，1987；赵英俊，1989；涂强，1991；郭建生，2005；李兆东、鄢璐，2008；杜爱文、刘懋勇，2013）。

5.经济管理活动论区分了经济活动和经济管理活动，认为经济活动和经济管理活动是两回事，审计的对象是经济管理活动（谢荣，1988；1989；王德伟，1992；杨献龙，2009）。

6.经济活动及相关信息论认为，审计的对象包括经济活动及相关的信息（竹德操、达世华，1986；管锦康，1989；王文彬、林钟高，1989；吴频，1994；李凤鸣、刘世林，1996；杨跃进，1996）。

7."三资一责"论认为，审计对象是公共资金、国有资产、国有资源和领导干部经济责任履行情况[①]。

关于政府审计对象，一些法律和规范有明文规定。《中华人民共和国宪法》和《中华人民共和国审计法》都规定政府审计对象是政府的财政收支和行政机构、金融机构、企业事业组织的财务收支，属于财政财务收支论。《中华人民共和国国家审计准则》规定，依据法律法规和本准则的规定，对被审计单位财政收支、财务收支以及有关经济活动独立实施审计并作出审计结论，是审计机关的责任。这个规定属于财政财务收支论及有关经济活动论。

二、政府审计业务类型的主要观点

关于政府审计业务类型主要有两种划分方法：一是按审计内容来划分；二是按审计客体来划分。

按审计内容来划分审计业务，INTOSAI（The International Organization of Supreme Audit Institutions）和美国联邦审计署是代表，INTOSAI在其《Fundamental Principles of Public Sector Auditing》将审计业务类型区分为财务审计、绩效审计和合规审计[②]；美国GAO（Government Accountability Office）2011版《Government Auditing Standards》将政府审计业务区分为三种类型：财务审计、绩效审计和鉴证业务[③]。

按审计客体来划分，中国政府审计是代表，审计署发布的《国家审计"十三五"规划》将政府审计业务划分为八种类型：政策落实跟踪审计、财政审计、金融审计、企业审计、民生审计、资源环境审计、经济责任审计、涉外审计（中华人民共和国审计署，2016）。

---

① 中国共产党第十八届中央委员会第四次全体会议，于2014年10月20日至23日在北京举行，审议通过《中共中央关于全面推进依法治国若干重大问题的决定》，提出对"公共资金、国有资产、国有资源和领导干部经济责任履行情况实行审计全覆盖"。

② http：//www.intosai.org。

③ http：//www.gao.gov。

三、政府审计主题的主要观点

关于审计主题的研究很少，鸟羽至英（1995）将审计主题区分为信息审计和行为审计，谢少敏（2006）在其教材《审计学导论——审计理论入门和研究》中介绍了鸟羽至英教授的研究。未有文献专门研究政府审计主题。刘力云（2010）认为，中国政府审计的作用方式是发现问题、纠正问题和解决问题。然而，这里的“问题”究竟是什么，作者并没有解释。郑石桥（2015）认为，政府审计主题可以划分为财务信息、业务信息、经济行为和经济制度四大类。

第二节　政府审计内容体系

上述关于政府审计内容的各种观点都有一定的道理，都是从不同层级来概括政府审计内容，这也就说明，政府审计内容可以有不同的观察角度。政府审计内容应该是一个体系。一般来说，考察政府审计内容可以按以下五个层级：审计对象、审计主题、审计业务类型、审计标的、审计载体。由于审计载体主要涉及实务操作，作为理论分析，本节对它存而不论。

一、政府审计对象

公共资源存在委托代理关系是不争的事实（丹尼斯·C. 缪勒，1999；欧文·E. 休斯，2001）。然而，公共资源委托代理关系包括的内容是很丰富的，公共资源经管相关合约或行政关系的产生、执行、评估及续约或终止都有很多内容。政府审计在公共资源委托代理关系中涉及哪些内容呢？政府审计对象是公共资源经管责任，它是政府审计的活动域，其具体范围由审计需求和审计功能的交集形成。一方面，只有存在审计需求，审计供给才可能成为政府审计的内容；另一方面，只有具有审计供给能力，审计需求才可能成为审计内容。

从政府审计需求来说，主要是源于公共资源委托代理关系中的代理人具有自利和有限理性，再加上激励不相容、信息不对称、环境不确定等因素的存在，代理人可能产生代理问题或次优问题，为此，需要一整套的治理机制来对应这些问题，政府审计就是这套治理机制的组成内容之一。

从政府审计供给来说，主要由政府审计的技术属性决定。从技术逻辑来说，政府审计就是以公共资源经管特定事项为对象，用系统方法收集证据，对特定事项与既定标准之间的相符程度发表意见。这里的关键是“既定标准”和“特定事项”，没有“既定标准”，政府审计就没有供给能力；即使存在

“既定标准”，政府审计也不是万能的，只能就公共资源经管一些“特定事项”发表意见。从政府审计技术发展到目前的状况来看，这里的“特定事项”主要是与国有资金、国有资产、公共资源（狭义）、产品或服务相关的事项。

源于公共资源委托代理关系的审计需求和源于政府审计技术属性的供给能力，两者的交集就形成了政府审计对象，这个对象就是公共资源委托代理关系中的经管责任，也就是公共资源经管责任。公共资源经管责任就是一定的主体使用国有资金、国有资产、公共资源（狭义）来生产产品或服务时应承担的责任。

一般来说，任何源于资源类委托代理关系的经管责任都可以分为业务责任和财务责任，业务责任是开展业务活动以履行本单位职责，财务责任是筹措和使用财务资源以支持业务责任的履行。业务责任和财务责任又各自包括三个方面：一是按法律法规的要求开展业务活动或财务活动；二是如实报告业绩信息或财务信息；三是建立健全业务制度或财务制度。公共资源经管责任也不例外，也可以分为业务责任和财务责任，并且，各自还细分为三个方面。有了这个分类，就可以将公共资源经管责任与特定的审计主题联系起来了，基本情况如表7-1所示。

表 7-1 公共资源经管责任的内容及审计主题（二分法）

责任要素	责任内容	审计鉴证问题	审计主题
业务责任	按相关方针政策、法律法规及规划的要求，履行既定职责	履行职责的行为是否合规?	业务行为
	如实报告业务相关信息	相关信息是否真实？信息所表征的业务绩效处于何种水平?	业务信息
	建立相关制度及业务流程责任	相关制度及业务流程是否健全?	业务制度
财务责任	按相关方针政策、法律法规及规划的要求，筹措、管理和使用相关资金	筹措、使用相关资金的行为是否合规?	财务行为
	如实报告相关资金相关信息	相关资金的信息是否真实?	财务信息
	建立资金相关制度及业务流程责任	资金相关制度及业务流程是否健全?	财务制度

将公共资源经管责任区分为业务责任和财务责任，在审计主题中，两类责任中都有行为、信息和制度这三类主题，因此，就产生了公共资源经管责任的另外一种分类方法。减少不同责任中的审计主题类型，使得公共资源经管责任类型与审计主题基本做到一一对应，这种分类方法将公共资源经管责任分为四种责任：业务责任、财务责任、信息报告责任和制度责任。其基本情况如表7-2所示。

表 7-2 公共资源经管责任的内容及审计主题（四分法）

责任要素	责任内容	审计鉴证问题	审计主题
业务责任	按相关方针政策、法律法规及规划的要求，履行既定职责	履行相关职责的业务行为是否符合相关法律法规？	业务行为
财务责任	按相关资金相关方针政策、法律法规及规划的要求，筹措、管理和使用相关资金	履行相关职责的财务行为是否符合相关法律法规？	财务行为
信息报告责任	如实报告业务信息和财务信息	信息报告是否真实完整？信息所表征的绩效处于何种水平？	信息（包括业务信息和财务信息）
制度责任	建立和健全制度及业务流程	相关制度和业务流程是否健全？	经济制度

上述两种建构公共资源经管责任的方法密切关联，只是视角不同，其相互关系如表7-3所示，从审计实施的角度来看，四分法下，每种责任对应一个审计主题（表7-2），而二分法下，每种责任对应三个审计主题（表7-1），所以，四分法更便于审计实施。

表 7-3 公共资源经管责任二分法和四分法的关系

项目			四分法			
			业务责任	财务责任	信息报告责任	制度责任
二分法	业务责任	业务行为责任	★			
		业务信息责任			★	
		业务制度责任				★
	财务责任	财务行为责任		★		
		财务信息责任			★	
		财务制度责任				★

★表示有这种情形

二、政府审计主题

从技术逻辑来说，政府审计就是以特定事项为对象，这里的“特定事项”主要是与国有资金、国有资产、公共资源（狭义）、产品或服务相关的事项。审计主题是对纳入审计对象的特定事项的再分类或构成要素。审计主题有哪些呢？

从经管责任内容的角度来说，尽管人们对经管责任有不同的分类方法，但是，无论如何，其实质性内容就是两个方面：一是花钱；二是做事（米尔顿·弗里德曼，2013）。这两方面都可能出现代理问题和次优问题。从花钱来说，可能出现的代理问题和次优问题包括三个方面：一是不按既定标准的要求花钱，从而出现花钱行为违规，也就是财政财务收支行为违规；二是没有如实报告花钱相关的信息，从而出现财务信息失真，也就是财务报告不真实；三是没有建立约束花钱及财务信息报告的相关制度，从而出现制度缺陷，也就是财政财务收支行为及信息报告相关制度存在缺陷。总体来说，从经管责任履行来说，花钱相关的审计主题包括财政财务收支行为、财政财务收支信息、财政财务收支及信息报告相关制度。做事也就是代理人所从事的业务活动，可能出现的代理问题和次优问题同样包括三个方面：一是不按既定标准的要求做事，从而出现做事行为违规，也就是业务行为违规；二是没有如实报告做事相关的信息，从而出现业务信息失真，也就是统计报告不真实；三是没有建立约束做事及信息报告的相关制度，从而出现制度缺陷，也就是业务行为及业务信息报告相关制度存在缺陷。总体来说，从经管责任履行来说，做事相关的审计主题包括：业务行为，业务信息，业务行为及业务信息报告相关制度。综合花钱和做事两个方面的经管责任，审计主题如下：一是行为，包括财政财务收支行为和业务行为；二是信息，包括财务信息和业务信息；三是制度，包括财政财务收支制度、业务行为制度、信息报告制度。所以，总体来说，可能纳入审计主题的代理问题和次优问题包括四类：财务信息，业务信息，经济行为，经济制度。

财务信息主要是货币计量，会计资料是其典型形式。由于财务信息既反映了代理人对财务资源的运用过程，也反映了运用结果，所以，既与经管责任履行过程有关，更与经管责任履行结果有关，同时，体现了代理人花钱责任的履行情况，代理人完全有激励操纵这些信息，因此，有必要成为审计主题。同时，以交易、余额、列报为标的，可演绎出审计命题，且具备完整的记录，也有明确的会计准则作为计量依据，所以，财务信息成为审计主题。

业务信息主要是非货币计量，各类业务统计资料是其典型形式。统计数据既可能涉及经管责任的履行过程，也可能涉及经管责任的履行结果（所谓的“非财务业绩”），同时，体现了代理人做事责任的履行情况，代理人完全有激励来操纵业务信息，所以，有必要成为审计主题。同时，可以按流量信息、存量信息为标的来演绎具体的审计命题，并且不同的业务信息如何计量，都会有一定的规范，所以，如果某些业务信息具备一定的记录或载体，则这种业务信息就可以成为审计主题。业务信息包括的类型很庞杂，在成为审计主题的条件方面存在差异，并且这些差异是变动的，所以，不断地有新的业务信息被纳入审计主题中。

经济行为是代理人履行经管责任的作为或不作为，主要包括财务行为和业务行为。财务行为也就是财政财务收支活动，主要包括财务资源的筹集、分配、使用等；业务行为是代理人履行其组织职能的活动，也称为业务活动，不同的组织有不同的业务活动。上述这些行为，代理人及其领导的组织都可能有意或无意地偏离委托人的期望，出现行为偏差。因此，行为有必要成为审计主题。同时，一般来说，对于各种行为，都会有一定的规范性要求（例如，法律法规及规章制度），这些要求就是既定标准。行为还可以演绎出具体审计目标或审计命题，一般是在真实性命题的基础上，增加合规性命题，主要是范围和标准两个方面的具体命题。具备上述条件时，如果某些行为有一定的记录或载体，则该行为就可以成为审计主题。

经济制度是代理人履行其经管责任的基础，为了良好地履行经管责任，代理人有责任构建并执行适宜的制度体系。然而，一方面，能够良好地履行经管责任的制度体系，未必符合代理人的利益最大化，所以，代理人可能不一定有激励来建立和执行这种制度；另一方面，由于代理人的有限理性，未必能建立和执行良好的制度体系。所以，制度可能存在缺陷，也正因为如此，制度有必要成为审计主题。如果对制度缺陷的判断标准能在一定范围内达成共识，并且制度设计和执行留下一定的载体，则该制度有可能成为审计主题。

需要说明的是，审计主题区分为财务信息、业务信息、行为和制度具有一定的逻辑瑕疵。严格地说，审计主题应该是三类：信息、行为和制度，这三类主题的地位是相同的。但是，这种分类是具有可扩展性的，并且是动态的。信息主题之所以分为财务信息和业务信息，主要原因有两个：一是这两类审计都得到了较为丰富的发展，特别是其中的财务信息审计已经较为成熟；二是财务信息和业务信息的审计技术有较大的差异，需要分别研究。至于行为和制度这两类审计主题，如果得到较大的发展，完全可能再分为亚层次的审计主题，只是目前还没有发展到这种状况。

以上分别分析了四种审计主题，这只是最概括层级的审计主题，各种审计主题还可以做进一步的细分，以确定更具体的审计事项，从而形成审计内容的体系，基本的框架如表7-4所示。

表 7-4 审计主题类型及细分

主题类型	审计主题的细分	
	第二层级	更细分的层级
财务信息	历史财务信息	资产负债表、利润表、现金流量表、股东权益及变动表
	预测财务信息	盈利预测信息、预计资产负债表、预计现金流量表
	商定财务信息	关注特定的财务信息
业务信息	业务营运信息	各种非财务计量的业务营运信息
	自然资源信息	各种自然资源流量信息、各种自然资源存量信息、各种自然资源质量信息
	环境信息	不同的环境载体现状及其变动的信息
	工程信息	各种工程工作量、质量及物理特征的信息
	社会责任信息	各种社会责任履行情况的信息
	政策效果信息	各种政策的预期效果信息、非预期效果信息
	……	

续表

主题类型	审计主题的细分	
	第二层级	更细分的层级
经济行为	财务行为	财政收支活动、财务收支活动、预算收支活动、筹资活动、投资活动、分配活动等
	业务行为	不同的单位有不同的业务行为体系
经济制度	财务信息相关制度	规章制度、业务流程、信息系统、内部控制、风险管理、组织治理等
	业务信息相关制度	规章制度、业务流程、信息系统、内部控制、风险管理、组织治理等
	财务行为相关制度	规章制度、业务流程、信息系统、内部控制、风险管理、组织治理等
	业务行为相关制度	规章制度、业务流程、信息系统、内部控制、风险管理、组织治理等

那么，公共资源经管责任各方面的内容及其审计业务类型有哪些审计主题呢？我们分别来分析公共资源经管责任各方面内容的审计主题。

1.国有资金的使用、相关信息生产及报告。国有资金的使用涉及两方面的主题：一是相关行为是否合法合规；二是国有资金相关的管理制度是否健全。相关信息生产及报告主要是国有资金相关的信息，所以，主要涉及财务信息。一方面，关注财务信息是否真实；另一方面，关注财务信息反映的绩效处于何种水平。

2.国有资产的使用、相关信息生产及报告。国有资产的使用涉及两方面的主题：一是相关行为是否合法合规；二是国有资产相关的管理制度是否健全。相关信息生产及报告主要是国有资产相关的信息，所以，主要涉及财务信息。一方面，关注财务信息是否真实；另一方面，关注财务信息反映的绩效处于何种水平。

3.公共资源的使用、相关信息生产及报告。公共资源的使用涉及两方面的主题：一是相关行为是否合法合规；二是公共资源相关的管理制度是否健全。相关信息生产及报告既可能有财务信息，也可能有业务信息。无论何种信息，一方面，关注信息是否真实；另一方面，关注信息反映的绩效处于何种水平。

4.产品或服务的生产、相关信息生产及报告。产品或服务的生产涉及两方面的主题：一是相关行为是否合法合规；二是产品或服务生产相关的管理制度是否健全。相关信息生产及报告既可能有财务信息，也可能有业务信息。无论何种信息，一方面，关注信息是否真实；另一方面，关注信息反映的绩效处于何种水平。

以上所述的公共资源经管责任各方面的内容及相应的审计业务所体现的审计主题，归纳起来如表7–5所示。

表 7-5 公共资源经管责任和审计主题

公共资源经管责任	审计主题			
	财务信息	业务信息	经济行为	经济制度
国有资金的使用、相关信息生产及报告	★		★	★
国有资产的使用、相关信息生产及报告	★		★	★
公共资源的使用、相关信息生产及报告	★	★	★	★
产品或服务的生产、相关信息生产及报告	★	★	★	★

★表示有这种情形

三、政府审计业务类型

审计主题是审计业务类型的建构基础。一般来说，审计业务类型的构建有两种模式：一是按单一审计主题，即一种审计业务只有一类审计主题；二是按多种审计主题，即一种审计业务包括多个审计主题。

按单一审计主题来构建审计业务类型，每种审计业务只有一种审计主题。例如，财务审计，其审计主题只是财务信息；绩效审计，其审计主题主要是表征绩效的信息，主要是财务信息，也可能包括一些其他信息；合规审计，其审计主题只是经济行为，包括财务行为和业务行为；制度审计，其审计主题是经济制度，包括微观制度和宏观制度。按这种模式构建的审计业务模型，其优点是，每种审计业务的审计主题是清晰的，便于编制审计方案。但缺点是，如果委托人关注两个审计主题，则纯粹按单一主题来构建审计业务，可能存在对审计客体的重复审计。

按多审计主题来构建审计业务类型，每种审计业务可能包括多个审计主题，在一次审计中可以对多个审计主题发表审计意见或形成审计结论。按这种模式构建的审计业务模型，其优点是，一次审计能满足不同审计主题的审计需求。但缺点是，如果在设计方案时缺乏审计主题概念，则可能获得的审计证据并不支持对不同的审计主题发表意见或形成审计结论，在这种情形下，审计风险会增加。所以，即使是按多审计主题来构建审计业务类型，在设计具体的审计方案时，也需要区分不同的审计主题编制不同的审计方案，然后合并删除重复的审计程序，确定需执行的审计程序。

基于以上分析，我们认为，无论何种审计业务构建模式，审计主题都是“骨架”。从现实生活来说，上述两种构建审计业务类型的模式都存在。例如，最高审计机关国际组织将审计业务分为财务审计、合规审计和绩效审计，其中，财务审计的审计主题是历史财务信息，合规审计的审计主题是财政财务收支，绩效审计的审计主题是绩效信息，主要是业务信息。又如，中国政府审计机关开展的领导干部经济责任审计，则是多审计主题的审计业务。

以上基于审计主题的审计业务类型体系，归纳起来如表7-6所示。

表 7-6　政府主题和审计业务类型

项目		审计业务类型				
		财务审计	绩效审计	合规审计	制度审计	综合审计
审计主题	财务信息	★	★			★
	业务信息		★			★
	经济行为			★		★
	经济制度				★	★

"★"表示有这种情形

四、政府审计标的

审计标的是审计活动的直接实施对象，审计活动就是要从审计标的中获得审计证据，具体的审计工作，就是要围绕这些标的来展开。一般来说，不同的审计主题，其审计标的不同，审计标的是审计主题的进一步分解。就财务信息来说，其审计标的包括交易、余额、列报，审计活动的直接实施对象就是它们，审计目标要具体落实到它们头上。就业务信息来说，由于其种类繁多，其审计标的还未能系统研究。对于行为审计主题来说，其审计标的应该是特定的行为，而制度主题的审计标的应该是约束特定行为或信息的特定制度。由于所审计的特定行为不同或特定制度不同，行为及制度审计主题可能有很多种。例如，针对招待费用及其相关制度可以专门审计，针对出国费用及其相关制度可以专门审计，针对员工报酬及其相关制度也可以专门审计，针对领导个人开支及其相关制度也可以专门审计。总之，每种特定行为及其相关制度都可以作为审计标的。

第三节　政府审计内容差异化的理论逻辑

政府审计源于公共资源委托代理关系，然而，不同国家甚至同一国家在不同时期，政府审计内部会呈现差异化，这些差异化表现在许多方面。例如，美国GAO审计资源的85%用于绩效审计，绩效审计是其主要业务类型。中国政府审计业务类型则与之有很大差异。本节按公共资源委托代理关系、国家治理构造、代理问题类型、政府审计主题这个逻辑顺序，构建解释政府审计主题差异的理论框架。

一、公共资源委托代理与代理问题

尽管对委托代理有不同的表述，但在不同的学科中其含义有差异。“花他人的钱为他人办事”是委托代理最根本的特征。公共资源经管都具有“花他人的钱为他人办事”的属性，所以，都存在委托代理关系。在很多情形下，“花他人的钱为他人办事”是许多组织存在和运转的基本形式，失去这个属性，该组织也没有存在的必要性。

委托代理关系的构成要素包括关系人和内容两个方面。委托人将一定的资源、权力、事项交付给代理人，代理人使用委托人交付的资源和权力来完成委托人要求的事项。当然，在这个过程中，委托人和代理人之间还有许多的信息沟通，并且委托人还要根据代理人对资源和权力的使用情况及事项完成情况对代理人进行奖惩并决定是否继续这种委托代理关系。所以，总体来说，委托人和代理人是组成委托代理关系的关系人，而资源、权力、事项、信息沟通、奖惩等共同组成委托代理关系的内容。

然而，委托代理关系是否会有效地运行呢？也就是说，代理人是否会按委托人的愿意来行事？一般来说，代理人作为理性人，会有自己的利益考虑，当违约带来的效用大于其守约效用时，代理人可能会有偏离既定约定的激励，我们将这种偏离称为“代理问题”（只是从代理人视角，不排除委托人也存在代理问题）。

那么，代理人是否会具有发生代理问题的条件呢？在委托代理关系中，由于激励不相容、信息不对称、环境不确定同时存在，所以，代理人代理问题完全可能发生。

激励不相容主要表现在两个方面：第一，代理人和委托人的目标之间存在差异。委托人所追求的目标未必是代理人想要追求的目标，代理人和委托人之间的目标存在差异，有时甚至完全相反。第二，对委托人有益的事，未必对代理人也有益。例如，代理人通过努力工作，使组织目标更好地实现，这对委托人可能有益，但是，如果代理人不能从组织目标更好地实现中受益，则代理人可能缺乏努力工作的激励，从而表现卸责。

信息不对称是指代理人知道的信息在充分性、可靠性、及时性等方面都高于委托人。在委托代理关系中，代理人通过资源和权力的使用来完成委托人托付的事项，所以，就相关信息来说，代理人是第一时间、第一渠道获得第一手信息，而委托人的信息主要来源于代理人提供。在这个过程中，代理人可能延迟信息提供，也可能提供虚假信息，还可能会隐匿一些信息，从而使委托人获取的信息数量和质量都不如代理人：信息不对称便出现了。

环境不确定性是指代理人使用委托人交付的资源和权力来完成委托人托付的事项时，其最终结果除了受到代理人的努力程度影响外，还会受到外部环境因素的影响，而这些环境因素又具有不确定性。一般来说，无法将环境因素对产出结果的影响区分开来，从而导致两个后果：第一，产生好的业绩可能是有利环境的影响，而不一定是代理人努力的结果；第二，产生不好的业绩可能是不利环境的影响，而不一定是代理人不努力的结果。

上述三个因素一定要同时存在，代理人才具备发生代理问题的条件。如果没有激励不相容，代理人就缺乏代理问题的动机，从源头上就不会产生代理问题。如果缺乏信息不对称，即使存在激励不相容，在信息对称的情形下，委托人知道代理人的所作所为，代理人犹如“在鱼缸中游泳”，要做些什么小动作，委托人会觉察出来。即使激励不相容和信息不对称同时存在，如果环境具有确定性，委托人可以根据代理人的产出来衡量代理人的努力程度，此时，代理人的代理问题也就难以发生。正是由于上述激励不相容、信息不对称和环境不确定同时存在，代理人代理问题才具备产生的条件。

既然代理人代理问题就是代理人偏离与委托人的约定，那么委托人和代理人有什么约定呢？无非表现为两个方面：第一，按一定的方式做事。在许多情形下，委托人对代理人有明示甚至约定，希望代理人如何行为。例如，希望代理人遵守相关法律法规；在另外一些情形下，委托人对代理人没有明示，但是，从委托代理的本质来看，有隐含表达。例如，希望代理人按最大善意原则来行事。第二，做委托人希望的事。委托人将资源和权力交付给代理人，当然是希望代理人使用这些资源和权力来完成委托人自己托付的事项，而不是做其他的事项。所以，总体来说，委托人期望代理人按一定的方式来完成一定的事项。从这种意义出发，代理人对委托人期望的偏离有两种情形：一是不按委托人希望的方式做事，主要表现为行为偏离，本书称为“行为代理问题”。二是不做委托人期望的事，或者是委托人期望的事做得不好。在这种情形下，代理人一般不会将事项的真相直接报告给委托人，而是给委托人提供虚假信息，所以，最终结果主要表现为信息虚假，也就是信息偏离，本书称为“信息代理问题”。

二、组织治理模式与代理问题类型

一般来说，激励不相容、信息不对称和环境不确定是委托代理关系的常态，所以，代理人很有可能产生代理问题。委托人作为理性人当然会预期到代理人的代理问题，所以，会构造针对代理人代理问题的外部治理机制，同时，也会要求代理人自己构造应对代理问题的内部治理机制。一般来说，外部治理和内部治理具有高度的相关性，没有一定水平的外部治理机制，内部治理机制难以建立；同时，没有一定水准的内部治理基础，外部治理也就难以落实。尽管如此，治理机构的构造还是可以有不同的选择，而正是这些不同的选择，使得代理人代理问题类型不同。

一般来说，在产生代理问题的三个条件中，环境不确定是难以控制的，所以，主要是从降低激励不相容和信息不对称这个路径出发。制衡机制、监督机制、公开透明机制主要是降低信息不对称，而激励机制和道德机制主要是降低激励不相容。这些机制是否具有经常性和依靠力量的来源，如表7–7所示。表7–7显示，这些机制可以分类两类：一类是依靠力量来自流程内部，并且具有经常性；另一类是依靠力量来自流程外部，并且不具有经常性。

表 7–7　　是否具有经常性和依靠力量的来源

机制分类	是否具有经常性	依靠力量来自流程内部还是外部	机制性质
制衡机制	具有经常性	流程内部	内部—经常性机制
激励机制	具有经常性	流程内部	内部—经常性机制
道德机制	具有经常性	流程内部	内部—经常性机制
监督机制	不具有经常性	流程外部	外部—非经常性机制
公开透明机制	不具有经常性	流程外部	外部—非经常性机制

一般来说，在应对代理问题的过程中，首先是内部—经常性机制发挥作用(称为“第一道防线”)，将代理问题消灭在萌芽之中。通过内部—经常性机制发挥作用之后，可能还存在一些代理问题，称为“剩余代理问题”，对于这类代理问题，再通过监督机制和公开透明机制来发挥作用(称为“第二道防线”)，通过这些机制对代理问题的再次抑制，使代理问题降低到可容忍的程度。上述作用过程如图7–1所示。

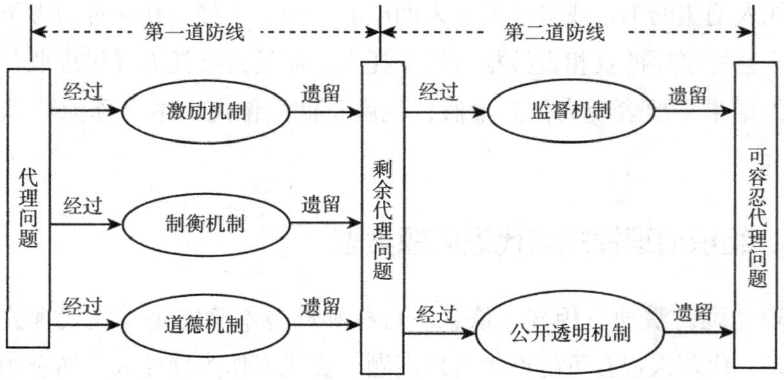

图7–1　代理问题应对过程

从宏观结构上来看，治理机制构造有两种类型：一种类型是以第一道防线为主，另外一种类型是以第二道防线为主。如果是以第一道防线为主，则内部—经常性机制是主要的工具性机制，它们是抑制代理问题的主力军。如果是以第二道防线为主，则外部—非经常性机制是主要的工具性机制，它们是抑制代理问题的主力军。为了叙述的方便，我们将第一种情形称为内部—经常性治理模式，将第二种情形称为外部—非经常性治理模式。

不同的治理模式对代理人代理问题会产生什么样的影响呢？

在内部—经常性治理模式下，由于内部—经常性机制发挥主要作用，而这些机制的特征是具有经常性，并且控制力量来源流程内部，所以，对代理问题的控制效果较好，代理人在行为方面的代理问题受到有效控制，代理人要想在如何做事方面偏离委托人的期望是很困难的，代理人行为代理问题难以发生。也正是在这种背景下，由于有了较为完善的行为治理机制，委托人对代理人行为方面的关注程度较低，主要关注做了什么事，从而，信息成为委托人关注的重点，代理人当然也会以此为重点，当通过努力不能完成委托人的期望时，弄虚作假就成为必然的选择。同时，在这种情形下，委托人还可能有更高的要求，例如，代理人是否可以做更多的事，或者以更少的投入来完成既定的事，信息代理问题便出现了。

在外部—非经常性治理模式下，作为第一道防线的内部—经常性机制较为粗糙，“牛栏关猫，进出自由”的现象还屡见不鲜，对代理问题抑制的效果较差，所以，代理人代理问题较容易发生，需要依靠第二道防线来抑制的剩余代理问题较为严重。也正是在这种背景下，行为代理问题成为代理人代理问题的重灾区，也成为委托人关注的重点。当然，这并不表明代理人没有信息代理问题，而是由于代理人行为代理问题严重，相对而言，信息代理问题的受关注程度倒是退居其次了。

当然，内部—经常性治理模式和外部—非经常性治理模式的区分是就典型形态而言的，而现实世界是复杂的，还存在许多介于二者之间的治理模式，从而使得具有严重性的代理问题类型也不只是上述两种典型形态。例如，行为代理问题和信息代理问题同时严重，在现实生活中也是存在的。

三、代理问题类型与审计主题

本节前面的分析表明，在外部—非经常性治理模式下，行为代理问题是重点，而在内部—经常性治理模式下，信息代理问题是重点。不同类型的代理问题对审计主题有什么影响呢？

在应对代理问题的治理构造中，审计属于第二道防线，它应对的是经过第一道防线之后的剩余代理问题。审计主题就是审计人员所要发表审计意见的直接对象，从理论上来说，审计主题由委托人决定，委托人关注什么问题，该问题就可以成为审计主题。不同的治理模式下，委托人关注的重点问题不同，从而产生不同的审计主题。

在内部—经常性治理模式下，委托人关注的重点是代理人的信息代理问题，所以，信息成为这种治理模式下的主要审计主题，信息的真实性及其所反映的绩效之水平成为审计关注的重点。由于财政财务报告和绩效报告是主要的信息载体，所以，财政财务报告审计和绩效审计成为主要的审计业务类型。

在外部—非经常性治理模式下，委托人关注的重点是代理人的行为代理问题，所以，行为成为这种治理模式下的主要审计主题，行为的合规合法性成为审计关注的重点。由于行为本身有许多方面，并且行为主体也有不同的层级，从而使得行为审计类型也较多。例如，舞弊审计、财务收支合规审计、业务合规审计等都属于行为审计。

一般来说，内部—经常性治理模式是较为成熟的模式，治理构造较完善的公共资源经管组织，更多地采用这种模式，所以，在这种环境下，政府审计主题是以信息为主，财政财务报告审计和绩效审计是主要审计业务。而外部—非经常性治理模式是需要进一步完善的治理模式，采用这种模式的公共资源经管组织，其治理结构还处于发展完善之中，所以，这种环境下，政府审计主题是以行为为主，舞弊审计、财务收支合规审计、业务合规审计是主要审计业务。

四、美国联邦政府审计业务变迁的理论逻辑

一般而言，美国GAO（Government Accountability Office）的审计业务发展大致可分为四个阶段：账项基础财务审计阶段，制度基础财务审计阶段，综合审计阶段，绩效审计阶段（李璐，2009）。

在账项基础财务审计阶段（1921—1950年），财政财务收支合规审计成为GAO的主要审计业务，逐张检查会计凭证和单据以审核财政收支的合法性，成为主要的审计方式。很显然，在账项基础财务审计阶段，财政财务收支行为是主要的审计主题。

在制度基础财务审计阶段（1950—1967年），GAO关注的重点仍然是财政财务收支的合规合法，但是，审计模式已经发生变化，不是直接面向行为，而是面向对行为进行控制的内部控制，关注制度本身的缺陷。通过制度缺陷来寻找违规，通过制度的完善来促进财政财务收支合规。很显然，制度基础财务审计阶段，审计主题还是财政财务收支行为相关的制度。

在综合审计阶段（1967—1970年），GAO的审计业务中增加了绩效审计，走向了财政财务收支合规审计与绩效审计并重的阶段。很显然，在综合审计阶段，审计主题有两个，一个是财政财务收支行为，另一个是绩效信息。

在绩效审计阶段（1980年至今），绩效审计占整个审计工作量的比重已经超过85%。很显然，这个阶段的主要审计主题是绩效信息。

为什么美国联邦政府审计主题会发生上述变迁呢？主要原因是美国的国家治理模式发生了变化，从而需要审计来应对的代理问题类型发生了变化。在账项基础财务审计阶段，国家治理较为粗糙，行为代理问题较为严重。后来，国家治理有一定的完善，与财政财务收支行为相关的内部控制得到完善，通过发现内部控制存在的缺陷来寻找违规行为成为有效的取证模式，同时，通过发现内部控制存在的缺陷也可以进一步促进内部控制的完善，这就进入了制度基础的财务审计阶段。随着国家治理的进一步完善，行为代理问题已经不再是主要的问题，信息代理问题的被关注程度显著提升，绩效信息作为审计主题的重要性越来越显现，最终成为主要的审计主题。

美国联邦政府审计主题变迁的简要分析显示，国家治理模式决定需要审计应对的代理问题类型，而代理问题类型会决定审计主题选择，进而决定政府审计业务类型和审计资源投入。

第四节　审计项目统筹的理论逻辑

党中央、国务院要求实行审计全覆盖。审计监督任务重、要求高，必须加强审计项目和审计组织方式“两统筹”。2019年，审计署发布《关于做好审计项目审计组织方式“两统筹”有关工作的通知》，并制定了做好“两统筹”有关工作的具体措施。各级地方审计机关根据各自的具体情况，制定了“两统筹”的实施办法。“两统筹”包括审计项目统筹和审计组织方式统筹，与本章内容相关的是审计项目统筹。本节介绍审计项目统筹的相关要求，并分析其理论逻辑。

一、审计项目统筹的相关要求

审计项目统筹是加强不同类型审计项目的统筹融合和相互衔接，积极探索融合式、嵌入式、“1+N”等审计项目组织方式，努力做到“一审多项”“一审多果”“一果多用”。

实现审计项目统筹，需要抓住审计项目计划源头，对不符合“两统筹”

要求的，原则上不予通过；审计项目计划一经下达，非特殊情况不得擅自变更或调整。加强审计机关之间沟通衔接，及时了解审计工作安排和重点事项，避免同一项目领域、地域及相应单位重复接受审计。

实现审计项目统筹，需要强化审计项目实施整合，积极探索“重大政策跟踪审计+各类专项审计”“财政审计+专项资金审计”“领导干部经济责任审计+自然资源资产离任审计”等嵌入式、“1+N”审计项目实施方式，实现审人、审单位、审资金、审项目的有机融合。

二、审计项目统筹的理论逻辑

为什么要强调审计项目统筹呢？主要的原因是避免重复审计。具体又分为两种重复：一是同一审计机关的不同审计项目之间的重复；二是不同层级审计机关之间的重复。

（一）避免同一审计机关的不同审计项目之间的重复

根据审计署发布的《国家审计“十三五”规划》，中国政府审计业务划分为八种类型：政策落实跟踪审计、财政审计、金融审计、企业审计、民生审计、资源环境审计、经济责任审计、涉外审计（中华人民共和国审计署，2016）。这八种审计业务的审计内容存在重复，例如，政策落实跟踪审计、经济责任审计的审计内容，与所有的审计业务之间都有交叉；政策落实跟踪审计、经济责任审计的审计内容之间相互交叉；财政审计与民生审计的审计内容相互交叉；民生审计与资源环境审计的审计内容相互交叉；企业审计与资源环境审计的审计内容相互交叉。

审计业务之间为什么会存在重复呢？表7–8是对审计署发布的国有企业审计结果公告中发现问题的分类统计，根据发现的问题类型，确定的相关审计主题如表7–9所示。

表7–8 历年审计发现问题分类情况

审计公告年份	审计发现问题分类
2010	未对发现主要问题进行分类，主要涉及资金使用不当、会计核算不规范和管理不善等问题
2011	会计核算和财务管理存在的问题、对外投资和招投标管理等方面存在的问题、内部管理存在的问题、经济决策事项管理存在的问题、企业经营存在的问题或是按项目类型细分为重大投资项目、工程项目建设、职工薪酬等管理存在的问题
2012	会计核算和财务管理、工程建设项目管理、重大经济决策事项和内部管理存在的问题，贯彻落实国家宏观政策存在的问题
2013	与2012年基本相同

续表

审计公告年份	审计发现问题分类
2014	会计核算和财务管理、执行国家经济政策和企业重大经济决策、内部管理中存在的问题
2015	经营业绩（财务收支、贯彻执行国家宏观经济政策与决策部署以及内部管理方面）、发展潜力，廉洁从业方面存在的问题
2016	财务管理和会计核算、企业重大决策和管理、发展潜力和廉洁从业
2017	财务管理和会计核算、贯彻落实国家重大政策措施、企业重大决策和内部管理、落实中央八项规定精神及廉洁从业规定
2018	财务管理和会计核算、经营管理、落实中央八项规定精神及廉洁从业规定

表 7–9　　审计发现问题涉及的审计主题

审计主题类型		审计问题类型	具体内容
信息	财务信息	信息失真、绩效低下	主要涉及货币计量，与会计信息披露质量有关，包括政府的资产负债、收入费用和现金流量信息等
	业务信息	信息失真、绩效低下	主要涉及非货币计量，与企业绩效有关，包括反映组织、项目的营运状况或营运绩效的信息等
行为	财务行为	财务行为违规	与财务收支活动是否符合规范有关，未遵守相关法律法规，存在重大违纪违规问题
	业务行为	业务行为违规	与经营管理活动是否符合法律法规有关，未遵守相关法律法规，特别是遵守党委、政府重大经济方针政策情况
经济制度		制度缺陷	是否制定必要的制度、制度设计是否存在缺陷

表7–9显示，审计署对国有企业的审计，涉及多种审计主题，属于综合性审计业务。而国有企业审计之外的其他各类审计业务也同样涉及多种审计主题，所以，不同的审计业务所涉及的审计主题存在重复，这是审计业务造成内容重复的深层次原因。

由于不同审计项目的审计内容相互交叉，如果按这些审计项目各自开展审计工作，则不同审计项目之间的内容就存在重复，形成同一内容多次审计的局面，这必然会浪费审计资源。所以，为了避免不同审计项目之间的内容重复，必须对审计项目进行统筹，积极探索融合式、嵌入式、“1+N”等审计项目组织方式，努力做到“一审多项”“一审多果”“一果多用”。

（二）避免不同层级审计机关之间的重复

目前，中国的行政区划有五个行政层级：中央（国家）、省（自治区、直辖市）、市（地区、自治州、盟）、县（区、旗、县级市）、乡（镇、街道）。根据《中华人民共和国宪法》和《中华人民共和国审计法》，建立了四个层级的审计机关，乡（镇、街道）这个层级没有审计机关，县（区、旗、县级市）及其以上行政层级都建立了审计机关。省（自治区、直辖市）审计机关、市（地区、自治州、盟）审计机关、县（区、旗、县级市）审计机关统称地方审计机关，都实行双重领导，既向本级党委和政府负责，也向上级审计机关负责。

四个层级的审计机关需要划分各自的审计管辖范围，审计署发布的《审计机关审计管辖范围划分的暂行规定》第四条规定，“审计机关的审计管辖范围，根据被审计单位的财政、财务隶属关系或者国有资产监督管理关系确定”；第六条规定，“审计署根据工作需要统一组织或授权派出机构和地方审计机关对中央被审计单位进行审计，不受已划定审计管辖范围和审计分工的限制”；第七条规定，“根据工作需要，上级审计机关对下级审计机关审计管辖范围内的重大审计事项，可以直接进行审计；上级审计机关可以将其审计管辖范围内的部分审计事项授权下级审计机关审计，法律、法规另有规定者除外”。

根据上述规定，审计工作中可能出现三种情形：一是各层级审计机关在自己的管辖范围内开展审计工作；二是参加上级审计机关组织的审计工作；三是上级审计机关可以对下级审计机关管辖范围的事项进行审计。很显然，不同层级的审计机关如果独立开展审计工作，很有可能选择对相同的单位、相同的内容重复审计。为了避免这种重复，必须加强审计机关之间沟通衔接，及时了解审计工作安排和重点事项，避免同一项目领域、地域及相应单位重复接受审计。

参考文献

[1] 郭振乾. 关于研究审计定义的一封信 [J]. 审计研究，1995（1）：24.

[2] 苏永强. 产权、契约与审计——对审计本质的再认识 [J]. 财会通讯，2004（12）：64-65.

[3] 王文彬. 关于审计的若干问题 [J]. 上海会计，1981（6）：5-10.

[4] 李元贵. 财务审计对象的探讨 [J]. 审计研究，1986（8）：47-49.

[5] 张文运. 审计不是对一切工作的审查 [J]. 财务与会计，1988（6）：30.

[6] 中华人民共和国审计署. 中华人民共和国国家审计准则（审计署令第8号），2010.

[7] 孙绍良. 论审计与会计的并存关系——兼议审计的性质和对象 [J]. 吉林财贸学院学报，1985（4）：44-49.

[8] 王文彬、黄履申. 工业企业的成本审计 [J]. 财务与会计，1987（6）：52-53.

[9] 赵英俊. 关于审计对象的商榷 [J]. 财务与会计，1989（1）：590.

[10] 涂强. 从审计的历史看审计的对象 [J]. 交通财会，1991（4）：45-46.

[11] 郭建生. 公路建设审计内容和对象的确定 [J]. 中国内部审计，2005（4）：19-20.

[12] 杜爱文，刘懋勇. 国家审计对象的重新定位研究 [J]. 特区经济，2013（1）：

91-94.

[13] 谢荣. 试论审计的对象是经济管理活动 [J]. 上海会计，1988（4）：33-36

[14] 谢荣. 关于审计的对象问题——答陈文华同志 [J]. 上海会计，1989（3）：40-41.

[15] 王德伟. 审计的对象是经济管理活动 [J]. 山西财经学院学报，1992（2）：63-65.

[16] 杨献龙. 固定资产投资项目绩效审计对象和内容的再认识 [J]. 审计研究，2009（5）：33-36.

[17] 竹德操，达世华. 第二讲　审计的意义、对象和目的 [J]. 上海会计，1986（9）：38-41.

[18] 管锦康. 对社会主义审计几个理论问题的探讨 [J]. 审计研究，1989（2）：15-17.

[19] 王文彬，林钟高. 审计对象新探 [J]. 1989（1）：23-27.

[20] 吴频. 国家审计范围和重点的比较研究 [J]. 审计与经济研究，1994（3）：11-14.

[21] 李凤鸣，刘世林. 第二讲　政府审计的主体和客体 [J]. 审计与经济研究，1996（2）：58-61.

[22] 杨跃进. 社会主义市场经济条件下内部审计对象的再认识 [J]. 当代经济科学，1996（3）：53-56.

[23] 中华人民共和国审计署. 审计署关于印发"十三五"国家审计工作发展规划的通知，2016.

[24] [日] 鸟羽至英. 行为审计理论序说 [J]. 会计，1995（6）：77-80.

[25] 谢少敏. 审计学导论：审计理论入门和研究 [M]. 上海：上海财经大学出版社，2006.

[26] 刘力云. 中国特色政府审计的模式特征 [N]. 中国社会科学报，2010-2-11.

[27] 郑石桥. 政府审计对象、审计业务类型和审计主题 [J]. 会计之友，2015（18）：97-103.

[28] [美] 丹尼斯·C. 缪勒. 公共选择理论 [M]. 北京：中国社会科学出版社，1999.

[29] [澳] 欧文·E. 休斯. 公共管理导论 [M]. 北京：中国人民大学出版社，2001.

[30] [美] 米尔顿·弗里德曼. 2013. 自由选择 [M]. 北京：机械工业出版社，2013.

[31] 李璐. 美国政府绩效审计方法的变迁及启示 [J]. 中南财经政法大学学报，2009（6）：51-54+59+144.

8 Chapter 第八章 政府审计方法

政府审计方法关注的是如何审计，本章从方法论的角度阐释在电子数据环境下的政府审计方法。具体来说，本章包括以下内容：政府审计方法的主要观点；审计的技术逻辑；电子数据审计的两种定位；电子数据审计分析内容的逻辑框架；审计组织方式统筹的理论逻辑。

第一节　政府审计方法的主要观点

研究政府审计方法的文献可谓汗牛充栋，本章主要关注在电子数据环境下的政府审计方法，即便如此，这些文献也是很多，本章主要对两方面的研究做一简要综述：一是电子数据审计定位；二是电子数据审计分析。

一、电子数据审计定位的主要观点

电子数据审计定位就是通过电子数据审计得到什么产出。直接围绕这个问题的研究文献很少，但是，有些文献也涉及电子数据审计的定位，总体来说，本节将这些观点区分为问题导向观和结论导向观。

（一）问题导向观

问题导向观认为，电子数据记录了审计总体的行为，电子数据审计以这些数据为载体，其目的是找出审计总体所存在的问题。例如，《数据审计指南——计算机审计实务公告第33号》指出，“采用适当的组织方式、方法、技术和工具进行数据分析，以便更高效地选择审计项目、确定审计重点，发现问题线索、得出审计结论”，这里的“结论”不是对审计总体的结论，而是对“问题线索”的结论，很显然，这个公告对电子数据审计的定位是问题导向。又如，有的文献认为，“如何从审计客体海量的、结构化的、非结构化的数据中确定审计重点、审计内容以及审计范围，是审计数据分析所要解决的核心问题”（柳巧玲、黄作明、丛秋实，2014），电子数据“审计目标是把隐没在海量的、异构的、杂乱无章的电子数据中的信息集中、萃取和提炼出来”（李强、谢汶莉，2016），这些观点虽然没有明确地表明电子数据审计的定位，但是，明显具有问题导向的意味。再如，有的文献指出，“一些审计人员往往倾向于在提供的被审电子数据上下功夫，依据自身经验和知识，从所提供的表格字段中挖掘部分数据项之间的逻辑关联，这种方法具有经验性、盲目性和片面性”（冯国富，刘军，2009），这里描述的现状，很大程度上又将电子数据审计定位在问题导向上。

（二）结论导向观

结论导向观认为，电子数据记录了审计总体的行为，电子数据审计以这些数据为载体，需要寻找审计总体存在的问题，但是，寻找问题并不是目的，其目的是要对审计总体的某些方面形成结论，寻找问题是服务于形成总体结论的。例如，有的文献主张要以真实性、合法性和效益性审计目标为起点来分析电子数据（石爱中、孙俭，2005；刘汝焯，2007；李春青，2007；冯国富、刘军，2009；裴育、郑石桥，2016）。由于真实性、合法性和效益性这些审计目标是针对审计总体的结论，所以，主张以这些审计目标为起点，事实上也就是主张结论导向。

二、电子数据审计分析

关于电子数据审计分析的研究文献不少，从研究主题来说，主要有两类：一是电子数据审计分析的技术属性和基本思路；二是电子数据审计分析的技术方法（裴育，郑石桥，2016），本节从方法论的角度聚焦电子数据审计分析的技术属性和基本思路。

（一）电子数据审计分析的技术属性

关于电子数据审计分析的技术属性有两种观点：一种观点认为，电子数据审计分析是数据发掘过程，是采用一定的方法对数据进行分析，以确定审计重点、发现问题线索，而在进行电子数据分析之前，并不存在一个需要对哪些问题进行分析的框架，主要是审计人员基于其经验和现有数据，构造出各种可能的审计分析模型。例如，冯国富、刘军（2009）指出：“在当前的审计实务中，还存在大量从数据集入手构造审计分析模型的现象，一些审计人员往往倾向于在提供的被审电子数据上下功夫，依据自身经验和知识，从所提供的表格字段中挖掘部分数据项之间的逻辑关联，这种方法具有经验性、盲目性和片面性。”这里所描述的现状，事实上就是将电子数据审计作为发掘过程。柳巧玲、黄作明和丛秋实（2014）指出：“如何从审计客体海量的、结构化的、非结构化的数据中确定审计重点、审计内容以及审计范围，是审计数据分析所要解决的核心问题。”这里对电子数据审计分析的表述，很大程度有将电子数据审计分析作为发掘过程的意味。审计署（2011）发布的《数据审计指南——计算机审计实务公告第33号》指出：“审计人员应当充分利用历史积累数据，以及数据准备阶段形成的基础表，采用适当的组织方式、方法、技术和工具进行数据分析，以便更高效地选择审计项目、确定审计重点，发现问题线索、得出审计结论。”这里虽然没有明确提出电子数据审计分析是一个发掘过程，但是，“选择审计项目、确定审计重点，发现问题线索、得出审计结论”这个过程明显地具有数据发掘的意味。还有的文献明确表示，“电子数据审计不是验证型审计，而是发掘型审计，其审计目标是把隐没在海量的、异构的、杂乱无章的电子数据中的信息集中、萃取和提炼出来，揭示其内在规律，为评价审计客体经济活动和相关资料的真实性、合法性、效益性提供有力的线索或直接的证据”（李强，谢汶莉，2016）。

另外一种观点认为，电子数据审计分析是一个命题验证过程。电子数据审计分析是有的放矢，是为了验证特定的命题而进行的数据分析，为此，必须先有一个需要验证的命题体系，在此基础上，再构建对上述命题进行验证的审计分析模型。不少文献提出要以审计目标为基础来分析电子数据，这些文献虽然没有明确提出电子数据审计分析是命题验证过程，但是，在很大程度上有将电子数据审计分析作为验证过程的意味（石爱中、孙俭，2005；刘汝焯，2007；李春青，2007；冯国富、刘军，2009）。

（二）电子数据审计分析的基本思路

由于对电子数据审计分析的技术属性有不同的认知，对电子数据审计分析的基本思路也有两种情形：一种情形是以审计目标为基础来提出电子数据审计分析的基本流程；另外一种情形是不以审计目标为基础，而是从电子数据审计分析的方向出发，提出电子数据审计分析的基本流程。这两种电子数据审计分析思路的根本区别在于是否以审计目标为电子数据分析的起点（石爱中、孙俭，2005；刘汝焯，2007；李春青，2007；冯国富、刘军，2009；姜玉泉、黄昌胤，2003；高浩玮，2010；陈伟，2015）。

上述文献综述显示，对电子数据审计分析的技术属性及基本思路都存在差异，并且对电子数据审计分析技术属性的认知会影响其对电子数据审计分析基本思路的认知。

第二节 审计的技术逻辑

一般认为，基于审计取证的思路不同，审计取证模式有账项基础审计、制度基础审计、传统风险导向审计、现代风险导向审计和数据式审计；基于审计环境不同，审计方式可以区分为纸质数据审计和电子数据审计。然而，无论何种审计模式及何种审计方式，审计的技术逻辑都是没有改变的，本节阐释审计的技术逻辑。

一、审计的技术逻辑：总体框架

审计有不少的基础性问题，而“审计什么”和“怎么审计”是其中最重要的问题，这两个问题又密切相关。“审计什么”的不同，会决定“怎么审计”也存在不同。从技术逻辑来说，“审计什么”是一个命题分解过程，而“怎么审计”是一个命题验证过程，命题验证当然是验证分解过程分解出来的命题，所以，命题分解过程的选择决定命题验证过程的选择。问题的关键是，审计命题如何分解？如何验证？尽管人们对审计本质的认知有差异，并且有多种审计主体和审计业务类型，但是，从审计的技术逻辑来说，审计命题分解和命题验证的基本过程如图8-1所示。

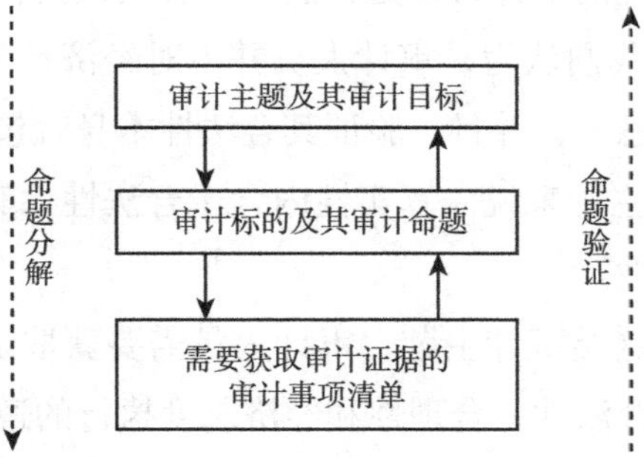

图8-1 审计命题分解和验证

下面，我们概要地说明这个过程。

二、审计的命题分解过程

从命题分解过程来说，有三个逻辑步骤。

（一）审计主题及其审计目标

第一个逻辑步骤是明确审计主题及其审计目标。审计主题就是需要审计人员发表意见或形成结论的事项，也就是审计人员需要关注的主题事项。通常来说，审计主题包括经济信息、经济行为和经济制度这三类，经济信息还可以再分为财务信息和业务信息。不同的审计主题，审计人员能发表的意见或形成的结论不同，其实质是不同的审计主题能承载不同的审计目标，审计主题与审计目标之间的关系如表8-1所示。

表8-1 审计主题与审计目标

项目		审计目标			
		真实性	合规性	效益性	健全性
审计主题	经济信息	★		★	
	经济行为		★		
	经济制度				★

★表示有这种情形

1.对于经济信息这类审计主题，审计人员需要获取证据以验证其真实性。如果经济信息表征的是经济绩效，则可以在验证这些经济绩效信息真实性的基础上，再评价其绩效水平的高低并分析绩效差异的原因及提出改进绩效的建议，这些内容统称为效益性。

2.对于经济行为这类审计主题，审计人员需要获取证据验证其合法性，所以，与这种主题相匹配的审计目标是合法性。有人认为，要验证其合法性，必须先验证其真实性。我们认为，审计人员并不对经济行为的真实性发表意见，只是对其合法性发表意见，并且，验证其合法性本身就包括验证其真实性，所以，对经济行为这类主题来说，真实性内含于合法性，其审计目标是合法性，而不是真实性和合法性。

3.对于经济制度这类审计主题，审计人员需要获取证据以验证其健全性，包括经济制度设计的合法性、合理性和经济制度执行的遵循性。

上述审计主题就是审计人员需要发表意见或形成结论的对象，而审计目标就是需要审计人员发表意见的内容，两者密切相关，如果张冠李戴，审计目标就难以达成；如果没有明确的审计主题和审计目标，审计工作就失去方向和边界，也可能泛化成经济检查。

（二）审计标的及其审计命题

有了审计主题及相应的审计目标，还是过于宏观，无法有的放矢地获取审计证据，所以，从命题分解过程来说，第二个逻辑步骤是对审计主题和审计目标进行分解，形成审计标的及审计命题，这是命题分解过程最重要，也是最容易被忽视的步骤。实施这一步骤的原因是，第一步骤确定的审计主题和审计目标还是过于宏观，要对不同的审计主题所承担的审计目标发表意见或形成结论，还需要对审计主题及其承载的审计目标进行再分解，形成更加细致的审计标的和审计命题（也就是“具体审计目标”，下同），形成需要验证的审计命题体系。很显然，不同的审计主题可以分解为不同的审计标的，而不同的审计目标也可以分解为不同的审计命题，同时，由于审计主题与审计目标之间有对应关系，由它们分解形成的审计标的和审计命题当然也存在对应关系，所以，需要分别不同的审计主题和审计目标来分析其审计标的和审计命题。

1. 经济信息及其审计命题。经济信息这类审计主题的审计目标是真实性，但是，经济信息本身的类型又很多，一般可以分为财务信息和业务信息。虽然这两类经济信息的审计目标相同（都是真实性），但是分解的审计标的则存在较大的差异；由于审计标的差异较大，导致审计命题也存在较大的差异。

就财务信息这类审计主题来说，可以分解为交易、余额和列报这些审计标的，而真实性这个审计目标要落实到交易、余额和列报这些审计标的，从而形成需要验证的审计命题。这已经有成熟的体系，这里不再赘述，基本情况如表8-2所示。

表8-2　财务信息的审计标的及审计命题

审计标的	审计命题
交易	发生性，完整性，准确性，截止，分类
账户余额	存在性，权利和义务，完整性，计价和分摊
列报	发生及权利和义务，完整性，分类和可理解性，准确性和计价

当然，如果财务信息表征的是财务绩效，在上述审计命题的基础上，还可以评价其绩效水平的高低，此时的审计命题就是绩效水平。

就业务信息这类审计主题来说，每个有独立计算办法的业务指标单独可以作为一个审计标的，每个审计标的需要关注两个方面的审计目标：第一方面的审计目标是业务指标的真实性，具体分解为发生性、完整性、准确性、截止这些审计命题。发生性是指形成该业务指标的事实确定发生了，没有虚构，具体审计命题就是要验证业务指标是否存在高估；完整性是指形成该业务指标的事实都包括进来了，没有遗漏，具体审计命题就是验证业务指标是否存在低估；准确性是指该业务指标没有发生计算错误，具体审计命题就是验证该业务指标是否存在计算错误；截止性是指该业务指标各期间之间没有张冠李戴，具体审计命题就是验证业务指标各期间之间的截止是否存在错误。第二方面的审计目标是效益性。如果业务指标表征的是绩效，则可以在验证业务指标真实性的基础上，再评价绩效水平的高低。具体审计命题就是将该业务指标与选定的绩效性标杆进行比较，以确定该维度的绩效水平。归纳起来，业务信息的审计标的及审计命题如表8-3所示。

表 8-3 业务信息的审计标的及审计命题

项目		审计命题				
		发生性	完整性	准确性	截止性	绩效水平
审计标的	A业务指标	★	★	★	★	★
	B业务指标	★	★	★	★	★
	C业务指标	★	★	★	★	★
	…	★	★	★	★	★

★表示有这种情形

2.经济行为及其审计命题。就经济行为来说，每个有既定标准的经济行为都可以作为审计标的，这些既定标准正是衡量该经济行为是否合规的依据。针对每个有既定标准的经济行为，要衡量其合规性，需要从七个方面来衡量，这七个方面也就是审计命题，包括：发生性，完整性，准确性，截止，分类，标准，范围。发生性是指已经记录的该经济行为确实已经发生了，没有虚构；完整性是指所有已经发生的该经济行为都已经确实在记录中了，没有遗漏；准确性是指记录中对该经济行为的相关数据特别是金额的计算是正确的，没有计算错误；截止是指该经济行为记录于恰当的期间，各期间之间没有张冠李戴；分类是指记录中对各经济行为都记录于该类经济行为，各经济行为类型之间没有张冠李戴；标准是指所发生的各类经济行为的金额、数量等符合该类经济行为的既定标准规定的金额、数量标准，没有突破既定标准的规定标准尺度；范围是指所发生的经济行为符合该类经济行为的既定标准的规定范围，没有突破既定标准的规定范围。归纳起来，经济行为的审计标的及审计命题如表8-4所示。

表 8-4 经济行为的审计标的及审计命题

项目		审计命题						
		发生性	完整性	准确性	截止	分类	标准	范围
审计标的	A经济行为	★	★	★	★	★	★	★
	B经济行为	★	★	★	★	★	★	★
	C经济行为	★	★	★	★	★	★	★
	…	★	★	★	★	★	★	★

★表示有这种情形

3.经济制度及其审计命题。就经济制度这类审计主题来说，其审计标的有两种选择：一是制度规范的主要事项，每个主要事项作为一个审计标的；二是制度规范的主要环节，每个主要环节作为一个审计标的。前者适用于一个制度规范多个相关事项的情形，在这种情形下，相关事项中的每一类都单独作为一个审计标的；后者适用于一个制度只规范一类事项，此时，该事项涉及的各个主要环节就成为审计标的。经济制度这类审计主题的审计目标是制度健全性，这个审计目标需要分解落实到各个制度审计标的，从而形成审计命题，一般来说，可以分解为合法性、合理性和遵循性三个审计命题。合法性是指经济制度是符合既定标准的（这里的既定标准主要是外部权威机构颁布的相关法律法规及规章），如果存在不符合既定标准的制度条款，则该命题是伪；合理性是指经济制度是合理的，不存在缺陷，如果存在缺陷，则该命题是伪；遵循性是指经济制度得到了有效的执行，在执行中不存在缺陷，如果执行中存在缺陷，则该命题是伪。归纳起来，经济制度的审计标的及审计命题如表8-5所示。

表8-5　经济制度的审计标的及审计命题

项目		具体审计目标		
		合法性	合理性	遵循性
审计标的	制度审计标的A	★	★	★
	制度审计标的B	★	★	★
	制度审计标的C	★	★	★
	…	★	★	★

★表示有这种情形

（三）需要获取审计证据的审计事项清单

从命题分解过程来说，第三个逻辑步骤是以审计标的及其审计命题为基础，确定需要获取审计证据的审计事项清单。有了审计标的及其审计命题，审计工作的内容已经有了一个基本框架，但是，审计证据并不来源于审计标的，而是来源于记录审计标的的审计载体。有些审计载体存在于被审计单位之内，而有些审计载体则来源于被审计单位之外。由于审计载体不同，会影响审计证据的获取，因此，审计通常需要以审计标的及其需要验证的审计命题为基础，考虑审计载体的情况，确定具体审计事项清单，其基本情况如表8-6所示。

表 8-6　　审计事项清单

审计事项编号	审计标的		审计命题	可能的审计载体
001	A类审计标的	审计标的1	★	★
002		审计标的1	★	★
…		…		
		审计标的2	★	★
		审计标的2	★	★
		…	★	★
	B类审计标的	审计标的1	★	★
		审计标的2	★	★
		…	★	★
	…	…	★	★

★表示有这种内容

在表8-6中，每个独立的具体审计标的及其每一个审计命题是形成审计事项的基础，每个审计标的所承载的审计命题及实施审计取证的可能审计载体，三者共同组成审计事项，一个审计标的如果有多个审计命题，则形成多个审计事项，审计工作就是以针对审计事项来实施审计程序并获取审计证据。

三、审计的命题验证过程

从审计主题及其审计目标，分解形成审计标的及其审计命题，并在此基础上形成审计事项清单，这是审计命题的分解过程。将审计主题及其审计目标分解到了审计事项，有了这种审计事项清单，就确定了审计工作的框架体系了。接下来的问题是，对审计事项清单中的每个审计事项获取审计证据，这就开始了命题验证过程。

命题验证有多种思路，也就形成了多种审计取证模式。在账项基础审计模式下，通过详细检查记录审计事项的审计载体，获取关于每个审计事项的审计证据；在制度基础审计模式下，以内部控制评价为基础，判断哪些内部控制相关的审计事项最容易出问题，将这些审计事项作为重点领域，其他审计事项作为一般领域，在此基础上，获取关于每个审计事项的审计证据（此时，重点审计事项的审计证据是关键）；在现代风险导向审计模式下，通过一定的方法对各审计事项的风险进行评估，确定高风险领域，对高风险领域重点对待，对非高风险领域作一般处理，在此基础上，获取关于每个审计事项的审计证据（此时，高风险审计事项的审计证据是关键）。

然而，无论采用何种审计取证模式，从命题论题的过程来说，其基本逻辑都是相同的，也有三个逻辑步骤：第一步是证明审计事项，第二步是证明审计标的，第三是证明审计主题。下面，我们来具体阐述。

（一）第一步，证明审计事项

命题验证的第一步是对每个审计事项获取审计证据（重点事项和非重点事项对审计证据的证明力要求不同），以判断该审计事项相关的审计标的所承载的审计命题的真伪。很显然，这种证明是基于审计证据所显现的审计事项的真实状况与既定标准之间的相符合程度，凡是二者之间的差异程度不超过重要性标准的，审计命题就是“真”；如果差异程度超过重要性标准，则审计命题就是“伪”。对每个审计事项都获取审计证据，并且都对其承载的审计命题做真伪的判断，这就相当于对每个审计事项都进行了命题验证。

在第一个逻辑步骤中，就财务信息审计来说，每个交易、余额、列报都有多个命题，从而形成多个审计事项，在命题验证阶段，需要以每个审计事项为基础来获取审计证据，再根据该审计证据来判断财务信息错报程度。如果错报在可容忍范围内，就认为该审计事项是真实的；否则，就不能得出这种结论。就业务信息审计来说，每个有独立计算办法的业务指标单独可以作为一个审计标的，每个审计标都有多个审计命题，所以，形成多个审计事项。同样也需要以每个审计事项为基础来获取审计证据，以发现或估计该审计事项存在的错报程度，并在考虑重要性标准的基础上，可以形成对各个审计事项的结论。就经济行为审计来说，每个有既定标准的经济行为都可以作为审计标的，每个审计标的都有多个审计命题，所以，会形成多个审计事项。为此，需要以每个审计事项为对象来获取审计证据，以发现或估计该审计事项所存在的行为偏差程度，并在考虑重要性标准的基础上，可以形成对每个审计事项的结论。就经济制度审计来说，每个制度审计标的都有多个审计命题，从而形成多个审计事项，为此，需要以每个审计事项为基础来获取审计证据，以判断或估计该审计事项存在的制度缺陷，并且在考虑审计重要性标准的基础上，可以形成对该制度审计事项的审计结论。

（二）第二步，证明审计标的

命题验证的第二步是以审计事项验证为基础，形成对审计标的及其所承载审计命题的结论。由于一个审计标的可能承载多个审计命题，所以分解为审计事项。现在，如果要对每个审计标的所承载的审计命题形成结论，就必须以其分解的审计事项的验证结果为基础，也就是汇总所发现的各审计事项存在的偏差，综合判断该审计标的所承载的各类审计命题与既定标准的相符程度，在考虑重要性标准的基础上，形成对该审计标的的审计结论。

在第二个逻辑步骤中，就财务信息审计来说，每个审计事项所发现或估计的错报，需要按审计标的进行汇总，形成各审计标的的错报金额；在此基础上，根据各审计标的的错报金额，同时考虑重要性标准，则可以形成对财务信息各审计标的的审计结论。就业务信息审计来说，每个审计标的的各个审计事项也可能存在已经发现或估计的业务信息错报，需要以审计标的为基础来汇总已经发现或估计的业务信息错报，在考虑重要性标准的基础上，可以形成对各审计标的的审计结论。就经济行为审计来说，每个审计事项都可能存在已经发现或估计的行为偏差，为此，需要以审计标的为对象，对已经发现或估计的行为偏差进行汇总，得到各审计标的的行为偏差汇总数据，在此基础上，可以在考虑重要性标准之后，形成对各审计标的的审计结论。就经济制度审计来说，每个制度审计事项都已经发现一些缺陷，把审计事项其所属的审计标的汇总，就能得到各制度审计标的的制度缺陷，综合考虑各个制度审计标的的制度缺陷，可以根据缺陷认定标准，对制度审计标的形成审计结论。

（三）第三步，证明审计主题

命题验证的第三步是以审计标的的审计结论为基础，形成对审计主题的审计结论。大家知道，审计标的是审计主题的分解，现在要形成对审计主题的审计结论（事实上也就是对该审计主题的审计目标形成结论），当然要以审计主题所分解的审计标的之审计结论为基础。一般来说，一个审计主题可能分解为多个审计标的，该审计主题的审计目标也会分解到审计标的，形成各审计标的所承载的审计命题。综合考虑每个审计主题所承载的所有审计标的的审计结论，汇总所发现的各审计标的的偏差，综合判断各审计主题与既定标准的相符程度，在考虑重要性标准的基础上，对审计主题的审计目标形成结论，这个结论，也就是审计委托人所期望的审计结果。通常来说，这个结论有合理保证和有限保证两种情形，如果关于审计事项、审计标的的相应审计证据具有充分的证据力，则可以发表合理保证审计意见；否则，只能发表有限保证审计意见，甚至只能报告审计发现的事实。

在第三个逻辑步骤中，就财务信息审计来说，财务信息这种审计主题分解为交易、余额、列报这些审计标的，而各个审计标的的错报已经汇总，为此，需要将所有交易、余额、列报的错报进一步汇总，以形成关于财务信息的总体错报情况，在此基础上，考虑重要性准确，形成对财务信息整体的审计结论。就业务信息审计来说，业务信息这个审计主题所分解形成的各个审计标的的错报已经汇总，为此，需要将业务信息所分解的各个审计标的的错报进一步汇总，在考虑重要性标准的基础上，就可以形成关于该业务信息的审计结论。就经济行为审计来说，各个审计标的的行为偏差已经汇总，为此，需要将经济行为所分解的各个审计标的的行为偏差进一步汇总，以确定经济行为偏差的总体情况，在此基础上，考虑重要性标准，形成对经济行为的审计结论。就经济制度审计来说，各制度审计标的的制度缺陷已经确定，在此基础上，将各审计标的的制度缺陷汇总起来，形成所审计经济制度的缺陷汇总，在此基础上，根据缺陷认定标准，对所审计经济制度的缺陷等级进行认定，形成制度有效性的结论。

第三节　电子数据审计的两种定位

电子数据审计定位就是通过电子数据审计得到什么产出，总体来说，可以区分为问题导向和结论导向。下面，首先对两种导向做较深入的理论分析，包括各种导向的内涵、适用条件、影响、价值及局限性；在此基础上，分析电子数据审计两种定位之间的关系及对不同的审计学科和审计人员专业知识的影响。

一、电子数据审计定位之一：问题导向

（一）内涵

电子数据审计定位就是通过电子数据审计得到什么产出。问题导向认为，电子数据记录了审计总体的行为，电子数据审计以这些数据为载体，其目的是找出审计总体所存在的问题。在这种审计定位下，审计产出就是找出的问题，所以，找出问题是关键。找出问题的多少，决定了审计产出的多寡；找出问题的严重程度，也决定了审计产出的水平。

在这种定位下，既然找出问题是关键，那么，对“问题”的界定或认知就显得非常重要。例如，有的审计机构主要关注大案要案，很显然，“大案要案”就是要找的问题。不同审计业务的审计主题不同，所关注的问题也会不同。一般来说，财务审计的审计主题是财务信息，所以，这种审计业务下寻找的问题是财务信息虚假，找出的财务信息虚假越多，审计产出也就是越多；绩效审计的审计主题是绩效信息，所以，这种审计业务下寻找的问题是绩效信息虚假、绩效水平低下，找出的绩效信息虚假、绩效水平低下越多，审计产出也就越多；合规审计的审计主题是经济行为，所以，这种审计业务下寻找的问题是违规行为，找出的违规行为越多，基于是大案要案，则审计产出也就是越

多；制度审计的审计主题是经济制度，所以，这种审计业务下寻找的问题是制度缺陷，找出的制度缺陷越多，审计产出也就越多（郑石桥，2019）。

在问题导向定位下，审计报告主要报告发现的问题，并不对审计总体形成结论，当然也就没有总体结论；如果也有审计结论的话，只是针对每个发现问题的结论，这种结论不代表审计总体状况，只是对每个具体问题的定性结论。所以，从保证程度来说，问题导向定位下的审计类似于有限保证，只报告发现的事实，并不根据发现的事实来推断总体状况；即使是对审计总体全部实施了电子数据审计，也不对审计总体形成结论。

在问题导向定位下，并不依赖审计客体提供责任方报告，无论审计客体是否有责任方报告，审计人员都可以通过电子数据来寻找其所要寻找的问题。所以，这种定位下的电子数据审计，可以是直接报告业务，也可以是基于责任方认定的业务。

（二）适用条件

由于是以寻找问题为定位，对于审计总体究竟有多少问题并不清楚，并且由于并不要求对审计总体形成结论，所以，找出多少问题并无特定的要求。从逻辑上来说，有三种情形：一是电子数据中体现的审计总体的主要问题都找出来了；二是电子数据中体现的审计总体的主要问题，只是找出了一部分；三是电子数据中体现的审计总体的主要问题，基本上都没有找出来。无论何种情形下，审计报告中都只报告已经找出的问题，并没有根据这些问题来推断审计总体的状况，所以，上述三种情形中的任何一种出现，问题导向定位下的审计，都是可以接受的。所以，当电子数据审计定位于问题导向时，凡是有电子数据的审计总体，都可以适用这种定位。无论这些电子数据是否形成完整的审计载体，都不影响对这些电子数据进行问题导向的分析。

（三）影响

将电子数据审计定位于问题导向，对审计流程、技术方法、效率效果及审计风险都会产生影响。

从审计流程来说，这种定位下的电子数据审计，最重要的是数据分析发现疑点，然后对发现的疑点进行核实，审计准备阶段、审计实施阶段、审计报告阶段的界线并不明显，“总体分析，发现疑点，分散核实，系统研究”“七步流程法”都一定程度上是对这种审计流程的概括。

从技术方法来说，由于问题导向下的电子数据审计，其最核心的问题是发现疑点和核实疑点，所以，技术方法也是围绕这两个问题。发现疑点主要是电子数据分析方法，而核实疑点并无很强的技术要求，所以，基于电子数据来分析、发现问题的技术方法是核心技术。而且在问题导向定位下，电子数据分析究竟需要分析些什么问题，通常也无周延性的清单，所以，需要分析哪些问题，也是分析人员基于其经验或借鉴其他类似的审计项目来进行，所以，此时的电子数据分析方法与经典审计原理也无直接关联。总体来说，此时的关键技术是能发现问题的数据分析技术，电子数据分析过程的实质是数据发掘过程，并不是要证明一个命题的过程，这种过程与经典审计原理无直接关联（裴育、郑石桥，2016）。也正是由于问题导向定位下的电子数据审计具有这种技术特征，所以，审计核心知识是数据分析知识及审计客体相关的业务知识。

从效率、效果来说，问题导向下的电子数据审计，由于直奔查找问题，如果审计人员猜想可能存在的问题与审计总体存在的问题基本相同，则找出问题的可能性较大，因此，具有较高的效率；但是，如果审计人员猜想审计总体可能存在的问题与审计总体存在的问题不同，则找出问题的可能性就不大，审计效率就不高。所以，对于问题导向定位，审计效率的关键决定于审计人员对审计总体可能存在问题的猜想。从审计效果来说，一方面决定于找出问题的可能性，另一方面则决定于对于发现问题的责任追究及制度完善情况。如果发现问题的可能性较高，则审计效率较好，否则，审计效果就较差。而发现问题的可能性，则主要决定于审计人员猜想审计总体可能存在的问题与审计总体存在的问题的一致性，一致性越高，发现问题的可能性也就是越高。总体来说，问题导向下的电子数据审计，其审计效率、效果决定于审计人员对审计总体可能存在问题的猜想，具有不确定性。

从审计风险来说，由于审计人员只报告已经发现的问题，对发现的问题进行定性，而并不能对审计总体形成结论，所以，审计风险只是在于对发现问题的认定和定性，并不存在由于对审计总体形成结论而产生的风险。就审计项目风险控制来说，其关键是将问题的相关事项搞清楚，并准备定性，其风险在于问题相关事项未搞清楚或问题定性不当。总体来说，这种类型的审计风险控制并不难。

（四）价值及局限性

问题导向下的电子数据审计，尽管定位于寻找问题，并且只报告已经发现的问题，而不对审计总体形成结论，但是，这种审计也是有价值的，具体体现在三个方面：

第一，能找出审计总体存在的问题，从而发现揭示功能。由于是问题导向，定位于寻找审计总体存在的问题，所以，总是能一定程度上发现审计总体所存在的问题，所以，从某种程度来说，问题导向的电子数据审计具有揭示功能，如果经验较丰富，这种揭示功能的效率、较高、效果也较好。一些审计机构采用这种审计定位，通过实验也积累了较丰富的经验，因此，发现了不少的问题，为解决这些问题奠定了基础，从而在经济社会中发挥了积极的作用，审计价值也得以彰显。

第二，能在一定程度上抑制审计总体问题的发生，从而发挥预防功能。问题导向下的电子数据审计，定位于查找问题，如果对于所找出的问题，进行责任追究，则问题的责任者将会面临负面后果，在这种制度安排下，问题导向电子数据审计能通过个别预防和一般预防两个路径来发挥对问题发生的抑制作用。从个别预防来说，如果对问题的责任者进行了责任追究，则该责任者以后再发生同类问题的可能性会大大降低，抑制了该责任者今后再发挥同类问题的可能性。从一般预防来说，某责任者因为出现问题而被追究责任，产生了负面后果，其他主体看到了这种责任追究，如果要策划类似的行为，考虑到被发现以后的负面后果，也可能放弃所策划的行为，从而产生了一般预防的作用。

第三，能在一定程度上促进相关体制机制制度完善，从而发挥抵御功能。问题导向电子数据审计发现了问题，如果在此基础上，再追踪问题的产生原因，则可能发现体制机制制度缺陷，这些缺陷是问题的产生原因。如果以此为基础，提出完善体制机制制度的建议，推动体制机制制度完善，则该类问题以后再产生的制度根源就消除了，从而发挥了抵御功能。

尽管问题导向电子数据审计有其价值，能一定程度上发挥揭示功能、预防功能和抵御功能，但是，其局限性也是很明显的，主要表现在两个方面：

第一，不能对审计总体形成结论。让我们以一个例子来说明这种局限性。有两个人来医院体检，A医生凭借其经验，对体检人是否存在某三个方面的病进行了检查，检查完成之后，只能告诉检查人是否存在这三方面的病，但是，无法对病人是否健康做出结论；B医生则不同，他首先根据医学理论，对人体健康所要检查的问题列出了一个清单，检查这个清单所列出的问题之后，就能对检查人身体是否健康做出结论。上述两个医生，如果你作为需要检查的人，会选择哪个医生呢？很显然，体检人会倾向于选择B医生。问题导向审计类似于A医生，这个医生虽然也能检查出一些病，但是，检查人更加关注的是“总体来说，本人是否健康”，没有这个结论，检查人的目的则没有达到。问题导向电子数据审计，类型于A医生，虽然发现审计中的一些问题，但是，利益相关者更加关注的是审计总体的整体状况，如果只是报告已经发现的问题，利益相关者会问，“除了这些已发现的问题，是否还有未发现的问题呢？”问题导向电子数据审计定位无法回答这个问题，正因为此，总体来说，问题导向电子数据审计存在期望差，其审计产出与利益相关者希望的审计产出存在差异。

第二，问题导向电子数据审计，虽然是定位于查找问题，但是对于要找哪些具体问题，并无规律性的清单，每个具体的审计项目，都是审计人员基于经验或借鉴类似审计项目已经查出的问题，猜想本审计项目所要查出的问题。这种猜想的问题与审计总体实际存在的问题的一致性程度，完全决定于审计人员的猜想水平，所以，问题导向电子数据审计表现出较高程度的经验依赖，并且还未形成推广、可复制的规律性经验。正是由于问题导向电子数据审计的这个缺陷，使电子数据审计的产出具有较大的不确定性。同时，由不同审计人员实施的审计项目之间会呈现较大的差异性。

二、电子数据审计定位之二：结论导向

（一）内涵

电子数据审计定位就是通过电子数据审计得到什么产出。结论导向认为，电子数据记录了审计总体的行为，电子数据审计以这些数据为载体，需要寻找审计总体存在的问题，但是，寻找问题并不是目的，其目的是要对审计总体的某些特征形成结论，寻找问题是服务于形成总体结论的。在这种定位下，电子数据审计的产出有两种：一是发现的问题；二是形成关于审计总体某些特征的结论。发现问题是服务于总体结论的。审计并不是为发现问题而发现问题，而是为了对审计总体的某些特征形成结论。

结论导向电子数据审计需要对审计总体的某些特征形成结论，所以，对于审计总体“特征”的确定就显得非常重要。一般来说，审计总体的“特征”是审计直接目标的体现，需要以审计直接目标为基础来确定，不同的审计目标，会有不同的特征维度，而审计目标又是以审计主题为基础的，所以，审计总体“特征”的真正基础是审计主题。不同的审计主题，其审计目标不同，进而也会有不同的特征维度，从而需要审计人员形成结论的特征也就不同。表8-7列示了不同审计主题的审计目标、可能发现的问题及需要形成结论的特征。

表8-7 审计主题、审计目标、可能发现的问题及需要形成结论的总体特征

项目		审计目标	可能发现审计总体存在的问题类型	需要形成结论的审计总体特征
审计主题	财务信息	真实性	财务信息虚假	财务信息整体是否真实
	绩效信息	真实性、效益性	绩效信息虚假、绩效低下	绩效信息整体是否真实、绩效整体水平处于何种程度
	经济行为	合规性	违规行为	行为整体是否合规
	经济制度	健全性	制度缺陷	制度整体是否健全

从保证程度来说，结论导向定位下的审计类似于合理保证，要根据发现的问题来推断总体状况，要对审计总体形成结论。

在结论导向定位下，并不依赖审计客体提供责任方报告，无论审计客体是否有责任方报告，审计人员都可以通过电子数据来设计审计方案以寻找其所要寻找的问题，并根据发现的问题来推断审计总体状况，所以，这种定位下的电子数据审计，可以是直接报告业务，也可以是基于责任方认定的业务。

（二）适用条件

结论导向电子数据审计，需要对审计总体发表意见，其审计取证需要采用论题论证型取证模式，所以，需要有完整的电子审计载体，这里的“完整”是指电子数据对审计主题有全面、系统的记录，并且，电子数据是分层级的，各层级电子数据之间存在对应关系，从上一层级的电子数据能跟踪到下一层级的电子数据，而通过下一层级的电子数据能验证上一层级的电子数据，用计算机术语来说，就是这些数据是可以穿透的。有了完整的电子数据，审计人员可能基于各个具体审计目标（也就是分解后的审计命题）来进行电子数据分析并获取证据。

需要说明的是，完整的电子数据并不一定都来源于审计客体。在审计客体之外，与审计客体有关的一些单位，也存在一些记录审计客体交易的数据，这些数据的可靠性更高，所以，从这些单位获取的数据也是电子数据的重要来源，电子数据的完整性也包括这部分数据。

从目前的情况来看，财务信息及财务收支活动一般都存在完整的电子数据，可以适用结论导向电子数据审计，有些业务信息、业务活动、制度执行有完整的电子数据，也可以考虑采用结论导向电子数据审计，而有些业务信息、业务活动、制度执行则缺乏完整的电子数据，难以采用结论导向电子数据审计，只能采用问题导向电子数据审计。

（三）影响

将电子数据审计定位于结论导向，对审计流程、技术方法、效率效果及审计风险都会产生影响。

从审计流程来说，结论导向电子数据审计要采用体现风险导向思想的命题论证型取证模式，必须以审计主题为基础，先从直接审计目标出发，进行命题分解，将审计主题分解为审计标的，将直接审计目标分解为具体审计命题或具体审计目标，确定需要验证的审计事项及其命题清单，并且，这个清单具有周延性，包括所有需要验证的主要事项及命题，这个过程体现为命题分解过程；在此基础上，以电子数据分析作为主要方法，进行风险评估，根据风险评估的结论来设计针对审计事项及其命题的进一步审计程序，根据进一步审计程序来获取审计证据以证明具体审计命题，这个过程体现为命题论证过程（郑石桥，2018；郑石桥，2019）。总体来说，结论导向电子数据审计并未改变经典的审计流程，只是各个阶段所采用的技术方法发生了较大的变化，“风险评估，风险应对”仍然是对这种审计流程的恰当概括。

从技术方法来说，结论导向电子数据审计在不同的阶段，有不同的核心技术，作为命题论证取证模式的逻辑起点，需要分解确定审计事项及其命题清单，这需要经典审计原理来支撑；在风险评估阶段，需要采用一定的方法来评估各个审计事项及其命题的风险，此时，电子数据分析发挥骨干作用，其他方法发挥辅助性作用；在风险应对阶段，电子数据分析可以作为进一步审计程序的一种类型，在中低风险的审计事项及其命题的审计中发挥主要作用，在高风险的审计事项及其命题的审计中发挥辅助作用；在审计结论形成阶段，审计人员需要根据已经查出的问题来确定审计事项的结论，并根据各个审计事项的结论来推断审计标的及审计主题的结论，在这个过程中，审计重要性程序及审计人员的职业判断发挥重要作用，电子数据分析进行总体复核，但并不是关键技术。

从审计效率来说，由于采用命题论证型取证模式，需要按命题分解和命题论证的逻辑步骤来实施审计过程，并且，还需要对审计总体形成结论，所以，相对于问题导向电子数据审计来说，这个过程较为复杂，一定程度上可能影响审计效率。从审计效果来说，由于对于要查证的问题事先有一个具有周延性的审计事项及其命题清单，再加上电子数据是完整的，所以，能够以合理保证找出审计总体所存在的问题，并能对审计总体形成结论，所以，审计效果好于问题导向电子数据审计。

从审计风险来说，结论导向电子数据审计的审计风险有两个层级：一是关于审计发现问题的风险，主要表现为问题真相没有搞清楚，或者是对问题的定性不当，这类审计风险与问题导向电子数据审计相同；二是关于审计总体之审计结论的风险，由于要基于发现的问题，对审计总体形成结论，而这个结论可能是错误的，从而形成整体审计风险，这种风险在问题导向电子数据审计中并不存在，而是结论导向电子数据审计特有的风险。

（四）价值及局限性

结论导向电子数据审计，以周延性的审计事项及其命题为基础，能够以合理保证找出审计总体所存在的问题，所以，问题导向电子数据审计以查出问题为路径来带来的价值，结论导向电子数据审计都具有，并且，由于查出问题的保证程度高于问题导向电子数据审计，所以，发挥的价值功能更大，所以，相对于问题导向电子数据审计，结论导向电子数据审计能较大程度发挥揭示功能、预防功能和抵御功能，这些功能发挥的具体路径与问题导向电子数据审计基本相同，这里不再赘述。

除此之外，由于结论导向电子数据审计对审计总体的整体性结论，这个结论弥补了审计期望差，具有较大的价值。根据这个审计结论，利益相关者可以判断责任方履职情况，对责任方进行激励和约束，利益相关者也可以将审计结论用于相关决策，以提高其经济活动的效率效果。

当然，结论导向电子数据审计了也有其局限性，主要体现在三个方面：第一，对于审计总体中存在的问题，只能以合理保证查出来，这个保证水平尽管已经较高，但是，毕竟不是绝对保证，所以，即使审计结论是肯定性的，但并不排除审计总体中仍然存在具有重要性的问题未能查出来，当然，这个局限性符合成本效益原则，通常情形下并不需要消除这种局限性。第二，结论导向电子数据审计需要完整的电子数据作为审计载体，在一些情形下，这个要求可能难以实现，因此，结论导向电子数据审计的适用范围可能受到限制。第三，结论导向电子数据审计需要进行命题分解和命题论证，因此，除了需要掌握数据分析知识和审计客体的业务知识外，还需要掌握经典审计知识，否则，无法按命题论证取证模式来实施审计。

三、电子数据审计两种定位之间的关系

根据本节前面的分析，电子数据审计定位区分为问题导向和结论导向，无论何种导向，都需要寻找审计总体中存在的问题，但是，寻找问题的思路并不相同。问题导向主要是凭经验找问题，找到问题的保证程度属于有限保证，所以，不能根据找出的问题来推断总体状况。图8-2中的C区域表示问题导向定位下找出的问题，这个区域是不规则区域，与表示总体中所存在问题状况的A区域不具有相似性。结论导向则不同，它需要设计找问题的方案，根据这个设计方案找问题，具有两方面的特征：一是能以较高保证程度找出审计总体中存在的问题；二是找出的问题能代表审计总体中的问题分布。图8-2中的B区域表示结论导向下找出的问题，这个区域是圆形，与表示总体中所存在问题状况的A区域具有相似性。

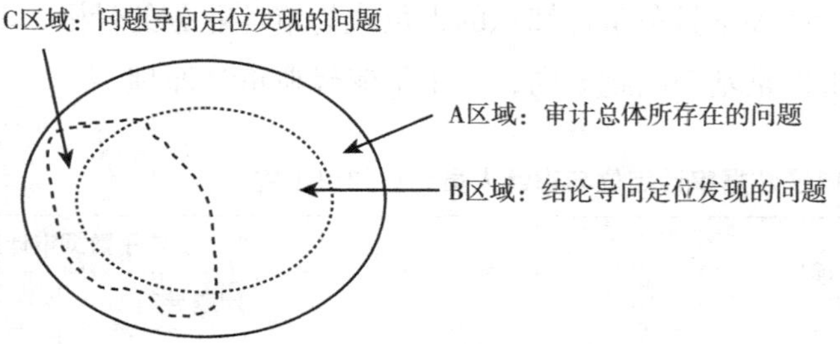

图8-2 两种定位之间的关系

由于问题导向是基于经验来找问题，而结论导向是基于设计来找问题，通常情形下，结论导向找出的问题要多些，所以，图8-2中区域B的面积要大于区域C的面积。但是，问题导向定位下，也可能找出某些结论导向下不能找出的问题，所以，图8-2中的区域C并不完全在区域B之内，有部分区域在区域B之外，这部分区域代表问题导向有可能找出而结论导向有可能找不出的问题。

四、电子数据审计定位对审计学科和审计人员专业知识的影响

从保证程度来说，审计区分为有限保证和合理保证。有限保证的审计也称为“审阅”。但是，从学科发展来说，并未出现基于合理保证的审计学和基于有限保证的审阅学之区分，从实务操作来说，认为审阅是审计的简化。正是由于上述原因，经典审计学是以合理保证为背景的审计学，并不存在以有限保证为背景的审阅学。

当电子数据审计出现问题导向和结论导向两种定位时，以结论导向为背景的审计学基本原理仍然是经典审计学原理，但是，问题导向审计学与经典审计学原理有很大的不同。如果实务中有大量的电子数据审计业务是问题导向，而审计学还是经典审计学，则审计学与审计实务将存在巨大的差异，理论与实践将严重脱节，所以，审计学必须面向审计现实，要以积极的态度发展基于问题导向的审计学。目前，这种审计学还没有产生。一般认为，审计学科主要包括审计学基础、财务审计学、合规审计学、绩效审计学和制度审计学（郑石桥、郑卓如，2015），上述五种审计学都要包容问题导向审计学和结论导向审计学，这将带来审计学的巨大变化。

从审计人员专业知识结构来说，电子数据审计不同定位下的专业知识结构如表8-8所示。一方面，无论电子数据审计如何定位，审计客体相关知识、电子数据分析相关知识都是必须具备的。但是，由于问题导向定位下的审计并不需要依赖经典审计原理，所以，也不需要具备经典审计原理知识。例如，在

审计实践中，许多不具备审计知识的人员成为审计业务的骨干，其原因是其所从事的审计工作是基于问题导向，并不依赖经典审计原理。

表 8-8 电子数据审计定位与审计人员专业知识结构

项目			电子数据审计定位	
			问题导向	结论导向
专业知识结构	各类审计业务通用知识	审计客体相关知识	★	★
		电子数据分析相关知识	★	★
		经典审计原理知识	*	★
	各类审计业务专用知识	财务审计：会计	★	★
		合规审计：财经法律法规	★	★
		绩效审计：绩效管理	★	★
		制度审计：内部控制	★	★

★表示有这种情形，*表示没有这种情形

另一方面，除了通用知识之外，不同类型的审计业务，有其需要的专门知识，财务审计关注的财务信息是否真实，会计知识是前提；合规审计关注经济行为是否合规，了解掌握财经法律法规是前提；绩效审计要服务于绩效管理，掌握绩效管理相关知识是前提；制度审计要对制度进行判断，内部控制知识是前提。

第四节　电子数据审计分析内容的逻辑框架

本节以审计的技术逻辑为基础来分析电子数据审计分析内容的逻辑框架，并用一个例证来进一步说明这个内容框架。

一、电子数据审计分析内容的逻辑框架

从审计主题及其审计目标出发，分解得到审计标的及其审计命题，在此基础上，形成审计事项清单。凡是有电子数据且可以建立分析模型的审计事项，都可以进行电子数据分析。具体来说，电子数据分析内容框架包括审计主题及其审计命题、审计标的及其审计命题、审计事项，共三个层级。事实上，确定电子审计数据分析内容，必须确定需要获取审计证据的审计事项清单，但是，这个审计事项清单是以审计标的及其审计命题为基础，而审计标的及其审计命题又是以审计主题及其审计目标为基础，所以，从逻辑上来说，电子数据审计分析的内容框架是按图 8-3 所示的逻辑过程来确定的。

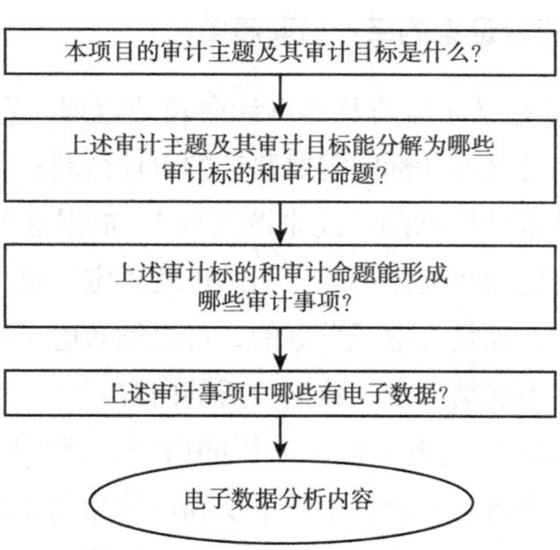

图8-3 确定电子数据审计分析内容的步骤

（一）审计主题及其审计目标

对于每个审计项目，首先必须确定该审计项目主要关注的事项是什么，也就是确定该审计项目的审计主题是什么。一般来说，财务信息、业务信息、经济行为、经济制度都可能成为独立的审计主题，也可能是上述多种审计主题组合，也就是在一个审计项目中包括多个审计主题。在具体实施中，对审计主题不能只是确定某一类，还必须具有确定是什么样本的审计主题。例如，财务信息作为审计主题，具体是哪些财务信息；业务信息作为审计主题，具体是哪些业务信息；经济行为和经济制度作为审计主题也是如此。确定了审计项目的审计主题还不够，更为重要的是，要确定针对每个审计主题的审计目标是什么，表8-1列示了审计主题与审计目标之间的关系，这种关系不能错配，因此审计目标的不同，对需要围绕这个目标来收集的审计证据有重要影响，从而也会影响电子数据审计分析所需要关注的内容维度。

（二）审计标的及其审计命题

有了审计主题及其审计目标，审计什么的问题还没有完全解决，接下来的问题是对审计主题及其审计目标进行分解，形成审计标的及其审计命题。审计标的是审计主题的具体化或分解，而审计命题（或称为“具体审计目标”）是审计目标在特定审计标的上的体现。一般来说，一个审计主题可以分解为审计标的，而一个审计目标也可以分解为多个审计命题，同时，一个审计标的也可能承担多个审计命题。至此，围绕特定的审计主题，需要对哪些审计命题进行验证，已经基本有了一个框架，这也为电子数据审计分析确定了基本的框架。

（三）需要获取审计证据的审计事项清单

审计事项清单是对审计标的及其审计命题的梳理，它有三个要素：一是特定的审计标的；二是该审计标的需要验证的审计命题；三是该审计标的的可能审计载体（也就是审计证据的可能来源之处）。根据这个清单，就确定了需要获取审计证据来论题的命题体系了，当然也就决定了电子数据分析的内容体系。审计事项清单中，凡是有电子数据的，可以纳入电子数据分析的内容；没有电子数据的，当然不能纳入电子数据分析的内容。

如果按以上步骤来确定电子数据分析的内容，就是以审计主题和审计目标为起点，得到了一个具有周延性审计事项和审计命题体系，有了这个审计具有周延性的内容框架，一方面解决了“电子数据审计分析究竟要分析些什么问题”的问题，这里的审计事项和审计命题就是要分析的问题；另一方面，由于这些审计命题具有周延性，对所有的这些命题获取证据之后，就能对总体形成结论，从而解决了“对电子数据分析发现的疑点进行核实之后，仍然无法对总体形成结论”的问题。审计实践中，一些审计人员特别是计算机审计人员，并不了解该审计项目的审计主题及其审计目标，关注的是抓问题、抓大案要案，以此为出发点进行电子数据分析，审计工作没有清晰的方向和边界，结果是将审计泛化成经济检查，只能发现一些问题，但无法根据发现的问题对总体形成结论。

二、例证分析

以上分析了电子数据审计分析内容框架之确定步骤。下面，通过一个例证来介绍这个过程的具体应用。假设对某企业年度财务报告进行审计，该企业会计核算已经全部电子化，对该企业相关电子数据进行分析，要分析哪些问题？

（一）审计主题和审计目标

就审计主题来说，企业年报属于财务信息，包括资产负债表、利润表、现金流量表、股东权益及其变动表这些主要的会计报表；就审计目标来说，是上述这些财务信息的真实性，通过审计，审计人员要对年度会计报表的真实性发表意见。

（二）审计标的和审计命题

年度会计报表作为一个整体是无法审计的，因此，需要将年度会计报表进行分解。一般来说，将年度会计报表中的信息进行分解为交易、余额、列报的信息，并且，通常还会将企业的业务经营活动及财务活动划分为几个交易循环，每个交易循环中都有交易、余额、列报。就制造业企业来说，交易循环及交易、余额、列报情况如表8–9所示。

表8–9 制造业企业的财务信息分解形成的审计标的

项目		审计标的		
		交易	余额	列报
交易循环	销售与收款循环	★	★	★
	采购与付款循环	★	★	★
	生产与存货循环	★	★	★
	人力资源与工薪循环	★	★	★
	投资与筹资循环	★	★	★
	货币资金	★	★	★

★表示有这种情形

表8–9中，每个交易循环都有若干个交易、余额、列报，对于每个交易循环的每个交易、余额、列报，还需要确定其审计命题（也就是审计目标在这个审计标的上的具体体现），交易、余额、列报的审计命题不同。以销售与收款循环为例，其包括的交易、余额、列报及其相应的审计命题如表8–10所示。其他各个交易循环需要按表8–10的做法确定该交易循环的审计标的和审计命题。

表8–10 销售与收款循环的审计标的及其审计命题

标的类型	具体标的	审计命题（具体审计目标）
交易	现销交易	发生性，完整性，准确性，截止，分类
	赊销交易	发生性，完整性，准确性，截止，分类
	销售调整交易	发生性，完整性，准确性，截止，分类
	收款交易	发生性，完整性，准确性，截止，分类
余额	主营业务收入	存在性，权利和义务，完整性，计价和分摊
	销售折让	存在性，权利和义务，完整性，计价和分摊
	其他业务收入	存在性，权利和义务，完整性，计价和分摊
	应收账款	存在性，权利和义务，完整性，计价和分摊
	坏账准备	存在性，权利和义务，完整性，计价和分摊
	应收票据	存在性，权利和义务，完整性，计价和分摊
	长期应收款	存在性，权利和义务，完整性，计价和分摊
	预收款项	存在性，权利和义务，完整性，计价和分摊
	应交税费	存在性，权利和义务，完整性，计价和分摊

续表

标的类型	具体标的	审计命题（具体审计目标）
列报	营业收入	发生及权利和义务，完整性，分类和可理解性，准确性和计价
	营业税金及附加	发生及权利和义务，完整性，分类和可理解性，准确性和计价
	销售费用	发生及权利和义务，完整性，分类和可理解性，准确性和计价
	应收票据	发生及权利和义务，完整性，分类和可理解性，准确性和计价
	应收账款	发生及权利和义务，完整性，分类和可理解性，准确性和计价
	坏账准备	发生及权利和义务，完整性，分类和可理解性，准确性和计价
	预收款项	发生及权利和义务，完整性，分类和可理解性，准确性和计价
	长期应收款	发生及权利和义务，完整性，分类和可理解性，准确性和计价
	应交税费	发生及权利和义务，完整性，分类和可理解性，准确性和计价

（三）审计事项清单

每个交易循环都确定了类似于表8-10所示的审计标的及其审计命题。可以发现，年度会计报表审计需要对许多的审计标的及许多审计命题来获取审计证据。为了更加有条理地编制获取审计证据，需要对审计标的及其审计命题进行整理，形成需要获取审计证据的审计事项清单。通常来说，每个审计标的的每个审计命题都会形成独立的审计事项，在审计事项清单中，凡是有电子数据的，就纳入电子数据审计分析的范围。以表8-10所示的销售与收款循环的审计标的及其审计命题为例，审计事项清单及电子数据审计分析的范围如表8-11所示。其他各个交易循环也需要形成类似于表8-11的审计事项清单。

表8-11　　销售与收款循环的审计事项清单及电子数据审计范围

标的类型	具体标的	审计事项	是否有电子数据
交易	现销交易（5个审计事项）	现销交易发生性	
		现销交易完整性	
		现销交易准确性	
		现销交易截止	
		现销交易分类	
	赊销交易（5个审计事项）	赊销交易发生性	
		赊销交易完整性	
		赊销交易准确性	
		赊销交易截止	
		赊销交易分类	

续表

标的类型	具体标的	审计事项	是否有电子数据
交易	销售调整交易（5个审计事项）	销售调整交易发生性	
		销售调整交易完整性	
		销售调整交易准确性	
		销售调整交易截止	
		销售调整交易分类	
	收款交易（5个审计事项）	收款交易发生性	
		收款交易完整性	
		收款交易准确性	
		收款交易截止	
		收款交易分类	
余额	主营业务收入（4个审计事项）	主营业务收入存在性	
		主营业务收入权利和义务	
		主营业务收入完整性	
		主营业务收入计价和分摊	
	销售折让（4个审计事项）	销售折让存在性	
		销售折让权利和义务	
		销售折让完整性	
		销售折让计价和分摊	
	其他业务收入（4个审计事项）	其他业务收入存在性	
		其他业务收入权利和义务	
		其他业务收入完整性	
		其他业务收入计价和分摊	
	应收账款（4个审计事项）	应收账款存在性	
		应收账款权利和义务	
		应收账款完整性	
		应收账款计价和分摊	
	坏账准备（4个审计事项）	坏账准备存在性	
		坏账准备权利和义务	
		应收账款完整性	
		坏账准备计价和分摊	
	应收票据（4个审计事项）	应收票据存在性	
		应收票据权利和义务	
		应收票据完整性	
		应收票据准备计价和分摊	

续表

标的类型	具体标的	审计事项	是否有电子数据
余额	长期应收款（4个审计事项）	长期应收款存在性	
		长期应收款权利和义务	
		长期应收款完整性	
		长期应收款计价和分摊	
	预收款项（4个审计事项）	预收款项存在性	
		预收款项权利和义务	
		预收款项款完整性	
		预收款项计价和分摊	
	应交税费（4个审计事项）	应交税费存在性	
		应交税费权利和义务	
		应交税费完整性	
		应交税费款计价和分摊	
列报	营业收入（4个审计事项）	营业收入发生及权利和义务	
		营业收入完整性	
		营业收入分类和可理解性	
		营业收入准确性和计价	
	营业税金及附加（4个审计事项）	营业税金及附加发生及权利和义务	
		营业税金及附加完整性	
		营业税金及附加分类和可理解性	
		营业税金及附加准确性和计价	
	销售费用（4个审计事项）	销售费用发生及权利和义务	
		销售费用完整性	
		销售费用分类和可理解性	
		销售费用准确性和计价	
	应收票据（4个审计事项）	应收票据发生及权利和义务	
		应收票据完整性	
		应收票据分类和可理解性	
		应收票据准确性和计价	
	应收账款（4个审计事项）	应收账款发生及权利和义务	
		应收账款完整性	
		应收账款分类和可理解性	
		应收账款准确性和计价	

续表

标的类型	具体标的	审计事项	是否有电子数据
列报	坏账准备（4个审计事项）	坏账准备发生及权利和义务	
		坏账准备完整性	
		坏账准备分类和可理解性	
		坏账准备准确性和计价	
	预收款项（4个审计事项）	预收款项发生及权利和义务	
		预收款项完整性	
		预收款项分类和可理解性	
		预收款项准确性和计价	
	长期应收款（4个审计事项）	长期应收款发生及权利和义务	
		长期应收款项完整性	
		长期应收款分类和可理解性	
		长期应收款准确性和计价	
	应交税费（4个审计事项）	应交税费发生及权利和义务	
		应交税费项完整性	
		应交税费分类和可理解性	
		应交税费准确性和计价	

表8-11确定的审计事项清单，是一个具有周延性审计事项和审计命题体系，有了这个审计具有周延性的内容框架，一方面解决了“电子数据审计分析究竟要分析些什么问题”的问题；另一方面，由于这些审计命题具有周延性，对所有的这些命题获取证据之后，就能对总体形成结论，从而解决了“对电子数据分析发现的疑点进行核实之后，仍然无法对总体形成结论”的问题。

第五节　审计组织方式统筹的理论逻辑

党中央、国务院要求实行审计全覆盖，审计监督任务重、要求高，必须加强审计项目和审计组织方式“两统筹”。2019年，审计署发布《关于做好审计项目审计组织方式“两统筹”有关工作的通知》，并制定了做好“两统筹”有关工作的具体措施。各级地方审计机关根据各自的具体情况，制定了“两统筹”的实施办法。“两统筹”包括审计项目统筹和审计组织方式统筹，与本章内容相关的是审计组织方式统筹。本节介绍审计组织方式统筹的相关要求，并分析其理论逻辑。

一、审计组织方式统筹的相关要求

审计组织方式统筹是指同一审计机关的不同部门以及不同层级的审计机关之间，在实施审计项目时要做到统筹融合和相互衔接，优化免审计资源使用。

审计组织方式统筹，需要积极推进跨层级、跨专业、跨区域审计资源的优化配置。

审计组织方式统筹，需要加强审计机关之间的沟通衔接，形成全国审计工作"一盘棋"。上级审计机关在安排审计项目时，要加强与下级审计机关审计计划的衔接。各级审计机关之间要做好沟通协调，加强审计信息和成果共享，更好发挥监督合力，不断提升审计监督效能。

审计组织方式统筹，需要坚持科技强审，积极推广运用大数据审计，为实现审计全覆盖提供有力支撑。

审计组织方式统筹，需要进一步淡化部门、专业限制，努力构建多专业有机融合、多层级优势互补、多部门高效协同的审计模式。

审计组织方式统筹，需要强化对审计机关人力资源情况的实时掌握和调度，做到人事相宜、动态平衡。

审计组织方式统筹，需要统筹运用审计成果，建立上下级审计机关之间、同级审计机关之间以及审计系统的成果统筹运行机制。

二、审计组织方式统筹的理论逻辑

强调审计组织方式统筹的原因：一是作为审计项目统筹的实现手段；二是作为优化审计资源利用效率的手段。

（一）审计组织方式统筹作为审计项目统筹的实现手段

审计项目统筹是加强不同类型审计项目的统筹融合和相互衔接，积极探索融合式、嵌入式、"1+N"等审计项目组织方式，努力做到"一审多项""一审多果""一果多用"。强调审计项目统筹的主要原因是避免两类重复审计：一是同一审计机关的不同审计项目之间的重复；二是不同层级审计机关之间的重复。

审计项目统筹之后，必然要求审计组织方式也要进行统筹。同一审计机关的不同审计项目之间的统筹，必然要求同一审计机关的不同部门在实施审计项目时进行统筹；不同层级审计机关之间的审计项目之间的统筹，必然要求各层级审计机关在实施审计项目时进行统筹。所以，审计组织方式统筹是审计项目统筹的实现手段，没有审计组织方式的统筹，审计项目统筹无法落地。

（二）审计组织方式统筹作为优化审计资源利用效率的手段

优化审计资源利用效率有两种情形：一是不同层级审计机关的审计资源优化利用；二是同一审计机关不同部门的审计资源优化利用。

关于不同层级审计机关的审计资源优化利用，目前，中国的行政区划有五个行政层级：中央（国家）、省（自治区、直辖市）、市（地区、自治州、盟）、县（区、旗、县级市）、乡（镇、街道）。根据《中华人民共和国宪法》和《中华人民共和国审计法》，建立了四个层级的审计机关，乡（镇、街道）这个层级没有审计机关，县（区、旗、县级市）及其以上行政层级都建立了审计机关。省（自治区、直辖市）审计机关、市（地区、自治州、盟）审计机关、县（区、旗、县级市）审计机关统称“地方审计机关”，都实行双重领导，既向本级党委和政府负责，也向上级审计机关负责。四个层级的审计机关需要划分各自的审计管辖范围，在审计资源利用上可能出现的问题是，不同层级审计机关如果只在各自的管辖范围内开展工作，可能形成两方面的资源问题：一是各层级审计机关开展工作的时间存在差别，某一层级的审计机关在某一时期的审计任务相对较少，而其下级或上级审计机关的审计任务在该时期又相对较多，如果不能统筹，则形成审计资源的短缺和闲置同时并存；二是不同层级审计机关的人力资源配置与其审计任务之间的一致性存在差异，相对于审计任务，有些层级审计机关的人力资源相对富裕，而另外一些层级审计机关的审计资源则相对不足，如果不能统筹，则形成审计资源的短缺和闲置同时并存。基于上述两种情形的审计资源的短缺和闲置同时并存，不同审计层级审计机关之间需要统筹。

关于同一审计机关不同部门的审计资源优化利用，目前，多数审计机关按审计客体或审计业务类型来设置工作部门，通常会设置财政审计部门、金融审计部门、企业审计部门、工程审计部门、资源环境审计部门、经济责任审计部门等，按这种方式设置工作部门，可能形成两方面的资源问题：一是不同工作部门开展审计工作的时间存在差别，某一工作部门在某一时期的审计任务相对较少，而其他工作部门的审计任务在该时期又相对较多，如果不能统筹，则形成审计资源的短缺和闲置同时并存；二是不同工作部门的人力资源配置与其审计任务之间的一致性存在差异，相对于审计任务，有些工作部门的人力资源相对富裕，而另外一些工作部门的审计资源则相对不足，如果不能统筹，则形成审计资源的短缺和闲置同时并存。基于上述两种情形的审计资源的短缺和闲置同时并存，同一审计机关不同部门之间需要统筹。

参考文献

[1] 柳巧玲，黄作明，丛秋实. 基于PDCA循环的审计数据分析 [J]. 商业研究，2014 (3)：152-158.

[2] 李强，谢汶莉. 大数据审计中的可视分析 [J]. 中国内部审计，2016 (2)：79-87.

[3] 冯国富，刘军. 一种基于数据流图的审计分析模型构造方法 [J]. 审计研究，2009 (4)：30-34.

[4] 石爱中，孙俭. 初释数据式审计模式 [J]. 审计研究，2005 (4)：3-6.

[5] 裴育，郑石桥. 电子数据审计的技术属性和逻辑过程：一个理论分析框架 [J]. 江苏社会科学，2016 (6)：37-44.

[6] 刘汝焯. 计算机审计概念、框架与规则 [M]. 北京：清华大学出版社，2007.

[7] 李春青. 数据式审计模式下的数据处理策略 [J]. 财会月刊，2007 (8)：95.

[8] 裴育，郑石桥. 电子数据审计的技术属性和逻辑过程：一个理论分析框架 [J]. 江苏社会科学，2016 (6)：37-44.

[9] 审计署. 数据审计指南——计算机审计实务公告第33号，2011.

[10] 姜玉泉，黄昌胤. 如何进行计算机数据审计模型分析 [J]. 中国审计，2003 (21)：69-71.

[11] 高浩玮. 基于高校财务信息平台的数据审计模式及实务探究 [J]. 审计研究，2010 (6)：59-66.

[12] 陈伟. 电子数据审计模拟实验室研究 [J]. 中国注册会计师，2015 (7)：87-92.

[13] 郑石桥. 论审计主题及其作用 [J]. 新疆财经，2019 (2)：38-51.

[14] 郑石桥. 基于审计主题的审计实施框架研究 [J]. 新疆财经，2018 (3)：44-55.

[15] 郑石桥，郑卓如. 基于审计主题的审计学科体系创新研究 [J]. 会计研究，2015 (9)：81-87.

第九章 政府审计结果应用

9 Chapter

本章的主题是政府审计结果应用，首先，简要介绍政府审计结果应用的研究状况；其次，阐释政府审计结果应用的基本框架；最后，分析政府审计结果应用的几个机制。具体来说，本章包括以下内容：政府审计结果应用的主要观点；政府审计结果应用的基本框架；政府审计结果公开机制；府审计决定实施机制；政府审计建议实施机制。

第一节 政府审计结果应用的主要观点

审计决定执行和审计建议采纳是审计结果应用的最主要形式，所以，文献综述也分为上述两部分。

一、审计决定执行的相关研究

审计机关审计难、处理难、落实审计决定难的问题普遍存在。因此，不少理论研究和实务工作者对审计处理进行了较多的规范性研究，包括审计处理的方法运用、审计处理难的原因分析等，提出了审计处理权进一步规范的具体措施和解决审计处理难的种种对策（孙富军，2001；覃卫群，2003）。关于政府审计处理处罚的实证研究文献很少，宋常、胡家俊、陈宋生（2006）发现，经济越发达的地区，违纪金额越大，应缴违纪金额越大，相应的已交金额也越大。喻采平（2010）系统考察了政府审计效率的影响因素。郑石桥、尹平（2010）发现，审计机关地位和审计处理执行效率出现悖论，解释这个悖论的原因是审计妥协，而审计妥协背后的制度性背景是行政模式+双重领导型审计体制。郑石桥、和秀星和许莉（2011）从非正式制度的视角，建立一个制度冲突的理论架构来解释审计机关审计难、处理难、落实审计决定难的问题。陈希晖、陈燕（2013）发现，法制环境影响审计处理执行效率。

二、审计建议采纳的相关研究

审计建议实施属于审计整改的一部分。针对审计整改，有不少的研究。研究的主题包括审计整改的意义、作用、流程、方法、存在问题及原因，以及优化审计整改的对策（王涛，2006；常秀娟，2008；曹润林，2008；吴琦，2010；骆勇，2011；李顺国、向顺鹏，2011；赵光源，2011）。这类研究中，与审计建议实施相关的结论主要是关于审计建议采纳率不高的原因及对策。主要的原因包括：审计建议质量不高；对审计建议实施的重要性认识不到位；审计建议实施过程中，相关各方责任不到位；法律法规对审计建议没有明文规定（陕西省审计厅法制处，2008；熊文辉，2011；吴岳，2012）。主要的优化对策包括：加大宣传力度；增加审计透明度；落实审计整改责任制；完善制度；建立审计整改联席会议制度；完善跟踪检查（毛天祥，2008；魏新华，2008；廖红川，2010；黄石市审计局，2011；熊文辉，2011）。

从本质上来说，审计整改中的审计决定执行和审计建议实施具有显著差异，前者针对的是如何将审计机关做出的决定予以执行，应该具有强制性；后者涉及的是如何对待审计机关提出的建议，应该不具有强制性。正是由于这种区别，还有些文献专门研究审计建议。虽然数量不多，但研究主题集中，主要有三类：一是审计建议的作用，认为审计建议是审计建设性作用发挥的主要途径（杨高翔、苏维清，1998；安冬婕，2004）；二是审计建议实施存在的问题，主要是质量缺陷、法律缺陷、认识缺陷、力量缺陷（刘正毓，2008）；三是如何进一步促进审计建议的实施，主要包括：审计建议要有的放矢，审计建议要注重沟通和交流，审计后要积极开展审计回访和后续审计工作（刘正毓，2008；冯宁，2011）。

从宏观层面的审计建议来说，关于专项审计调查的研究一定程度上与本章的主题相关。专项审计调查的研究主题包括：专项审计调查的意义、作用、特点、类型、组织方式、专项审计调查存在的问题及对策等（颜志敏，2005；王志楠，2006；林图，2008；颜志敏，2010；桂春荣，2011），这些主题中，涉及专项审计调查成果利用。大部分文献认为，专项审计调查审计建议：一是要有针对性，对症下药，有的放矢；二是要有创新性，有一定的深度，注意提炼和推敲；三是要有实用性，审计建议应具有操作性，不能搞空头理论，华而不实（石勉，2010）。从现状来看，专项审计调查成果存在成果利用不充分、利用渠道过于单一等问题，究其原因，主要是专项审计调查的选题不具有前瞻性、审计建议质量不高（天津市审计局课题组，2006；常汉生，2009；凌传芳、吴健、孙勇、唐艳芳，2010；王川军，2011）。

第二节 政府审计结果应用的基本框架

本节阐释政府审计结果应用的基本框架。首先，提出一个政府审计结果应用的基本框架；其次，分别阐释政府审计结果应用的直接应用模式和推动应用模式。

一、政府审计结果应用的基本框架

政府审计是以系统方法对公共资源经管责任履行情况进行独立鉴证，基于不同的审计主题会开展各种类型的审计业务，在各个审计环节都会形成审计结果，对于这些审计结果，要么是审计机关自己直接应用，要么是推动其他机构应用这些审计结果。总体来说，政府审计结果应用的基本框架如表9-1所示。

表 9-1 政府审计结果应用的基本框架

项目			审计业务类型				
			财务审计	绩效审计	合规审计	制度审计	综合审计
审计结果应用模式	直接应用模式	提供审计信息	★	★	★	★	★
		报告审计结果	★	★	★	★	★
		公开审计结果	★	★	★	★	★
		处理处罚违纪违规行为	★	★	★	★	★
	推动应用模式	推动审计客体整改	★	★	★	★	★
		移送违纪违规行为	★	★	★	★	★
		完善体制机制制度	★	★	★	★	★
		用于干部管理	★	★	★	★	★
★表示存在这种情形的审计结果应用类型							

从应用者来说，包括审计部门自己应用和其他相关部门应用，前者称为“直接应用模式”；后者需要审计部门的推动才能得到应用，所以，称为“推动应用模式”。不同的应用模式下，具体的应用方式不同：直接应用模式下，提供审计信息、报告审计结果、公开审计结果和处理处罚违纪违规行为，都是应用方式；推动应用模式下，推动审计客体整改、移送违纪违规行为、完善体制机制制度和用于干部管理，都是应用方式。大部分的应用方式是各种审计业务通常用的审计结果应用方式。但是，领导干部经济责任审计（属于综合审计）作为服务于干部管理的一种专门审计制度，审计结果必须用于干部管理，这是其特殊的审计结果应用，也是其最重要的审计结果应用。如果这种应用方

式受阻，则领导干部经济责任审计的价值将大为降低。

二、政府审计结果的直接应用模式

直接应用模式是政府审计机关直接应用审计结果，直接应用的方式主要包括提供审计信息、报告审计结果、公开审计结果和处理处罚违纪违规行为。

提供审计信息是政府审计过程中对审计结果的及时应用，主要是对审计发现的重大事项，以信息报告的方式及时报告。从信息内容来说，要么是公共资源经管责任履行中存在的重大问题，要么是履行公共资源经管的好经验，要么是履行公共资源经管责任的重大成绩。通常来说，报告公共资源经管责任履行中存在的重大问题的可能性更大。就报告形式来说，主要是信息简报或信息专报，概要地报告重点核心内容。对于重大问题、经验或成绩通过审计信息简报的方式予以及时报告，其目的是及时引起相关主要领导的关注，促进相关问题能及时得到解决，或者是相关的经验能及时得到推广，或者是相关的成绩能及时得到表彰。就信息报告对象来说，通常是审计工作的主管领导或审计客体的主管领导或主管部门。

报告审计结果是指政府审计机关将政府审计结果以书面报告的方式提交给政府审计的委托者及其他利益相关者。审计报告是审计结果的集中体现，就报告的内容来说，应该包括政府审计鉴证的结果，还可以包括改进体制机制制度的建议以及处理处罚的建议。就报告对象来说，一般有三个审计报告：一是审计小组提交给政府审计机关的审计报告，简称报告A；二是政府审计机关提交给审计委托人的审计报告，简称报告B；三是政府审计机关提交给审计客体的报告，简称报告C。报告A和报告B的内容应该完全一致，但是，为了便于审计委托人及利益相关者更好地使用审计结果，报告A和报告B的内容可以有区别，报告A是详尽的、专业化的，而报告B可以简化，主要报告审计结果。严格地说，报告C不能称为审计报告，因为政府审计机关没有责任向审计客体提交审计报告，但有责任出具审计意见，所以，从逻辑上来说，报告C应该称为审计意见书，其内容应该与简化的报告B相一致。实践中，由于三个审计报告的内容具有较高程度的一致性，所以，审计意见书也就由审计报告取代了。

公开审计结果是政府审计机关将政府审计结果在一定范围内公开披露，通常是将审计结果向社会公开。政府审计结果公开，意味着公共资源经管责任履行的真实业绩水平及存在的问题都公开披露了，这种披露可以通过声誉机制发挥作用。如果审计结果显示审计客体良好地履行了公共资源经管责任，则会得到舆论的赞扬；如果审计结果显示审计客体未能良好地履行公共资源经管责任，则会得到舆论的谴责。无论是舆论的赞扬还是舆论的谴责，都会影响审计客体的后续行为。同时，如果审计客体事先知道其公共资源经管责任履行情况的审计结果会公开，为了避免以不好的结果显示给大家，则会事先规划好自己的行为，如此一来，公开审计结果就发挥了事先威慑作用。

处理处罚违纪违规行为是指政府审计机关对有处理处罚权的违纪违规行为直接进行的处理处罚，从实施方式来说，主要是发布审计处理处罚决定，并推动这个审计处理处罚决定的执行。处理处罚违纪违规行为可以通过个别预防和一般预防两个路径来抑制审计客体在履行公共资源经管责任过程中的违纪违规行为。就个别预防来说，被处理处罚的责任人和责任单位，承受了违纪违规带来的负面后果，这对于其在未来抑制违纪违规行为有促进作用。同时，如果事先知道违纪违规会承担负面后果，则对违纪违规行为可能会有预防作用；就一般预防来说，他人看到违纪违规给违纪违规责任人和责任单位带来的负面后果，也会引以为戒，从而抑制其违纪违规行为。

三、政府审计结果的推动应用模式

推动应用模式是政府审计机关推动其他相关部门应用审计结果，推动应用的方式主要包括推动审计客体整改、移送违纪违规行为、完善体制机制制度和用于干部管理。

推动审计客体整改是指政府审计机关采取一定的方式来促进审计客体对审计发现问题的整改，包括三项内容：一是推动审计客体执行审计处理处罚决定、采纳审计建议，主要方式是后续跟踪；二是推动审计客体对自行整改的事项进行整改，主要方式是后续跟踪；三是审核审计客体提供的整改报告，并形成政府审计机关的审计整改报告。

移送违纪违规行为是指对于政府审计机关没有处理处罚权的事项，政府审计机关将发现的问题移送相关部门，并推动这些部门对移送事项开展后续工作。一般来说，就政府审计来说，移送的事项通常有三类：一是发现审计客体单位的领导干部个人有较重大的违纪违规事项，通常需要移送纪检监察部门；二是发现涉嫌犯罪的事项，通常需要移送司法机关；三是对一些由专门机构来处理处罚权的事项，移送这些专门机构。对于政府审计机关来说，推动审计结果应用的关键并不是移送违纪违规行为，而是推动接受这些移送事项的相关部门开展后续工作，最终对违纪违规的责任人和责任单位做出应有的处理处罚。移送违纪违规行为对抑制违纪违规行为的作用也是通过个别预防和一般预防两个路径来发挥作用，基本类同于政府审计机关直接对违纪违规行为进行处理处罚的路径，这里不再赘述。

完善体制机制制度是指政府审计机关对审计发现的体制机制制度缺陷提

出优化建议，并推动这些体制机制制度缺陷得到整改。审计客体履行其公共资源经管责任：一方面，需要遵守一些法律法规来履行其经济责任；另一方面，审计客体还必须建立一些制度和流程来保障其公共资源经管责任的有效履行。政府审计机关在实施政府审计时，一般将审计客体履行公共资源经管责任时需要遵守的法律法规作为审计依据，但是，由于这些法律法规本身也可能存在缺陷，所以，对于这些法律法规也需要做理性的审视。如果发现这些法律法规本身就存在缺陷，那么对于这种缺陷要及时报告给该法律法规的主管部门，并推动这些法律法规得到完善。此外，政府审计机关还需要对审计客体所建立的保障其公共资源经管责任的有效履行的制度和流程审计审视，针对发现的制度缺陷提出建议，并推动整改。

以上分析的审计结果应用是各种审计业务通用的应用方式，将审计结果用于干部管理是领导干部经济责任审计结果应用的最重要的方式，其主要用途是政府审计结果应当作为干部考核、任免和奖惩的重要依据（当然，并不排除其他各类审计业务的审计结果也能用于干部管理，但是，对于领导干部经济责任审计来说，审计结果用于干部管理是其最重要的应用方式）。这里需要强调的是，领导干部经济责任审计结果主要有两类：一是履行经济责任业绩及贡献程度；二是履行经济责任存在的问题及责任程度。将领导干部经济责任审计结果应用于干部管理，必须是上述两方面审计结果的应用。审计实践中，一些地方的领导干部经济责任审计结果应用于干部管理，主要关注领导干部履行经济责任中存在的问题及责任程度，而不关注领导干部履行经济责任业绩及贡献程度，这种经济责任审计结果可能诱导领导干部不作为，对领导干部良好地履行其经济责任不能发挥推动作用。当然，审计质量是领导干部经济责任审计结果应用的前提，审计实践中的这种偏颇性的审计结果应用，其根源是领导干部经济责任审计质量不高，未能完整地进行公共资源经管责任的鉴证、界定和评价，也未能将领导干部经济责任审计的内容与组织部门的干部管理对接起来。

第三节 政府审计结果公开机制

政府结果公开是国际惯例，中国也不例外。《中华人民共和国审计法》规定，“审计机关可以向政府有关部门通报或者向社会公布审计结果”，“审计机关通报或者公布审计结果，应当依法保守国家秘密和审计客体的商业秘密，遵守国务院的有关规定”。一般来说，审计结果公开的方式主要包括：广播、电视，报纸、杂志等出版物，以及互联网、新闻发布会、公报、公告和其他形式。本节阐释审计结果公开的作用及保密问题。

一、政府审计结果公开的作用

政府审计结果公开是政府审计结果应用的重要方式之一，可以促进政府审计质量的提升。

（一）审计结果可以推动审计结果应用

审计结果向社会公开，不仅是为了扩大社会影响力，更重要的是通过声誉机制发挥作用，通过审计结果公开，扩大社会对审计结果的知情权，便于社会和舆论直接参与监督，将审计监督与社会监督、舆论监督有机结合，形成监督的强大合力。审计结果一旦公开后，各级党委、政府机关、企事业单位、各种新闻媒体等对审计会给予前所未有的关注，广大人民群众通过新闻媒体也能进一步认识、了解审计工作，甚至可以通过互联网踊跃参与对审计问题的讨论。在众目睽睽之下，公开审计结果会给审计客体产生巨大压力，这种压力将促使责任单位主动、迅速地去抓好审计整改措施的落实，并促进政府及其部门领导更加重视制度建设，规范管理。通过推动审计决定的执行，促进对违法违纪问题的查处整改，也能增强审计的威慑力（周新道，2007；杜艳，2008；郑小荣、程子逸，2018）。

（二）审计结果公开可以提升审计质量

首先，向社会公布审计结果必须保证事实确凿、证据充分，处理、处罚的尺度把握正确，所作的审计评价和结论经得起社会公众的推敲。其次，审计机关在监督别人的同时，自身也需要接受监督，而实行审计结果公开本身也是一种接受监督的方式。事实已经证明，这种监督方式是受社会公众欢迎的。可以说，审计结果公开是加强社会各界对审计机关的监督，以及社会认识审计、塑造审计权威形象的有效举措（周新道，2007；杜艳，2008；郑小荣、程子逸，2018）。

二、政府审计结果公开与保密之间的关系

正确处理审计监督的保密性与审计结果公开的关系，是保证依法公开审计结果的关键问题。为此，国家审计结果公开应就具体的内容、方式、时间、要求、程序作出明确的法律规范，对于审计结果中的某些信息可能被国家的相关法律或规定禁止公开披露，这种情况下，可以出具一份单独的仅供政府使用的包含这些信息的报告，只分发给法律或者是规定授权接收这种报告的人员。

出于对公共安全的考虑，审计机关可以在审计报告中剔除这些信息。例如，各国审计报告不公布的一个领域通常包括军事或安全支出；出于国家安全考虑，可能要求有特殊条款限制审计报告的公布。

第四节　政府审计决定实施机制

政府审计机关有在法定的权限范围内对有关事项作出处理处罚决定权，是审计结果应用的重要方式。本节阐释政府审计决定实施机制的有关内容。

一、中国政府审计关系

审计是社会文明的产物，也是促进社会文明的制度安排。随着人类文明发展到一定的程度，出现了委托代理关系（指资源类委托代理关系）。委托代理关系极大地促进了社会分工和社会资源的优化使用，从而极大地促进了人类文明的进步。但是，委托代理关系存在三个问题：一是信息不对称，即代理人掌握的信息数量和质量高于委托人；二是激励不相容，即代理人和委托人的利益不完全一致，二者所追求的目标可能存在偏差；三是环境不确定性，存在着许多委托人和代理人都控制不了的因素，这些因素与代理人的努力程度混合起来，影响最终的营运结果，从而委托人不容易区分代理人努力程度对最终营运结果的影响。正是由于上述三个问题的存在，使得代理人有可能背离委托人的利益，追求自己的利益，代理人的这种行为称为“机会主义行为”或“代理问题”。也正因为如此，上述三个问题也称为机会主义行为的前提条件。委托人当然会预期到代理人的机会主义行为的可能性，从而会建立一个治理结构来应对代理人的机会主义行为。这个治理结构一般包括制衡机制、激励机制和监督机制等。审计主要属于监督机制，它的主要功能是对代理人是否存在机会主义行为做出鉴证，也就是对代理人是否存在背离委托人和代理人之间的显性或隐性合约做出判断。当然，委托人还可以将其他权限赋予审计，从而在鉴证功能的基础上派生出其他功能。例如，赋予审计处理代理人机会主义行为的权力，这样一来，审计就具有了处理功能。

图9-1是中国政府审计关系图。党委、人大本身是公众的代理人，政府是同级党委、人大的代理人，但是，相对于具体的公共资源经管责任单位（包括广义政府机构及其所属单位，分为不同等级的预算单位）来说，政府（广义）又是委托人。政府（广义）将公共资源经管责任托付给一级预算单位，形成政府（广义）和一级预算单位之间的委托代理关系，在这个关系中，政府（广义）

是委托人，一级预算单位是代理人。一级预算单位在内部再设置一些机构（称为二级预算单位），将公共资源经管责任进行再分解，从而形成一级预算单位和二级预算单位之间的委托代理关系，在这个关系中，一级预算单位成为委托人。同理，二级预算单位还可能会组建内部机构（称为三级预算单位），进行公共资源经管责任分解，从而出现二级预算单位和三级预算单位之间的委托代理关系，在这个关系中，二级预算单位是委托人，三级预算单位是代理人。对于中央政府来说，上述委托代理关系可能还会有更多的层级。从而形成委托代理关系链。

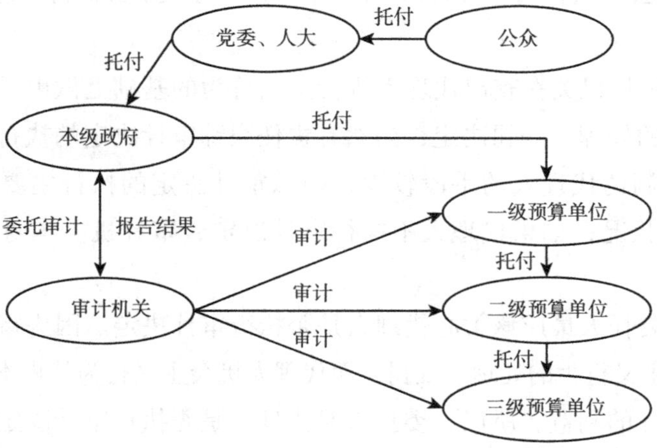

图9-1　中国政府审计关系图

在上述委托代理关系链中，信息不对称、激励不相容和环境不确定性都存在，所以，各级代理人都存在机会主义行为的可能性。为了应对各级代理的机会主义行为，不同等级的委托人会建立治理机构，包括制衡机制、激励机制和监督机制等。中国政府审计属于监督机制，隶属于本级政府，属于行政系列，还接受本级党委的领导，对本级政府（广义）以下的各级代理人（包括一级预算单位、二级预算单位、三级预算单位甚至更低层级的预算单位，也包括下级政府）进行审计，并向本级党委、人大和政府工作报告审计结果。当然，审计机关还要接受上级审计机关的领导。由于上级审计机关通常不会直接介入下级审计机关的审计结果应用，所以，审计关系中未显现上级审计机关。

二、审计决定执行责任

《中华人民共和国审计法》规定："对违反国家规定的财政收支、财务收支行为，依法应当给予处理、处罚的，在法定职权范围内做出处理、处罚的审计决定。"

从上述规定可以看出，法律已经赋予了政府审计处理处罚权，中国政府审计不但要鉴证代理人是否存在机会主义行为，还需要在一定的职权范围内对查出的机会主义行为做出处理处罚。审计决定是对违规行为，依据有关法律法规和财经纪律做出的处理、处罚决定，具有法律效力。从本质上来说，审计决定是对代理人机会主义行为的处理、处罚决定。

接下来的问题是，在图9–1所示的审计关系图中，审计关系的各方应该如何划分责任，从而使审计决定得到执行。

首先，代理人本身当然有责任执行审计决定，改正自己的机会主义行为。但是，在一定的条件下，如果没有外部压力，代理人本身执行审计决定的动力可能不够。

其次，审计机关在查出代理人机会主义行为的基础上做出了针对这些机会主义行为的处理、处罚决定，当然有责任跟踪审计决定的执行。但是，审计机关本身制约代理人的手段较少，跟踪审计决定的执行主要是了解决定执行的实际状况；如果代理人不执行审计决定，审计机关本身缺乏有效的手段。

最后，委托人最应该关心代理人是否执行审计决定。因为审计决定是对代理人机会主义行为的处理、处罚，而代理人机会主义行为从根本上来说，是损害了委托人的利益，所以，委托人对代理人是否执行审计决定应该最为关心。同时，委托人和代理人之间存在委托代理合约，委托人有许多手段来制约代理人，并且，这些手段相对来说是最为有效的手段。所以，从利益关联程度和手段有效程度来说，委托人应该在审计决定执行中发挥主要作用，承担主要责任。具体来说：一是上级预算单位有责任督促下级预算单位执行审计决定；二是政府有责任督促各级预算单位执行审计决定；三是党委和人大有责任监督政府在执行审计决定方面发挥作用；四是公众有权知道审计决定执行状况。以上关于审计决定执行责任划分归纳起来如表9–2所示。

表 9–2 政府审计决定执行责任

责任主体	具体责任
公众	有权知道审计决定执行状况
党委和人大	监督政府在执行审计决定方面发挥作用
政府（作为委托人）	督促各级预算单位执行审计决定
预算单位（作为委托人）	督促下级预算单位执行审计决定
预算单位（作为代理人）	执行审计决定，改正自己的机会主义行为
审计机关	查出代理人机会主义行为，做出处理、处罚的审计决定，跟踪审计决定的执行

三、审计决定执行效果

审计决定执行效果是指审计决定得到实际执行的状况，这个执行状况主要由三个因素决定：一是责任划分是否清晰；二是责任划分是否正确；三是各责任主体是否履行自己的责任。如果责任划分不清晰，则各责任主体不明白自己在审计决定执行中应该承担什么责任，则审计决定的执行责任就会出现“真空”，影响审计决定执行效果。如果责任划分不正确，则审计决定的执行效果也会受到影响，有责任的主体如果没有相应的手段，则无法完成其责任。即使有正确且清晰的责任划分，如果责任主体卸责，或者根本就没有意识到自己在审计决定执行中有什么责任，则审计决定执行效果会受到较大的影响。上述三个方面的任何一方面出现，都会影响审计决定执行效果。如果多个方面同时出现，审计决定执行效果则会受到严重影响，屡查屡犯就会出现。

第五节　政府审计建议实施机制

审计建议是重要的审计结果，这种审计结果的应用是需要推动的。而审计建议又有宏观审计建议和微观审计建议，需要分别建立实施机制。

一、宏观审计建议实施机制

（一）宏观审计建议实施的相关主体

宏观审计建议是审计机关面向政府或政府部门，针对宏观管理中存在的体制或机制性问题提出的建议。所以，一般来说，相关主体有四类：一是审计机关；二是主管部门；三是政府（主要是指政府首长，下同）；四是审计客体。这四类主体的关系如图9-2所示。

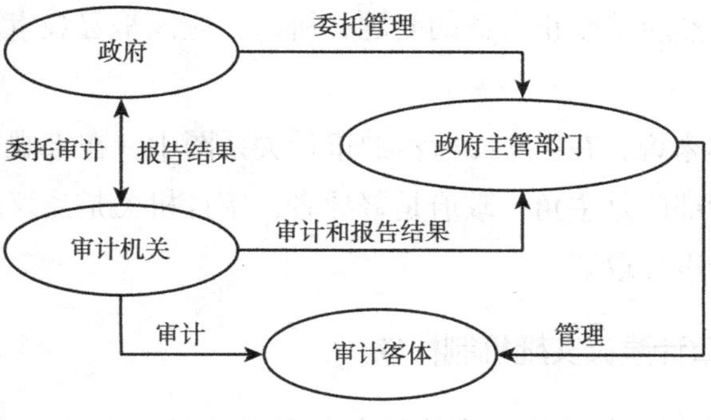

图9-2　相关主体关系图

在图9-2所示的关系中，政府将宏观管理某一方面的事务托付给特定的部门，从而形成一定数量的宏观事务管理部门，也就是政府主管部门。从理论上来说，所有的宏观事务都应该有对应具体的政府部门，而每个政府部门都应该有特定的宏观管理职责。政府主管部门就其特定的宏观管理职责，对所有审计客体就该领域事项进行管理。作为微观组织的审计客体，使用公共资源，承担着特定的公共资源经管责任，履行特定的公共资源经管责任，都是政府的代理人。

审计机关接受政府委托，对审计客体（微观组织单位）进行审计，并将审计结果报告给政府。同时，将与特定政府主管部门相关的事项，报告给该主管部门。在某些情形下，审计机关也可以直接将政府主管部门也作为审计客体，此时，审计机关也要将审计结果报告给政府。所以，从委托代理关系来说，政府是委托人，审计机关是受政府委托对审计客体（包括政府主管部门）进行审计，审计机关完成审计后，将审计结果报告给政府这个委托人。

政府主管部门具有双重性。就与政府的关系来说，政府是委托人，政府主管部门是代理人，政府主管部门接受政府的托付具体管理某一方面的公共事务；就与微观组织单位的关系来说，政府主管部门是委托人，微观组织单位是代理人。

那么，在宏观审计建议实施机制中，上述各方应该发挥什么样的作用呢？首先，由于宏观审计建议是针对宏观领域体制、机制方面的问题而提出的建议，所以，作为微观组织单位的审计客体在这方面应该只是配合审计机关提供审计证据，而对审计建议的实施是无能为力的。其次，作为委托人的政府，当然应该关心各级代理人存在的问题，所以，应该督导政府主管部门采纳审计建议，并且，对于一些跨部门的宏观问题，要亲自行动。具有双重身份的政府主管部门，应该是宏观审计建议实施的主体。当审计客体只是微观组织单位时，政府主管部门作为委托人，当然应该关心代理人存在的问题，所以，应该在审计建议实施过程中发挥主要作用；当政府主管部门本身作为审计客体时，作为代理人，当然应该改正自身的问题，所以，应该是宏观审计建议的主要行动者。

所以，总体来说，在图9-2所示的审计关系图中，在宏观审计建议实施机制中，政府主管部门是主角，政府是督导者，审计机关是建议的生产者，而审计客体只是配合审计取证。

（二）宏观审计建议实施机制构成

以上分析了宏观审计建议实施机制的相关主体。然而，各方应该如何行动呢？从逻辑上来说，宏观审计建议实施应该包括以下环节：第一，审计机关提出宏观审计建议，这就需要宏观审计建议的生产机制；第二，审计机关采取一定措施，保证提出的宏观审计建议是高质量的，这就需要宏观审计建议的质量机制；第三，审计机关将宏观审计建议提交给恰当的机构或岗位，这就需要宏观审计建议的沟通机制；第四，政府作为委托人，需要一定的方法来促使宏观审计建议得到实施，这就需要督导机制；第五，审计机关需要对提交的建议进行跟踪，这就产生宏观审计建议跟踪机制。上述这些环节组合起来，形成一个完整的宏观审计建议链，相应地，这些机制也就组合成宏观审计建议实施机制。

1.生产机制。生产机制主要是产生宏观审计建议。一般来说，有三种情形：第一，通过实施专项审计调查项目，针对普遍性、倾向性的问题，对多个单位进行调查，在此基础上，针对普遍性、倾向性的问题提出建议；第二，政策评估，对现行实施中的某项或相关的几项政策效果进行评估，找出机制性、体制性的问题，并就此提出完善政策的建议；第三，对相关或类似的微观审计报告进行分析，发现普遍性、倾向性的问题，在此基础上，针对普遍性、倾向性的问题提出建议。当然，如果是政策评估或专项审计调查，还需要审计客体配合，需要这些单位按要求提供审计证据。

2.质量机制。宏观审计建议的质量是宏观审计建议能否得到实施的最关键因素。质量不高的宏观审计建议，即使得到实施，也不会产生较好的结果，有时甚至产生负责效果。所以，审计机关要采取措施保证宏观审计建议是高质量的。怎么保证呢？首先，我们分析什么是高质量的宏观审计建议？ISO质量认证体系规定，质量就是满足明确或隐含需要能力的特性总和。从审计建议质量来说，就是审计建议满足审计建议需求方的程度。由于宏观审计建议的需求方是政府或政府部门，所以，政府或政府部门对审计建议满意程度是判断宏观审计建议的质量标准。其次，什么样的宏观审计建议会让政府或政府部门满意呢？一般来说，这类审计建议要具备以下两个特征：第一，必须是针对当前宏观领域的热点、重点问题。通俗地说，这类问题主要有三种情形：一是当前党和政府工作的重点；二是人大重点关注的问题；三是人民群众普遍关心的问题。只要是针对这些问题提出宏观审计建议，政府或政府部门就会重视，从而采纳实施的可能性也就大。第二，审计建议抓到了热点、重点问题的本质，分析清楚了问题的产生原因，即审计建议具有较强的针对性，而不是泛泛而谈。

要使宏观审计建议具备上述两个特征，质量保证机制主要包括三个方面：第一，审计项目的选择必须是党政领导关心的主要问题，必须是人民代表大会领导关心的主要问题，必须是人民群众关心的主要问题。第二，除了政策评估项目和已完成微观审计项目分析外，一般还要选择专项审计调查方式，而不是项目审计方式。而且，专项审计调查也要聚焦调查主题，内容不要泛，要有针对性，围绕特定的调查主题，扩大调查范围。这样的调查结果，才能体现普遍性和倾向性。第三，审计建议一定是针对发现的问题提出，要对问题从定性、定量的角度调查清楚；泛泛而谈的建议，无法引起政府或政府部门的注意。

3.沟通机制。有了高质量的审计建议，怎么才能让政府或政府部门采纳呢？沟通机制很重要。根据图9-1所示的审计关系，审计机关提出审计建议有多种路径，可能的沟通对象包括：政府主管部门、政府主管领导（宏观审计建议所涉及的事项的政府主管领导）、政府最高行政首长（一般是审计主管领导）、党委领导。一般来说，宏观审计建议需要与政府主管部门沟通，但是，如果只是与政府主管部门沟通，则宏观审计建议的效果不一定会好。所以，必须与政府主管领导、政府最高行政首长甚至党委领导沟通，需要考虑的是，如何与相关领导进行沟通。从逻辑上来说，与相关领导沟通有四种路径：一是直接报告政府最高行政首长或党委领导；二是直接报告政府主管领导；三是先报告政府主管领导，然后报告政府最高行政首长或党委领导；四是同时报告政府最高行政首长或党委领导和政府主管领导。至于采用何种路径，要根据当地政府的政治环境，总体的目的是有利于宏观审计建议的采纳和实施。

4.督导机制。督导机制是指在宏观审计建议采纳之后，用什么样的方式，使得政府或政府主管部门能够切实提出政策和措施，解释审计建议所提出的体制、机制性问题。一般来说，有两种方式可以较好地发挥作用：一是审计整改联席会议制度；二是政府督察。审计整改联席会议由政府最高行政首长牵头，政府办、纪检、组织、审计等部门为成员单位，一般每年定期召开数次，主要内容是交流、通报审计查出的问题以及审计整改检查情况；研究、解决审计整改工作中遇到的难点及重点问题；明确各成员单位依据各自职责开展审计整改督促落实工作责任；研究、制定有关审计整改工作的制度、规定；视情况组织有关部门对审计客体联合开展重点督查。政府督察机构的职责是对政府重要会议做出的决定进行督办，对于重要的宏观审计建议，政府相关会议在做出决定之后，如果能纳入政府督察事项，则后续落实就有了可靠的保障。

5.跟踪机制。跟踪机制是指审计机关对宏观审计建议采纳及后续进展及结果进行动态了解。跟踪机制包括两部分内容：一是谁跟踪；二是跟踪什么。关于谁跟踪，审计机关有两种方式：一是业务部门跟踪，即由提出宏观审计建议的业务部门跟踪。这种方式的好处是，业务部门对宏观审计建议最了解，便于与政府相关部门沟通。但是，业务部门可能又开展了新的业务项目，有时可能出现跟踪不及时、不到位情况。二是由审计整改部门（也可以是审理部门）跟踪。这种方式的好处是专门跟踪，但是，需要跟踪人员真正理解宏观审计建议。关于跟踪什么，一般来说包括三部分内容：第一，审计建议是否被采纳；第二，审计建议采纳之后，政府及相关部门是否出台了政策法规；第三，这些政策法规实施之后，结果如何，是否解决了宏观审计建议所针对的体制、机制性问题。

以上分析的宏观审计建议实施机制，需要具体落实到各责任主体，归纳起来如表9-3所示。

表 9-3 宏观审计建议实施机制责任分解

实施机制	责任主体			
	审计机关	本级政府、党委	审计客体	主管部门
生产机制	通过专项审计调查、政策评估、微观审计项目分析，针对宏观领域的体制、机制性问题，提出建议	确定政府关心的重点、热点问题	配合审计机关，提供审计证据	确定本部门管理领域的重点、热点问题
质量机制	通过项目选择和过程控制，保证提出的宏观审计建议让政府或政府部门满意			
沟通机制	宏观审计建议与政府主管部门进行沟通；根据当地政治环境，选择政府最高行政首长和政府主管领导的沟通路径	接收宏观审计建议		接收宏观审计建议
督促机制	审计整改联席会议制度	主持审计整改联席会议制度，重要的宏观审计建议所形成的决定纳入政府督察事项		审计整改联席会议制度
跟踪机制	选择审计整改部门跟踪或业务部门跟踪，跟踪审计以下内容：建议是否被采纳；审计建议采纳之后，政府及相关部门，出台了政策法规；第三，这些政策法规实施之后的效果	提供相关信息	提供相关信息	提供相关信息

（三）有效的宏观审计建议实施机制

有效的宏观审计建议实施机制，首先必须保证审计建议的高质量。在宏观审计建议高质量的前提下，审计建议实施机制是否有效，由三个因素决定：一是责任划分是否清晰；二是责任划分是否正确；三是各责任主体是否履行自己的责任。如果责任划分不清晰，各责任主体不明白自己在审计建议实施中应该承担什么责任，则审计建议的执行责任就会出现“真空”，影响审计建议实施效果。如果责任划分不正确，则审计建议的执行效果也会受到影响，有责任的主体如果没有相应的手段，则无法完成其责任。即使有正确且清晰的责任划分，如果责任主体卸责，或者根本就没有意识到自己在审计建议实施中有什么责任，则审计建议实施效果会受到较大的影响。上述三个方面的任何一方面出现，都会影响审计建议实施效果；如果多个方面同时出现，审计建议实施效果将会受到严重影响。

二、微观审计建议实施机制

（一）相关各方在微观审计建议实施中的角色定位

微观审计建议一般是针对公共资源经管责任单位在业务营运及管理所存在的问题提出建议，一般来说，公共资源经管责任单位在业务营运及管理中存在的问题就是其在履行其公共资源经管责任过程中的不足之处，本质上也是对委托人利益的背离，属于代理问题和次优问题。现在的问题是，当审计机关发现了代理人的代理问题和次优问题时，针对解决代理人的代理问题和次优问题，相关各方应该如何进行责任分工？

1.从作为审计客体的公共资源经管责任单位来说，本单位业务营运及管理存在问题，背离了委托人的利益，当然应该改进，这是责无旁贷的。

2.作为审计机关，发现了公共资源经管责任单位的代理问题和次优问题，并针对这种代理问题和次优问题提出了审计建议，当然有责任将发现的问题及建议在与审计客体沟通的同时，报告给审计客体的委托人。同时，还要持续跟踪公共资源经管责任单位及其委托人的行动。

3.如果审计客体不是政府主管部门，而是其监管的具体公共资源经管责任单位，作为委托人的主管部门，由于将公共资源经管责任的具体营运委托给了公共资源经管责任单位，不宜再具体干预公共资源经管责任单位的业务营运，但是，当收到审计机关关于其下属单位的审计报告时，应该督导下属单位进行改进。一般可以采用两种方式：一是要求下属单位报告其改进情况，对于不能改进的，要求下属单位说明原因；二是查验下属单位整改报告的真实性。

4.作为政府，是政府主管部门的委托人，一般不宜直接督导各公共资源经管责任单位，但是，可以从总体上来了解各公共资源经管责任单位对审计建议的采纳情况。一般可以采取审计整改报告的方式，要求各主管部门定期报告其下属单位对审计建议的采纳情况。

5.作为党委和人大，是政府的委托人，可以要求政府定期报告审计建议的提出、采纳及实施情况。

6.作为社会公众，是政府审计的最终委托人，当然有权利了解审计建议的提出、采纳及实施情况，所以，建立审计建议公开制度是完全必要的。

（二）微观审计建议实施机制的具体构建

以上分析了审计建议相关各方的角色定位，这是一种审计建议实施的应然逻辑。然而，要使这种应然逻辑成为现实，还需要具体的机制构建。审计建议的实施有两个条件：第一，高质量的审计建议；第二，有动力和压力。围绕这两个条件，可以构建质量机制、声誉机制、跟踪机制、督导机制和奖惩机制。

1.质量机制。审计建议质量对审计建议是否被采纳及采纳后的效果有重要影响。事实充分说明，质量不高的审计建议被采纳的可能性较少；即使采纳，也不会有好的效果，甚至产生负面作用。那么，什么是高质量的审计建议呢?从微观审计建议来说，这种审计建议应该具有两个特征：第一，是针对特定问题而提出的建议，不是无的放矢、泛泛而谈；第二，针对问题的产生原因提出建议，而不针对问题本身提出建议。上述两方面结合起来，要求审计机关要找准问题，并且分析问题的产生原因，在此基础上，才能提出高质量的审计建议。特别需要说明的是，审计机关对审计客体的业务营运及管理的了解显然不如审计客体本身那样透彻，所以，要避免过分细致、具体的审计建议，而是针对问题的原因提出方向性、原则性的建议。另外，在审计建议正式确定之前，一般还要与审计客体的相关业务骨干进行沟通，从某种程度上对审计建议进行确认。

2.声誉机制。一般来说，每个单位、每个人都会顾及自己的声誉。声誉机制是指声誉对人的决策及行为产生影响。从微观审计建议实施来说，声誉机制主要是信息公开，通过信息公开，对相关各方形成压力。信息公开主要有两种路径：第一，实行审计建议公开，采取适当的形式，审计机关将提出的审计建议予以公开。审计建议公开能发挥“双刃剑”功能，一方面，促使审计机关和审计人员提高业务素质，提升审计成果质量层次；另一方面，给审计客体造成压力，如果审计客体不对存在的问题进行改进，在社会上可能会产生负面影响。第二，审计整改报告公开，各政府主管部门对其所属单位的审计整改情况定期报告给政府及同级审计机关，同级审计机关汇总后形成总的审计整改报告；审计机关将这种整改报告报送政府，并同时面向社会公开。这种整改报告的公开，对未能进行整改的审计客体及其主管部门形成压力。当然，对于无法整改的事宜，在整改报告中也予以说明，这就给审计建议的质量再次形成压力。

3.跟踪机制。跟踪机制是指审计机关对微观审计建议采纳及后续进展及结果进行动态了解。跟踪机制包括两部分内容：一是谁跟踪；二是跟踪什么。关于谁跟踪，审计机关有两种方式：一是业务部门跟踪，即由提出宏观审计建议的业务部门跟踪。这种方式的好处是，业务部门对微观审计建议最了解，便于与审计客体及相关部门沟通。但是，业务部门可能又开展了新的业务项目，有时可能出现跟踪不及时、不到位情况；二是由审计整改部门（也可以是审理部门）跟踪。这种方式的好处是专门跟踪，但是，需要跟踪人员真正理解宏观审计建议。关于跟踪什么，一般来说包括三部分内容：第一，审计建议是否被采纳；第二，审计建议采纳之后，审计具体做了什么；第三，审计建议实施之后，结果如何，是否解决了微观审计建议所针对的业务营运或管理问题。

审计机关对审计建议进行跟踪时，要树立正确的理念，那就是审计客体业务营运及管理中的问题是否解决，而不是审计客体是否遵守了审计机关提出的建议。在有些情形下，由于审计机关对审计客体的业务营运及管理了解不是很深刻，所以，发现的问题及提出的建议不一定正确，审计客体有可能不遵守审计建议，而是另辟蹊径来解决问题。此时，审计机关要有正确的态度，解决问题是关键，而用谁的方法解决问题不重要。

4.督导机制。督导机制是指委托人用什么手段来促使审计客体采纳和实施审计建议。可靠的办法是审计整改联席会议制度。审计整改联席会议由政府最高行政首长牵头，相关部门为成员单位，一般每年定期召开数次。就微观审计建议来说，主要内容是交流、通报微观审计建议采纳及实施情况，并要求不采纳审计建议的单位及其主管部门做出说明。

5.奖惩机制。审计建议的采纳及实施不具有强制性，所以，一般来说，不存在奖励或处罚的问题。但是，对于一些表现特别突出或特别恶劣的行为，政府或政府主管部门应该给予奖励或处罚。所以，也需要建立奖惩机制。奖惩对象包括审计机关、审计客体和政府主管部门。

以上分析的微观审计建议实施机制，需要具体落实到各责任主体，归纳起来如表9–4所示。

表 9–4　微观审计建议实施机制责任分解

实施机制	责任主体					
	公众	党委、人大	本级政府	审计机关	审计客体	主管部门
质量机制				针对特定问题而提出的建议，针对问题的产生原因提出建议	对审计建议进行确认	
跟踪机制				选择审计整改部门跟踪或业务部门跟踪，跟踪审计以下内容：审计建议是否被采纳；怎么采纳；效果如何	提供相关信息	提供相关信息
声誉机制	关注审计建议的采纳和整改	要求定期报告审计整改情况	要求定期报告审计整改情况	实行审计建议公开；审计整改报告公开	提供相关信息	提供相关信息

续表

实施机制	责任主体					
	公众	党委、人大	本级政府	审计机关	审计客体	主管部门
督促机制			主持审计整改联席会议制度。	建立审计整改联席会议制度	列席审计整改联席会议	参与审计整改联席会议
奖惩机制			奖励表现特别突出或处罚特别恶劣的行为			奖励表现特别突出或处罚特别恶劣的行为

（三）有效的微观审计建议实施机制

有效的微观审计建议实施机制是指能产生高质量的审计建议，并且高质量的审计建议能得到审计客体的采纳和实施。总体来说，有效的微观审计建议实施机制就是指以审计建议为起点，能有效解决审计客体的机会主义行为的机制。这个机制是否有效，由三个因素决定：一是责任划分是否清晰；二是责任划分是否正确；三是各责任主体是否履行自己的责任。如果责任划分不清晰，则各责任主体不明白自己在审计建议实施中应该承担什么责任，则审计建议的执行责任就会出现“真空”，影响审计建议实施效果。如果责任划分不正确，则审计建议的执行效果也会受到影响，有责任的主体如果没有相应的手段，则无法完成其责任。即使有正确且清晰的责任划分，如果责任主体卸责，或者根本就没有意识到自己在审计建议实施中有什么责任，则审计建议实施效果会受到较大的影响。上述三个方面的任何一方面出现，都会影响审计建议实施效果；如果多个方面同时出现，审计建议实施效果将会受到严重影响。

参考文献

［1］孙富军. 审计处理处罚应“四要”［J］. 中国审计，2001（10）：33.

［2］覃卫群. 浅谈审计处理处罚难的成因及其对策［J］. 中国审计，2003（15）：45-46.

［3］宋常，胡家俊，陈宋生. 政府审计二十年来实践成果之经验研究［J］. 审计研究，2006（3）：33-37.

［4］喻采平. 政府审计效率影响因素的实证研究［J］. 长沙理工大学学报（社会科学版），2010（5）：12-25.

［5］郑石桥，尹平. 审计机关地位、审计妥协与审计处理执行效率［J］. 审计研究，2010（10）：53-58.

［6］郑石桥，和秀星，许莉. 政府审计处理处罚中的非正式制度：一个制度冲突理

论架构［J］. 会计研究，2011（7）：86–92.

［7］陈希晖，陈燕. 法制环境对审计处理执行效率的影响［J］. 财政监督，2013（4）：34–37.

［8］王涛. 提高审计整改效果的几点建议［J］. 审计月刊，2006（11）：19.

［9］常秀娟. 浅谈审计整改［J］. 河北企业，2008（12）：14–14.

［10］曹润林. 审计整改难成因与对策的多视角分析［J］. 地方财政研究，2008（2）：51–53.

［11］吴琦. 江西省财政审计注重"三创新、三结合"审计整改成效显著［J］. 审计与理财，2010（12）：20.

［12］骆勇，朱长伟. 关于审计整改工作的几点思考［J］. 西部财会，2011（4）：75–77.

［13］李顺国，向顺鹏. 影响审计整改的因素分析和对策建议［J］. 审计月刊，2011（5）：18–19.

［14］赵光源. 抓好审计整改提升监督效能［J］. 工业审计与会计，2011（5）：1.

［15］陕西审计厅法制处. 略谈审计整改面临的问题和改进措施［J］. 现代审计与经济，2008（2）：11–13.

［16］熊文辉. 当前审计整改工作之我见［J］. 审计与理财，2011（10）：9–10.

［17］吴岳. 加大审计公告力度破解审计整改难［J］. 审计与理财，2012（2）：17–18.

［18］毛天祥. 惠州环环相扣审计整改机制成体系见成效［J］. 广东审计，2008（4）：40–43.

［19］魏新华. 对审计整改的认识［J］. 审计与理财，2008（8）：19–20.

［20］廖红川. 关于加强审计整改工作的几点思考［J］. 中国新技术新产品，2010（17）：200.

［21］黄石市审计局. 构建审计整改机制，提升审计整改实效［J］. 审计月刊，2011（3）：26–27.

［22］杨高翔，苏维清. 一条审计建议促使收回资金2100多万元［J］. 审计理论与实践，1998（8）：32.

［23］安冬婕. 审计建议不容忽视［J］. 陕西审计，2004（6）：37.

［24］刘正毓. 关于审计建议的思考［J］. 审计月刊，2008（4）：20–21.

［25］冯宁. 写好审计建议应注意的几个问题［J］. 现代审计与经济，2011（6）：39.

［26］颜志敏. 开展专项审计调查应把握的几个重点［J］. 审计月刊，2005（3）：31.

[27] 王志楠. 试析专项审计调查项目的四种组织方式 [J]. 审计月刊，2006（4）：15.

[28] 林图. 对专项审计调查相关问题的探讨 [J]. 商业会计，2008（11）：42-43.

[29] 颜志敏. 怎样搞好专项审计调查 [J]. 审计月刊，2010（10）：24-25.

[30] 桂春荣. 专项审计调查中的六大矛盾关系 [J]. 审计月刊，2011（6）：7-9.

[31] 石勉. 对专项审计调查的思考 [J]. 武汉工程大学学报，2010（10）：28-32.

[32] 天津市审计局课题组. 关于开展专项审计调查的分析与思考 [J]. 审计研究，2006（5）：3-10.

[33] 常汉生. 浅议地方政府实施专项审计调查存在的问题及建议 [J]. 商业文化，2009（4）：326.

[34] 凌传芳，吴健，孙勇，唐艳芳. 专项审计调查的困境与出路——基层审计机关开展专项审计调查实践的反思 [J]. 宿州学院学报，2010（9）：29-32.

[35] 王川军. 专项审计调查中存在的问题及对策研究 [J]. 审计月刊，2011（6）：17-18.

[36] 周新道. 关于审计结果公开的思考 [J]. 现代审计与经济，2007（2）：12.

[37] 杜艳. 刍议国家审计结果公开 [J]. 商情（教育经济研究），2008（3）：7.

[38] 郑小荣，程子逸. 政府审计结果公开与官员腐败——基于认知心理学的理论分析 [J]. 中国行政管理，2018（11）：121-126.

10 Chapter 第十章 政府审计环境

本章的主题是政府审计环境，也就是政府审计与审计环境之间的关系。根据这个主题，本章首先简要介绍政府审计环境的主要观点，然后，分析审计环境对政府审计的影响以及政府审计对审计环境的影响。具体来说，本章包括以下内容：政府审计环境的主要观点；审计环境影响政府审计的理论逻辑；政府审计影响审计环境的理论逻辑。

第一节　政府审计环境的主要观点

关于审计环境的概念和内容，有不少研究文献，其观点也存在较大的分歧。概括起来，大致有三种类型：一种观点只承认外部环境，一种观点承认有外部环境和内部环境，还有一种观点认为审计环境分为不同层级。我们顺序称它们为外部观、内外观和等级观。

一、外部观

外部观的主要特征是，将审计环境界定为审计之外对审计有影响的因素。张以宽（1996）认为，审计环境是指与审计活动有关的一切外部因素的总和，其内容包括政治环境、经济环境、法律环境、科学文化环境，以及社会环境诸方面。中国审计体系研究课题组（1999）认为，审计环境包括政治环境、经济环境、法律环境、文化环境和观念影响。福州大学会计系审计课题组（2003）认为，审计环境是在一定的时间和空间条件下，与审计活动相关的一切外部事物及其活动的总和。它涉及政治、经济、法律、科学文化以及社会环境等诸方面。毛春晖（2005）认为，审计环境包括政府的压力和管制、经济发展的促动、法律的完善和法庭的审判实践、社会公众的认识等。李映辉、闻树瑞（2006）认为，审计环境包括经济环境、法律环境、政治环境。邵华清、张凤言（2008）认为，审计环境包括以下内容：经济体制转轨的影响，公共财政制度建立的影响，政府职能转变的影响，现有审计法律环境的影响，科技发展的影响。陆正飞（2009）认为，审计环境主要包括经济环境、政治环境和法律环境。陈汉文（2009）认为，审计环境包括文化和结构因素、合法性因素、政治体系设计、组织的设计与管理。朱荛平（2009）认为，审计环境包括政治法律变量、经济变量、社会文化变量和技术变量。管冬梅（2010）认为，审计环境包括政治环境、经济环境、法律环境、社会环境。

二、内外观

内外观的主要特征是，将审计环境界定为内部环境和外部环境。

刘兵（1995）将影响审计实践开展的政治、经济、法律环境的影响称为“审计外环境”；把审计固有因素的影响，诸如审计人员的价值观念、审计思想、审计程序和方法及审计工作的内容等因素，称为“审计内环境”。

蔡昌（1998）认为，随着世界经济和国际贸易的迅猛发展，出现了诸多形式的国际审计活动，然而，世界各国存在着审计环境的巨大差异，这些差异主要表现在：审计观念的差异，审计标准的差异，审计程序和方法的差异，会计审计职业团体的差异，审计教育和审计资格的差别，语言和文化背景的差异。

任兴龙（1999）认为，外部环境可以分为法律环境、经济环境、政治环境、执法环境等；内部环境包括规范环境、管理环境、人为环境等。

吕金忠（2000）认为，审计环境是指对审计的发展与创新起影响和制约作用的各种因素，主要由审计共享环境、审计自给环境和审计客体环境。审计共享环境是指社会所共有的，可以为任何组织和人员所运用，主要由五个因素构成：法律因素，政策因素，经济因素，舆论因素，文化因素。审计自给环境是指审计机关及审计人员为满足审计工作需要所创造的必要条件，主要有四个方面因素：人员素质因素，管理因素，审计宣传因素，后勤保障因素。审计客体环境主要是指具体的审计客体的组织机构管理、体制、方式、经营范围或管理职能以及与审计事项有关方面的情况等。

李朝辉（2000）认为，审计环境是指所有作用于审计的、不断发展变化的各种因素的综合，主观产生作用的称为审计的主观环境，客观产生作用的称为审计的客观环境。

杨益琳（2000）认为，审计环境是审计主体所处的特定经济社会关系的总和。

王学龙（2000）认为，审计环境是指对审计发展变化产生各种直接或间接影响的主客观条件和状况，包括政治、经济、法律、文化、科学技术以及社会环境等方面。依据范围不同，可将审计环境分为内部审计环境和外部审计环境。内部环境是就审计职业内部条件而言的，包括审计工作的环境氛围、审计主体管理制度、审计人员素质水平等诸多方面。外部环境是指审计系统之外的领域影响审计的因素，包括国内环境和国际环境。国内环境，即指一个主权国家内部的经济环境、政治环境、法律环境、科教文卫环境、民族心理、公众认知程度等方面；国际环境则是指世界大环境对一个国家的审计造成影响的诸因素之和，具体包括世界市场经济体系、国际学术文化交流、国际政治风云等。

河南省审计学会课题组（2000）认为，审计环境是指审计赖以生存和发展的境况和条件，是影响审计活动完成其自身职能的一切外部条件的集合，包括审计内部环境和审计外部环境。审计内部环境是系统内部影响审计进展的各种因素，涉及作业环境、控制环境、管理环境、技能环境等。审计外部环境是系统外部影响审计进展的各种因素，主要包括法律、政治环境、经济环境、社会环境等。

陈晓芳（2000）认为，外部环境包括经济环境、法律环境、科技环境、社会环境，内部环境包括审计人员的业务素质、政治素质和道德意识。

包强、王学龙（2001）认为，外部环境包括：经济环境、政治环境、法律环境、科技环境、文化环境、公众认知程度与民族心、历史环境。内部环境包括：工作环境、管理环境、审计人员的素质以及执业氛围。

刘明辉（2003）认为，并不是社会、政治、经济和法律中所有方面都与审计相关，有些是明显无关的，有些只是间接相关的，有些在一定时期是相关的而在另一时期是不相关的。因此，将审计外在环境中同审计相关的部分从整体社会、政治、经济和法律环境中抽象出来，称之为审计外环境，包括经济体制、经济发展水平和状况、有关的法律法规、社会文化环境、外部相关利益集团及其活动因素。将影响审计的固有因素称之为审计内环境。

丁丽宏（2006）认为，审计环境可以分为主观环境和客观环境。审计的主观环境是指审计人员的素质，主要包括审计人员的思想素质、业务素质和职业道德素质。审计客观环境又可以分为生存环境和发展环境。审计的生存环境是指导致、刺激、制约审计产生和发展的客观环境，具体包括经济环境、法律环境、政治环境、系统环境、科学文化环境、国际环境。审计的发展环境可分为三个层次：一是审计发展的历史环境；二是审计的现实动态环境；三是审计的未来环境。审计环境具有差异性，不同时代、不同国家的审计有着不同的审计环境，同一时代、同一国家的审计，因审计的主体、审计的内容和方式的不同，以及被审计的单位的情况不一样，审计环境也有很大的差别。

周英虎（2007）认为，审计环境分为内在环境和外在环境，其中内在环境是指审计文化，外在环境则是指财政、金融、投资、社会保障和经济法律等体制和制度。

樊金生（2007）认为，审计的外部环境包括政治环境、法律环境、社会环境，内部环境包括审计管理环境和审计人员状况。政治环境——国家现行审计体制，制约了审计效能的发挥；法律环境——相关审计法律体系的缺失，直接影响了审计效果；社会环境——会计信息失真、造假现象普遍，加大了审计风险。

柳松楠（2008）认为，审计环境包括政治环境、经济环境、法律环境、社会环境、政府审计组织内部环境。

邵华清（2008）认为，审计环境分为外在环境和内在环境。审计外在环境包括：经济环境，是指一国基本的经济制度、经济体制以及发展程度等；政治环境，是指一国基本的政治制度及其运行机制、与治国理念相关的政策方针等，包括国家政局的稳定程度、政治体制的模式、政权制衡机制的形式、民主化进程、国家对宏观问题的调控能力以及国家对微观问题的处理能力等；法制环境，是指一个国家法律法规的制定和完善程度、执法环境和社会公众的法律意识等；社会文化环境，是指一个国家社会环境之中的社会习俗、文化、道德观念等；教育科技环境，是指一个国家公民接受教育的程度以及科学技术的发展程度等。审计内在环境：包括审计主体环境、审计客体环境、审计运行环境和会计因素。审计主体环境，包括管理环境、工作环境和审计人员素质。管理环境主要是指审计系统内部影响和制约审计质量的主观因素，工作环境是指审计机关能否提供良好的软件环境和配置良好的硬件环境，审计人员素质是指道德素质和业务素质等。审计客体环境即被审单位所处的环境，包括被审单位的行业性质、监管环境、内部控制状况和财务状况等。

钱峰（2008）认为，审计环境可分为审计外部环境和审计内部环境。审计外部环境包括政治环境、经济环境、管理环境、社会环境等，审计内部环境包括控制环境、人际环境、技能环境、客观环境等。

马同保（2009）认为，审计环境是指对审计有影响的一切因素的总和，包括审计外环境和审计内环境。审计外环境由社会需求、经济体制、经济发展水平和状况、有关的法律法规、社会文化、外部相关利益集团及其活动等审计的外部环境因素构成，审计内环境由审计能力、审计人员价值观念、审计思想、审计文化、审计程序与方法、审计工作手段、审计工作内容等审计内部固有的因素构成。

三、等级观

等级观的主要特征是，将影响审计的因素分为不同层级，这些因素一般是包括外部因素和内部因素。

许家林（1998）认为，审计人员作用的本质就在于它的独立性。现代审计独立性的程度要受到多种因素的制约，审计环境就是一个重要的方面。环境具有两个方面的特征：一是其主体的限定性；二是其范围的相对性。因此，在不同的环境主体之间存在着一种互为环境、相互影响和相互制约的关系。审计环境，是指在一定的时空状态下，审计主体在对审计客体实施作业时所面临的各种主客观因素的总和。审计环境从结构分析，它基本上可以划分为三个层次：一是宏观审计环境，它主要是指一定时期国际、国内的审计工作所必须面临的政治、经济、法律、社会、文化和科技条件；二是中观审计环境，它主要是指各个不同时期的审计工作都必然面临的审计行业的管理机制和作业单位的工作条件；三是微观审计环境，它是指作为单个审计人员在从事审计实务时所必须面临的审计机构内部的工作条件和人际氛围。

谢诗芬（2000）认为，审计环境是指在一定时空状况下，审计主体对审计客体实施审计时所面临的各种主客观因素之和。它可分为宏观、中观、微观三个层次。审计环境因素通常包括：政治、法律、经济、社会、教育、文化、道德、会计、科技九个因素。科技将是第一审计环境因素。

胡志勇（2006）认为，国家审计环境的宏观因素包括政治环境、经济环境、法制环境、文化环境和其他环境因素。政治环境包括：宪法与政治体制，政治传统的影响和政治文明的进程；经济环境包括：基本的经济制度和经济结构，财政环境；法制环境包括：法律法规完善、配套情况，宪政意识和法治思想；文化环境和其他环境因素包括：儒家学说中的“仁政”“人性善”等思想，共同的价值观念。国家审计的微观环境因素包括：国家审计机关内部治理结构和激励约束机制，审计部门主要负责人的风险承受能力和道德品质。

刘红娟（2009）认为，审计环境是一个多层次、综合性结构复杂的体系，是指在一定时空状况下，审计主体对审计客体实施审计时所面临的各种主客观因素之和，主要包括审计外部环境、审计自身环境和审计客体环境。外部环境包括经济环境、政治环境、法律环境和科技环境，审计自身环境包括审计人员自身条件、审计人员独立性，审计客体环境包括审计客体的任务复杂、审计客体的管理模式与风格。

谢荣（2011）认为，审计环境是指影响审计行业发展及审计理论与实务发展的各种因素的集合，包括宏观环境、行业环境和理论研究环境。审计的宏观环境影响审计服务的需求，审计的行业环境影响审计服务的供给，审计的理论研究环境则影响审计理论及实务的发展。宏观环境主要包括政治环境、经济环境、社会环境和技术环境。行业环境主要是行业竞争环境因素，包括主要竞争者、新加入者、替代品、客户和供应商。

第二节 审计环境影响政府审计的理论逻辑

本节从理论上分析审计环境如何影响政府审计，首先给出一个总体框架，然后分析审计环境对审计理念和审计实务的影响。

一、审计环境对政府审计的影响：总体框架

根据系统论理论，环境是与系统相对应的概念，是系统之外并且对系统有影响的因素。这里的系统之外是指环境不是系统的构成要素，而不是指物理位置在系统之外。由于选择的系统不同，环境也就不同。一个子系统的环境会成为高层级系统的要素，系统与环境是相对的（贝塔朗菲，1987）。所以，要探究审计环境如何影响政府审计，首先要界定政府审计系统及其环境。

政府审计作为一个系统可以有不同的层级或选择。例如，整个政府审计行业可以作为一个系统，某政府审计机关也可以作为一个系统，甚至某审计项目也可以作为一个系统。本节从一般意义上来界定政府审计系统，一个是政府审计理念系统，另一个是政府审计实务系统。政府审计环境一方面影响政府审计理念系统，另一方面则影响政府审计实务系统。当然，政府审计理念和政府审计实务之间也存在相互影响，限于本节主题，我们不探究这个问题。

所谓“审计环境”，是指能够影响审计系统产生、存在和发展的一切外部因素的总和。这里的外部因素，是指“这些因素不是审计系统的构成要素”，而不是指物理位置。政府审计环境一般可以分为政治环境、经济环境、法律环境、社会文化环境和科学技术环境。政治环境是指影响政府审计的政治制度，包括国体、政体、政治体制、政治传统、政治文明等。经济环境是指影响政府审计的经济体制特征及经济发展水平，包括基本的经济制度、经济结构、经济发展水平、财政环境等。法律环境是指影响政府审计的法律因素，包括法律完善程度、执法力度和社会的法律意识等。社会文化环境是指影响政府审计的社会文化因素，主要包括社会传统文化、公民道德素质和信仰。科学技术环境是指影响政府审计的科学技术因素，主要涉及与审计相关的科学、技术、教育等发展水平（张以宽，1996；陈汉文，2009；王家新，2014）。

上述各类政府审计环境还可以再细分，从而呈现复杂性、多样性。这些审计环境因素作为政府审计系统之外的因素，对政府审计理念、政府审计实务发生直接或间接影响，从而使得政府审计理念、政府审计实务呈现多样化，其

大致情况如图10-1所示。

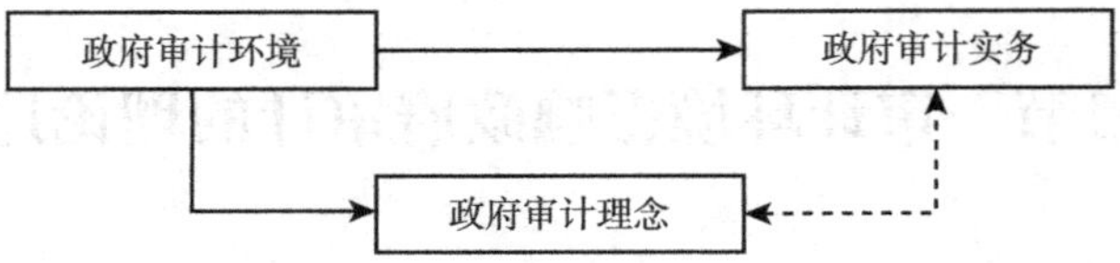

图10-1　审计环境对政府审计的影响

二、审计环境对政府审计理念的影响

政府审计理念是人们对政府审计的认识，其本身组成一个理念系统，政治环境、经济环境、法律环境、社会文化环境和科学技术环境作为系统之外对系统有影响的因素，会影响人们对政府审计的认识。这种影响有两个路径：一是直接影响人们对政府审计的认识。例如，在我国的政治制度中，经济责任审计作为干部管理的一项制度安排，使人们认为，政府审计是对权力制约和监督的制度。二是间接影响，主要是审计环境通过影响政府审计实务，从而呈现不同的政府审计现象，这些不同的政府审计现象，会影响人们对政府审计的认识。例如，由于我国的国家治理尚未实现现代化，所以，违规行为仍然是政府审计关注的主要主题。我国的政府审计主要表现为行为审计，由于这些审计现象的影响，人们对政府审计的认识更多地具有行为审计的特征，例如，强调审计监督，但不重视审计鉴证。

审计环境会影响政府审计哪些理念？人们对于政府审计理念系统的内容有不同的认识。一般来说，政府审计基本理论要素应该是政府审计理念系统的主要内容。这些基本理论要素包括：政府审计需求、政府审计本质、政府审计目标、政府审计客体、政府审计内容、政府审计主体、政府审计方法，政府审计环境通过直接影响和间接影响两个路径，会影响人们对政府审计基本理论要素的认识。例如，就政府审计内容而言，行为合规性和合理性审计是我国的主要审计业务。我国政府审计为什么以行为为主要的审计主题呢？最根本的原因是我们的社会经济生活中，各种违规及不合理行为还较多。为什么违规和不合理行为会较多呢？主要的原因是我国的国家治理还未能实现现代化。所以，正是审计环境影响了审计主题的选择（郑石桥，2015）。同时，这种审计主题的选择也决定了我国的政府审计取证以事实发现型取证模式为主流模式。

哪些审计环境会影响政府审计理念？审计环境对政府审计理念的影响具有一定的随机性或权变性，并不存在一一对应的因果关系，一定的审计环境并不一定与特定的政府审计理念相对应，所以，审计环境对政府审计理念的影响具有非线性的特征，具有多元、多轨性，在一些情形下，可能呈现相关关系。例如，就政府审计基本理论要素组成的政府审计理念系统而言，政治环境、经济环境对政府审计需求、政府审计目标可能有较大的影响，而科学技术环境、社会文化环境对政府审计方法可能有较大的影响，但是，这些影响并不是一一对应关系。科学技术环境也可能通过影响政府审计实务，进而影响人们对政府审计本质的认识，而政治环境、经济环境也可能通过影响政府审计目标，进而通过政府审计目标来影响政府审计方法。

总体来说，政府审计环境和审计理念各要素间并不存在一一对应的因果关系，而是通过直接影响和间接影响两个路径，呈现复杂的非线性关系或相关关系，其大致情形如表10-1所示。

表 10-1 审计环境对政府审计理念的影响

政府审计基本要素	审计环境				
	政治环境	经济环境	法律环境	社会文化环境	科学技术环境
政府审计需求	√	√	√	√	√
政府审计本质	√	√	√	√	√
政府审计目标	√	√	√	√	√
政府审计客体	√	√	√	√	√
政府审计内容	√	√	√	√	√
政府审计主体	√	√	√	√	√
政府审计方法	√	√	√	√	√

“√”表示可能有这种影响

三、审计环境对政府审计实务的影响

政府审计实务是指政府审计制度建构及其执行，其本身组成一个实务系统，政治环境、经济环境、法律环境、社会文化环境和科学技术环境作为系统之外对系统有影响的因素，会影响政府审计制度建构及其执行。这种影响有两个路径：一是直接影响政府审计制度建构及其执行。例如，在联邦制国家，不同层级的政府审计机关之间并不存在领导和被领导的关系，而在单一制国家，则不同层级的审计机关之间存在领导和被领导的关系，这是政治制度对政府审计制度构建的直接影响。二是间接影响，主要是审计环境通过影响政府审计理念，进而政府审计理念又来影响政府审计实务。例如，我国的经济社会处于转轨时期，这个期间的政治、经济、法律、社会文化等都处于变革之中。在这些情形下，刘家义（2012）分析国家审计与国家治理的关系，认为国家审计是国家治理的免疫系统，通过预防功能、揭示功能和抵御功能，发挥经济社会免疫作用。在这种审计理念指导下，对我国的政府审计制度进行了全面的梳理，这就是审计环境影响了审计理念，而审计理念影响了审计制度构建。

审计环境会影响哪些政府审计实务？对于政府审计实务的构成要素，可能从不同视角来考虑。例如，可以将审计实务要素界定为“人法技”。“人”，是指审计队伍建设；“法”，是审计法制建设；“技”，是指审计工作手段和技术方法建设。本节认为，政府审计实务是政府审计制度建构及其执行，所以，需要从审计制度及其执行这个视角来理解政府审计实务，而这里的审计制度，应该包括正式制度和非正式制度。根据这一个认识，政府审计实务由以下要素构成：政府审计法律规章、政府审计准则和行为规则、政府审计行为、政府审计文化。上述这些要素，都可能受到政府审计环境的直接或间接影响。例如，国家的政治制度会影响国家基本法律中对政府审计地位的规定，主流民族文化价值观会影响审计行为，而审计文化当然会受到主流民族文化价值观的影响。

哪些审计环境会影响政府审计实务？审计环境对政府审计实务的影响具有一定的随机性或权变性，并不存在一一对应的因果关系，一定的审计环境并不一定与特定的政府审计实务相对应，所以，审计环境对政府审计实务的影响具有非线性的特征，具有多元、多轨性，在一些情形下，可能呈现相关关系。例如，在信息化背景下，分析性程序可能有更加广泛的用途，而在手工背景下，则分析性程序的应用会受到较大的限制，这可能是科学技术环境与政府审计实务之间的相关关系。然而，在许多情形下，审计环境与政府审计实务之间并不存在这种相关关系，而呈现较为复杂的关系。例如，由于各国的政府审计体制受到该国政治环境、经济环境、法律环境及社会文化环境的影响，这表现为众多的环境因素共同影响政府审计体制，而政府审计体制又会影响其审计业务类型（例如，当审计机关属于司法系列时，绩效审计的重视程度受到影响），而审计业务类型又会影响审计准则，当然，上述环境因素还可能对政府审计准则发生直接影响。所以，政府审计准则受到审计环境的直接和间接两方面的影响。

总体来说，政府审计环境和审计实务各要素间并不存在一一对应的因果关系，而是通过直接影响和间接影响两个路径，呈现复杂的非线性关系或相关关系，其大致情形如表10-2所示。

表 10-2 审计环境对政府审计实务的影响

政府审计实务要素	审计环境				
	政治环境	经济环境	法律环境	社会文化环境	科学技术环境
审计法律规章	√	√	√	√	√
审计准则和行为规则	√	√	√	√	√
审计行为	√	√	√	√	√
审计文化	√	√	√	√	√

"√"表示可能有这种影响

第三节 政府审计影响审计环境的理论逻辑

本节从理论上分析政府审计如何作用于审计环境。主要关注以下问题：政府审计影响审计环境的输出，政府审计影响审计环境的领域，政府审计影响审计环境的定位，政府审计影响审计环境的路径，政府审计影响审计环境的机制。

一、政府审计影响审计环境的输出

政府审计作为一个系统，要反馈于审计环境，必须有一定的输出，通过这个输出对审计环境发生反馈作用。政府审计向其审计环境输出的，是政府审计产品。审计环境正是通过使用政府审计产品而发生了一些改变。审计产品是政府审计与其审计环境的中介，缺乏审计产品，政府审计无从影响其审计环境。从政府审计产品来说，包括审计报告、审计决定、审计建议，不同的审计产品，使用之后会产生不同的效果。

审计报告对审计客体是否存在代理问题和次优问题发表意见。这种审计意见至少有两方面的作用：第一，审计客体及相关责任人的代理问题和次优问题被披露，这种披露，对于其纠正代理问题、次优问题具有一定的作用，同时，对于抑制其以后再发生同类代理问题、次优问题也具有抑制作用。第二，对于类似的审计客体及相关人员具有警示作用，对于抑制其策划或发生同类代理问题、次优问题具有一定的作用。当然，如果审计报告能够公开，则社会公众或利益相关者知道了这些代理问题、次优问题，对于审计客体及相关责任人也会存在一定的负面影响。正是审计报告的上述作用的发挥，可以使代理问题、次优问题越来越少，从而发挥了政府审计对审计环境的影响。

审计决定对审计客体及相关责任人的违规行为进行处理处罚，这种处理处罚具有三方面的作用：第一，审计客体及相关责任人对于其违规行为承担了责任，体现了公平原则。第二，审计处理处罚一方面可以纠正违规行为，另一方面，增加了违规者的成本，使其违规行为得不偿失，可以抑制其今后的违规动机。第三，对于类似的审计客体及相关人员，看到违规行为受到处理处罚，可以影响其对于违规行为的利弊得失之判断，从而对其策划违规行为有抑制作用。总体来说，审计决定体现的审计处理处罚可以纠正违规行为并抑制今后违规行为的发生，从而使得违规行为越来越少，发挥了政府审计对审计环境的影响。

审计建议是针对代理问题、次优问题产生的体制、机制和制度而提出的改善建议，通过审计建议的实施，可以使得代理问题、次优问题产生的根源得到抑制，从而从源头上抑制了代理问题、次优问题。从某种意义上来说，这是政府审计对审计环境最为有效的作用。所谓的国家审计促进国家治理现代化，首先就是促进国家治理的相关制度现代化，而通过代理问题、次优问题来寻找国家治理相关的体制、机制和制度方面的缺陷，并通过审计建议的方式使得体制、机制和制度得到优化，是国家审计促进国家治理现代的主要路径。

当然，审计报告、审计决定、审计建议组成的政府审计产品能否真的发挥上述作用，还决定于政府审计产品是否被真正使用。如果审计产品没有真正被使用，则上述效果难以发挥。政府审计产品的使用是政府审计委托人的事，审计机构当然有责任推动审计产品的使用，但是，最终还是决定于审计委托人。从这种意义上来说，政府审计能否发挥对审计环境的影响，还是由审计环境所决定的。

二、政府审计影响审计环境的领域

政府审计能对审计环境的哪些领域发生反馈作用呢？从本节的文献综述来看，涉及的领域包括国家治理、经济安全、宏观调控、腐败治理等。对政府反馈领域的上述分类方法，存在一定的重复性。例如，国家治理显然包括经济安全、宏观调控、腐败治理，而经济安全与宏观调控也有重复。

我们认为，既然是讨论政府审计影响审计环境的领域，就应该按审计环境本身的分类体系来确定政府审计的影响领域。虽然对政府审计环境的分类还存在一些分歧，但是，一般来说，将政府审计环境分类为政治环境、经济环境、法律环境、社会文化环境和科学技术环境，还是能得到多数人的认同（张以宽，1996；陈汉文，2009；郑石桥，2014）。在这种分类下，联系本节前面提出的政府审计输出，政府审计影响审计环境的领域如表10-3所示。

表 10-3　　政府审计影响审计环境的领域

审计产品	审计环境领域				
	政治环境	经济环境	法律环境	社会文化环境	科学技术环境
审计报告	√	√	√	√	√
审计决定	√	√	√	√	√
审计建议	√	√	√	√	√

"√"表示可能有这种影响

三、政府审计影响审计环境的定位

政府审计影响审计环境的定位有两种：第一种定位，审计只是鉴证代理问题、次优问题是否存在，并对鉴证结果发表审计意见；审计意见要明确表明，审计客体是否存在代理问题、次优问题，如果存在，是什么代理问题、次优问题。至于对代理问题、次优问题的处理，一般是委托人自己负责。这种定位是以鉴证代理问题、次优问题作为审计的基本功能，在这种功能路径下，揭示代理人的代理问题、次优问题是审计的核心，这种审计主要发挥批判性作用，称为"批判性审计"（刘家义，2008）。

第二种定位，抑制代理问题、次优问题。也就是说，在鉴证代理问题、次优问题是否存在的基础上，找出代理问题、次优问题出现的原因并协助委托人防止或预防代理问题、次优问题。找出代理问题、次优问题出现的原因也就是要找出激励机制、制衡机制及其他监督机制所存在的缺陷。因为只有上述这些机制存在缺陷，才会出现超出可容忍水平的代理问题、次优问题。协助委托人防止或预防代理问题、次优问题，就是要对发现的治理构造缺陷进行改进，以优化治理构造，降低代理问题、次优问题的程度。所以，这种定位下的审计要做三方面的工作：一是鉴证代理问题、次优问题是否存在；二是对治理构造进行评价，从治理构造缺陷的角度分析代理问题、次优问题存在的原因；三是协助委托人改进治理构造的缺陷。在这种定位下，揭示代理人的代理问题、次优问题是审计的起点，核心问题是找出代理问题、次优问题的原因和帮助改进治理构造，进而抑制代理问题、次优问题，这种审计主要发挥建设性作用，称为"建设性审计"（刘家义，2008）。

四、政府审计影响审计环境的路径

政府审计影响审计环境的路径，也就是其生产审计产品的路径，包括项目审计和专项审计调查。项目审计是针对特定的单个对象所实施的审计，也就是常规意义上的审计。一般来说，国家审计开展的项目审计主要有绩效审计、财务审计和合规审计三种类型，这三类审计可以结合起来，形成综合性审计项目。

专项审计调查是针对具有某种共同特征的多个单位所实施的审计。专项审计调查是一种直接报告业务，主要通过审计方法，对特定事项，向有关地方、部门、单位进行的专门调查活动。审计机关可以对下列事项进行专项审计调查：国家财经法律、法规、规章和政策的执行情况；行业经济活动情况；有关资金的筹集、分配和使用情况；本级人民政府交办、上级审计机关统一组织或者授权，以及本级审计机关确定的其他事项。

五、政府审计影响审计环境的机制

国家审计要抑制代理人代理问题、次优问题，如何达成这个目标呢？一般来说，从审计的角度应对代理问题、次优问题有三种手段：第一种手段是揭示代理问题、次优问题，也就是找出代理问题、次优问题。如果不能找出代理问题、次优问题，委托人根本不知道代理人是否存在代理问题、次优问题，何谈应对代理人的代理问题、次优问题，实现这个手段的制度安排称为“揭示机制”。第二种手段是预防代理问题、次优问题，也就是国家审计要抑制代理问题、次优问题。如果有办法能使代理问题、次优问题防患于未然，则是最理想的状态。防患于未然有两种手段：一是威慑途径，代理人出于对审计的敬畏主动放弃其代理问题、次优问题，实现威慑手段的制度安排称为“威慑机制”；二是预警手段，也就是及早地查出代理问题、次优问题，防止星星之火成为燎原之势，实现预警手段的制度安排称为“预警机制”。第三种手段是抵御手段，也就是分析代理问题、次优问题产生的原因。针对治理构造（也就是体制、机制、制度）存在的问题进行整改，增加治理构造对代理问题、次优问题的抵御能力。抵御手段属于事后补救，但是，亡羊补牢，犹为未晚，实现抵御手段的制度安排称为“抵御机制”（刘家义，2008）。为了实现上述三种手段，还需要一些辅助性的制度安排。首先，审计资源是有限的，所以，为了更好地抑制代理问题、次优问题，需要选择审计项目，将代理问题、次优问题严重的领域作为审计项目的重点领域，这就需要良好的审计计划机制；其次，审计活动是人从事的，需要将人的积极性调动到抑制机会代理问题、次优问题上来，而不是只鉴证代理问题、次优问题，这需要良好的绩效评价机制（陈尘肇，2008）。总体来说，国家审计服务国家治理的机制的总体架构如图10-2所示。

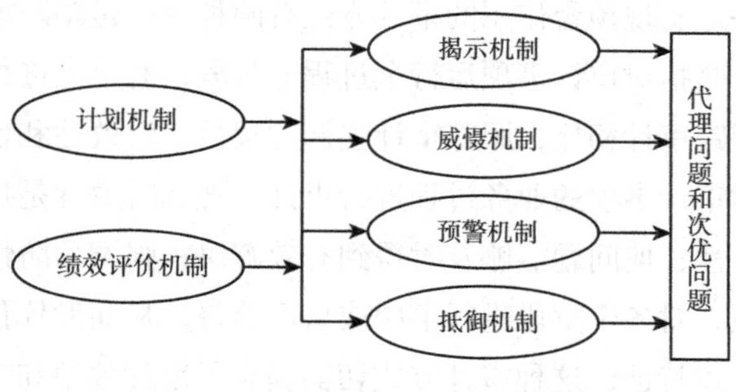

图10-2 国家审计影响审计环境的机制

揭示路径的实现要求能查出代理人代理问题、次优问题。如果代理人有代理问题、次优问题，而审计查不出来，则揭示路径就无法发挥作用。一般来说，除了人员素质和职业道德外，能否查出代理问题、次优问题主要由审计技术决定，落后的审计技术是无法查出代理问题、次优问题的。审计技术包括两个层面的内容：一是审计取证模式；二是审计准则。审计取证模式是审计取证的核心理念。例如，风险导向审计就是一种审计取证模式，这种模式有它自己的核心理念。但是，审计取证模式所倡导的审计理念是原则性的，还需要通过审计准则来落实到具体的审计实务中。所以，审计准则事实上是审计取证模式的具体体现。选择恰当的审计取证模式，并根据这个模式的核心理念来建立可行的审计准则体系，是揭示机制的主要制度安排。

威慑路径的实现要求审计客体对审计具有足够的敬畏。如果代理人对审计没有足够的敬畏，对于审计做出的决定或建议可以置之不理，则威慑路径无法发挥作用。一般来说，要使审计客体对审计有足够的敬畏，就要使有代理问题、次优问题的审计客体产生较严重的负面后果，审计惩罚制度的建立是产生负面后果的主要制度安排。当然，并不是所有的审计惩罚都能产生威慑作用，只有当审计客体感到较严重的后果时，这种审计惩罚才能产生威慑作用。如果审计惩罚是轻描淡写，并且对直接责任人没有惩罚，只是针对单位的惩罚，则这种惩罚可能难以使审计客体对审计产生敬畏，从而也难以有威慑作用。如果审计客体可以不执行审计决定，则再严厉的审计惩罚也是一纸空文，难以有威慑作用。所以，审计决定的执行是威慑作用发挥的重要前提，而与审计决定执行相关的制度安排，如审计整改联席会议，是威慑机制的重要内容。

预警路径的实现要求能及早地查出代理问题、次优问题，防止星星之火成为燎原之势。如果等到代理问题、次优问题很严重时才发现这种行为，则已经造成了较严重的后果，此时，抑制代理问题、次优问题的总目标就没有较好地实现。

如何才能及早地查出代理问题、次优问题呢？一般来说，主要由审计方式决定。能较好地实现预警作用的审计方式有两种：一是跟踪审计；二是持续审计。跟踪审计是指对审计事项运行全过程分阶段、有重点进行持续性、过程性审计。与非跟踪审计相比，跟踪审计强调过程性、时效性和预防性。强调过程性是指注重对审计事项的业务过程进行审计；强调时效性是指在发现和纠正问题时注重及时性，使问题能够及时得到有效解决；强调预防性是指将审计事项分成多个阶段，对各个阶段进行事中或事后监督，从而发挥预防作用。由于跟踪审计具有上述特征，这种审计方式切实提高了审计效率和效果。然而，跟踪审计也具有局限性，其中最突出的局限性是增加审计成本（时现、朱尧平、薛蓓儿，2006）。所以，对于跟踪审计一般适用于代理问题、次优问题严重的审计领域（郑石桥，2012）。持续审计是一种完全自动化的方法，是一种能够立即获取相关事件信息并产生相应结论的方法，也是一种利用信息技术对交易过程进行自动化分析监控的方法，持续审计必须在一个在线的信息系统中执行（Vasarhelyi，Alles & Kogn ，2004）。IIA于2005年发布的《全球技术审计指南》将持续审计界定为“一种利用技术自动执行控制和风险评估的方法，是审计策略从传统的交易样本周期性审核向对所有交易进行持续测试的转变”。持续审计是一种基于审计人员预定的标准，持续的监控和测试交易并确定需要执行进一步测试的异常例外情况的系统化方法（张文秀、刘雷，2012）。

抵御路径的实现要求能改进相关的治理构造，避免同类代理问题、次优问题再度发生。审计发现了代理人的代理问题、次优问题，在鉴证性审计定位中，只要发表鉴证结论就可以了。但是，在建设性审计定位下，发表鉴证结论不是核心内容，重要的是要抑制代理问题、次优问题。怎么抑制呢？从抵御机制的角度出发就是要避免同类代理问题、次优问题再度发生。怎么能避免同类代理问题、次优问题再度发生呢？这就需要分析代理问题、次优问题产生的原因，找出相关治理构造的缺陷，提出审计建议，并帮助委托人或代理人改进相关的治理构造，也就是让治理构造“强身壮体”，增加其抵御“病毒”的能力（刘家义，2008）。所以，对于抵御路径来说，审计建议及其实施是最核心的内容，而体现这些核心内容的制度安排包括三个部分：一是审计建议，也就是如何以恰当的方式提出高质量的审计建议；二是审计建议实现机制，也就是委托人、代理人和审计方如何联动以采纳和实施审计建议（如审计整改联席会议制度）；三是后续审计制度，也就是在审计建议提出之后，审计方自己要单独做的事宜是如何实施的。上述三个方面的制度安排是密切相关的，没有高质量的审计建议，找不出治理机制的缺陷，当然无法改进治理机制，进而也就无法抑制代理问题、次优问题再度发生。但是，即使找出了产生代理问题、次优问题的治理构造缺陷，提出了高质量的审计建议，如果委托人不参与改进治理构造，或者是代理人不愿意进行治理构造改进，则审计建议只是纸上谈兵，所以，审计方需要推动委托人积极参与治理构造的改进。同时，在审计建议提出之后，审计方对全过程的推进和跟踪对于审计建议的实施也具有非常重要的意义。

图10-2显示，直接抑制代理问题、次优问题的审计目标实现机制是揭示机制、威慑机制、预警机制和抵御机制。计划机制是安排好审计资源，更有效地发挥上述四种机制的作用。审计计划一般包括两个层级：一是长期规划；二是年度审计计划。长期规划是审计工作未来较长时间的总体构想，包括总体目标、工作重点及拟采取的战略措施。事实上，长期规划也就是国家审计在一个较长时期的总体构想。年度审计计划主要是确定年度审计项目。审计资源是有限的，这些审计资源的不同配置，对于抑制代理问题、次优问题会产生不同的效果。一般来说，在建设性审计定位下，审计资源配置有两个原则：一是代理问题、次优问题严重程度，一般来说，代理问题、次优问题越是严重的领域，越是应该成为审计重点领域；二是相关的治理构造改进的可能性，即使代理问题、次优问题严重，但是，如果相关的治理构造暂时难以改进，则这个领域一般也不宜作为审计重点领域。上述两个原则结合起来，选择的审计项目就是代理问题、次优问题较严重并且相关治理构造能得到改进的领域。

图10-2显示，绩效评价机制不直接抑制代理问题、次优问题，但是，能促进揭示机制、威慑机制、预警机制和抵御机制更好地发挥作用。绩效评价行业有一句名言，“你评价什么，你就会得到什么”（威廉·A.希曼、约翰·H.林格尔，2001）。所以，审计绩效评价的关键是确定什么是绩效。不同的绩效指标，会引导审计工作向不同的方向努力。一般来说，审计绩效会包括审计过程和审计结果，国家审计和批判性审计都会关注审计过程，也都会关注审计结果。但是，关注的重点可能有区别。就审计过程来说，国家审计的过程应该更加丰富，既包括找出代理问题、次优问题并分析代理问题、次优问题的原因，又包括提出审计建议，还包括后续审计及推动委托人和代理人改进治理构造。就审计结果来说，批判性审计关注的是查出多少问题，而国家审计关注的是解决多少问题、提出多少建议、采纳多少建议、建议实施之后产生怎样的效果等。

参考文献

[1] 张以宽.论审计环境[J].审计研究，1996（5）：1-7.

[2] 中国审计体系研究课题组.中国审计体系研究[M].北京：中国审计出版社，

1999.

[3] 福州大学会计系审计课题组. 审计环境变化对国家审计的影响 [J]. 审计理论与实践，2003 (1)：16-17.

[4] 毛春晖. 论审计环境对审计的影响 [J]. 齐鲁木珠壇，2005 (4)：42-44.

[5] 李映辉，闻树瑞. "十一五" 期间我国审计环境与审计战略分析 [J]. 审计月刊，2006 (8)：9-10.

[6] 邵华清，张凤言. 审计环境因素变化对国家审计的影响分析 [J]. 绿色财会，2008 (6)：32-34.

[7] 中国审计学会编. 审计署立项课题研究报告(2007-2008) [M]. 北京：中国时代经济出版社，2009.

[8] 管冬梅. 浅谈审计环境 [J]. 东方企业文化，2010 (8)：176-177.

[9] 刘兵. 审计理论研究的逻辑起点及审计理论体系 [J]. 审计研究，1995 (4)：24-28.

[10] 蔡昌. 国际审计环境比较 [J]. 审计与经济研究，1998 (3)：11-12.

[11] 任兴龙. 浅谈审计环境 [J]. 中国审计信息与方法，1999 (11)：26-27.

[12] 吕金忠. 试论审计环境 [J]. 当代审计，2000 (4)：22-23.

[13] 李朝辉. 审计环境的概念、内容和现状 [J]. 陕西审计，2000 (1)：8-9.

[14] 杨益琳. 论审计环境与审计理论的相关性 [J]. 当代审计，2000 (4)：19-20.

[15] 王学龙. 关于审计环境理论化若干问题的思考 [J]. 财会研究，2000 (9)：60-62.

[16] 河南省审计学会课题组. 论改善和优化审计环境(上) [J]. 审计与经济研究，2000 (8)：22-25.

[17] 陈晓芳. 独立审计目标与审计环境探讨 [J]. 武汉汽车工业大学学报，2000 (8)：91-93.

[18] 包强，王学龙. 审计环境结构分析 [J]. 华南金融研究，2001 (12)：41-44.

[19] 刘明辉. 以审计环境为逻辑起点构建审计理论体系 [J]. 审计与经济研究，2003 (7)：3-7.

[20] 丁丽宏. 刍议审计环境对审计实践的影响 [J]. 长春金融高等专科学校学报，2006 (3)：50-52.

[21] 周英虎. 论审计环境 [J]. 广西经济管理干部学院学报，2007 (6)：58-62.

[22] 樊金生. 当前审计环境对国家审计的制约及对策 [J]. 郑州航空工业管理学院学报(社会科学版)，2007 (4)：187-189.

[23] 柳松楠. 我国政府审计环境与未来发展战略研究 [J]. 东北财经大学学报，2008 (3)：34-36.

[24] 邵华清. 国家审计环境研究 [N]. 东北林业大学硕士学位论文，2008.

[25] 钱峰. 对我国审计环境的思考 [J]. 南京林业大学学报(人文社会科学版)，2008 (6)：99-102.

[26] 马同保. 论审计环境下审计目标的定位 [J]. 北方经贸，2009 (5)：98-100.

[27] 许家林. 关于审计环境的几个问题 [J]. 审计与经济研究，1998 (3)：3-8.

[28] 谢诗芬. 论审计环境与审计理论结构——从会计信息化审计谈起 [J]. 审计研究，2000 (1)：32-37.

[29] 胡志勇. 国家审计环境因素分析及影响 [J]. 审计与理财，2006 (11)：7-8.

[30] 刘红娟. 独立审计环境对审计判断的影响分析 [J]. 时代金额，2009 (9)：64-65.

[31] 谢荣. 高级审计理论与实务 [M]. 北京：经济科学出版社，2011.

[32] [美] 贝塔朗菲. 一般系统论——基础、发展和应用 [M]. 秋同，袁嘉新，译. 北京：社会科学文献出版社，1987.

[33] 王家新. 中国特色社会主义国家审计理论框架纲要 [J]. 中国审计评论，2014 (1)：1-15.

[34] 郑石桥. 国家治理与国家审计：审计主题差异的理论框架和案例分析 [J]. 会计之友，2015 (1)：122-127.

[35] 刘家义. 论国家治理与国家审计 [J]. 中国社会科学，2012 (6)：60-72.

[36] 郑石桥. 审计理论结构框架：系统论视角 [J]. 中国审计评论，2014 (1)：56-66.

[37] 刘家义. 以科学发展观为指导推动审计工作全面发展 [J]. 审计研究，2008 (3)：3-9.

[38] 陈尘肇. 国家审计如何发挥建设性作用 [J]. 审计研究，2008 (4)：14-15.

[39] Vasarhelyi.M.A.，Alles.M.G.，Kogn.A.，Principles of analytical monitoring for continuous assurance [J]. Emerging Technologies in Accounting, Vol.1，2004.

[40] 张文秀，刘雷. 持续审计，大连：东北财经大学出版社 [M]. 2012.

[41] [美] 威廉·A. 希曼，(美) 约翰·H. 林格尔. 企业量化管理实施 [M]. 吴维库译. 北京：机械工业出版社，2001.